CB017447

A Gargalhada de Ulisses

Coleção Estudos
Dirigida por J. Guinsburg

Equipe de realização – Edição de texto: Márcia Ligia Guidin; Revisão de provas: Iracema A. Oliveira; Sobrecapa: Sergio Kon; Produção: Ricardo Neves e Raquel Fernandes Abranches.

Cleise Furtado Mendes

A GARGALHADA DE ULISSES

A CATARSE NA COMÉDIA

Dados Internacionais de Catalogação na Publicação (CIP)
(Câmara Brasileira do Livro, SP, Brasil)

Mendes, Cleise Furtado
A gargalhada de Ulisses: a catarse na comédia / Cleise Furtado Mendes. – São Paulo: Perspectiva / Salvador: Fundação Gregório de Mattos, 2008. – (Estudos; 258 / dirigida por J. Guinsburg)

Bibliografia.
ISBN 978-85-273-0833-5

1. Comédia – História e crítica 2. Psicanálise e literatura 3. Riso I. Guinsburg, J. II. Título. III. Série.

08-08724 CDD-809.2523

Índices para catálogo sistemático:

1. Comédia : História e crítica 809.2523

Av. Brigadeiro Luís Antônio, 3025
01401-000 São Paulo SP Brasil
Telefax: (011) 3885-8388
www.editoraperspectiva.com.br

2008

*A publicação deste livro
mereceu a aprovação
e contou com o apoio da
Fundação Gregório de Mattos.*

ANJO: *Quem és tu?*
PARVO: *Não sou ninguém.*

GIL VICENTE.
Auto da Barca do Inferno.

Temos de descansar temporariamente de nós, olhando-nos de longe e de cima e, de uma distância artística, rindo sobre *nós ou chorando* sobre *nós: temos de descobrir o* herói, *assim como o* parvo, *que reside em nossa paixão do conhecimento, temos de alegrar-nos vez por outra com nossa tolice, para podermos continuar alegres com nossa sabedoria! E precisamente porque nós, no último fundamento, somos homens pesados e sérios e somos mais pesos do que homens, nada nos faz mais bem do que a* carapuça de pícaro*: nós precisamos usá-la diante de nós próprios – precisamos usar de toda arte altiva, flutuante, dançante, zombeteira, pueril e bem-aventurada, para não perdermos aquela* liberdade sobre as coisas *que nosso ideal exige de nós.*

NIETZSCHE.
A Gaia Ciência

Ulisses, tendo partido de Tróia, de retorno a Ítaca, é lançado nas costas da ilha de Sicília, onde habita o terrível Ciclope Polifemo. Na caverna do Ciclope encontrou os Sátiros e seu pai Sileno, prisioneiros do monstro. Oferece vinho a Sileno e este, sedento do néctar de Baco, está disposto a trocar ovelhas e queijos de seu amo pelo odre de vinho de Ulisses, quando chega o Ciclope, berrando furioso. Devora numa só refeição dois companheiros do herói, mas este, como sempre, agindo com astúcia, após embriagar Polifemo, vaza-lhe com um espeto incandescente o único olho, logrando assim fugir e levar em sua companhia Sileno e os Sátiros.

ULISSES: *Ouve então o plano que tracei para nos vingarmos do monstro perverso e para libertar-te da escravidão* [...].
CORIFEU: *Surpreendê-lo sozinho nas florestas e degolá-lo, eis o que planejas, ou precipitá-lo do alto dos rochedos.*
ULISSES: *Nada disso, quero agir pela astúcia* [...]. *Como um homem que, ao ajustar as peças do navio, com uma dupla amarra manobra o trado, assim no olho do Ciclope, sede da luz, girarei o tição e lhe secarei a pupila.*
CORIFEU: *Ah! Ah! Ah! Estou feliz, louco de alegria com esses ardis!*

....

ULISSES: [...] *Não me salvarei sozinho, deixando os queridos amigos que estão lá dentro. Embora pudesse fugir, já que estou livre das profundezas da caverna, não seria justo escapar sozinho, abandonando lá os amigos que me acompanharam até aqui!* [...]

....

CICLOPE: *Como desejas ser chamado, meu hóspede?*
ULISSES: *Ninguém. Que favor te deverei agradecer?*
CICLOPE: *Serás devorado por último, após todos os teus companheiros.*

....

ULISSES: *Pelos deuses, ficai em silêncio, Sátiros. Quietos, boca fechada. Eu vos proíbo respirar, piscar o olho, e até cuspir! Não despertemos o flagelo, até que o olho do Ciclope seja consumido pelo fogo!* [...]
CORIFEU: *Que ao som de nossas canções o Ciclope tenha o olho vazado!* (Os Sátiros, gesticulando, cantam a plenos pulmões) *Oh! Olaré! Empurrai corajosamente o tição! Vamos rápido! Torrai as pálpebras do monstro, devorador de hóspedes. Ah! Queimai, cegai o pastor do Etna!* (A Ulisses) *Gira o tição, retira-o! Cuidado, para que louco de dor, o Ciclope não provoque um desastre!* [...]

....

CICLOPE: *NINGUÉM me destruiu.*
CORIFEU: *Bem, então ninguém te fez mal.*
CICLOPE: *NINGUÉM me cegou.*
CORIFEU: *Nesse caso, não estás cego.*
CICLOPE: *Sim, a não ser que estejas também cego...*
CORIFEU: *E como ninguém poderia te cegar?*
CICLOPE: *Zombas de mim. Onde está este* NINGUÉM*?*
CORIFEU: *Em parte alguma, Ciclope.*

EURÍPIDES,
O Ciclope.

Sumário

Introdução

Um presente de gregos, uma Esfinge de decifração interminável, o drama parece ter representado, explorado e produzido, ao longo de 25 séculos, o mais largo espectro possível das tonalidades daquilo que Stanislávski chama "a vida do espírito humano". Nesse palco desfilaram: as titânicas batalhas pelo poder no Universo; as desiguais contendas entre os deuses e a cidade; as horripilantes guerras fratricidas; as grandes paixões precipitadoras de caos e ruína; os assombrosos lances de heroísmo; as chacinas em nome da fé; os dilemas racionalistas entre o desejo e o dever; as interpelações filosóficas, éticas, estéticas; os problemas lacrimosos do filho/pai/irmão/esposa reencontrados; o direito de "casar-se por amor"; o sonho da casa própria de um caixeiro-viajante; a revolta dos que não usam *black-tie*; as deliciosas estrepolias dos chicós e joões-grilo; as minúsculas barganhas e concessões da luta pequena e perene pela sobrevivência; o esvaziamento dessa mesma luta; o *ethos* da ironia e da indiferença; o *pathos* bizarro das emoções baratas e descartáveis.

Como limites possíveis desse tão vasto painel, "trágico" e "cômico" foram termos úteis para indicar, sobretudo, diferentes *modos de recepção* sugeridos pela obra dramática a seus virtuais fruidores. "Tragédia" e "comédia", porém, enquanto formas fixas e distintas, tornaram-se cada vez menos aplicáveis aos híbridos e cambiantes produtos da dramaturgia contemporânea (no mínimo desde a mistura promovida pelo drama romântico, mas talvez mesmo desde Shakespeare). Apesar disso, nenhum espectador atual parece desinteressado de sua participação no *sentido* cômico ou trágico da ação, ou seja, de sua *instalação afetiva* quanto à perspectiva séria ou risível da aventura humana da qual irá compartilhar.

Como objeto de investigação teórica ou de apreciação crítica, a tragédia e a comédia tiveram destinos bem diversos. Seja porque a tragédia foi o alvo quase exclusivo da primeira teoria do drama (e também primeira teoria estética ocidental) – a *Poética*, de Aristóteles, que lhe definiu não só temas, trama, caracteres e elocução, mas principalmente anunciou sua *função catártica* –; seja porque as teorias subseqüentes viram no modo trágico um fim artístico *superior* ao modo cômico; seja por razões não apenas estéticas mas culturais, em sentido amplo – como a "ideologia da seriedade"[1] –, o fato é que, no panorama atual dos estudos dramatúrgicos, a comédia permanece como um gênero de parca fortuna crítica e teórica, subjugada a uma equação que teima em fazer corresponder seriedade e saber, circunspecção e conhecimento.

Esse quadro se mantém, apesar da importante contribuição dos trabalhos de Freud, Bergson, Frye, Mauron, Propp, Bakhtin, Jauss, Eco, Todorov e poucos outros de igual relevância. Ao mesmo tempo, é no repertório de antigos procedimentos da tradição dramática e teatral da comédia que a televisão e o cinema vão hoje buscar recursos para o entretenimento de seu grande público – o que parece atestar, no mínimo, a vigência e eficácia de tais procedimentos sobre o espectador contemporâneo.

Por outro lado, o riso, como fenômeno espontâneo e cotidiano, passou a ocupar, desde o século XX, um lugar relevante como objeto de investigação da medicina, da antropologia e da filosofia, sobretudo. No primeiro caso, o choque libertador, que exercita e relaxa a maior parte dos músculos do corpo, tem sido visto como um poderoso auxiliar no combate a um sem número de doenças, e o conceito dos hospitais-circo e dos palhaços-médicos, já há vários, anos surgiu como resultado das pesquisas desenvolvidas[2]. Na segunda perspectiva, o interesse sobre o riso em diferentes contextos históricos e culturais é atestado pela realização de vários congressos, reunindo especialistas de diversos campos de conhecimento, como o realizado em 1994, na Holanda[3]. Na terceira vertente, depois que Bataille, inspirado em Nietzsche, afirmou uma "filosofia do riso", na qual o pensamento pode ultrapassar a si mesmo, muitos outros autores foram atraídos pela experiência do risível como um desafio a pensar os limites da razão e da verdade[4].

1. L. F. Baêta Neves, A Ideologia da Seriedade, *Revista de Cultura Vozes*.
2. Cf. M. Masetti, *Soluções de Palhaços*.
3. Cf. H. Roodenburg e J. Bremmer, *Uma História Cultural do Humor*.
4. Cf. V. Alberti, *O Riso e o Risível na História do Pensamento*.

Nessas breves referências, percebe-se que a questão do riso ultrapassa largamente o domínio da comédia. Assim, os poucos estudos relevantes acerca do cômico têm se valido das conquistas de áreas vizinhas, trilhando duas principais orientações: ora seguem uma via de investigação psicofilosófica, interpelando a função e o significado do cômico como faculdade e necessidade humana, ora tomam uma direção histórico-cultural, focalizando aspectos e características desse fenômeno em relação a um determinado tempo e espaço. Em ambas as vertentes existem trabalhos valiosos, com notáveis contribuições ao estudo do problema, como o de Bergson, que se inscreve no primeiro caso, e o de Bakhtin, já célebre como exemplo da segunda abordagem.

Essas duas direções de estudos parecem fazer justiça à estimulante duplicidade da comédia: por um lado, essa forma dramática apresenta estreita vinculação com sua época, seu ambiente social, seu público, o que lhe garante rápido reconhecimento e popularidade, mas, simultaneamente, torna-a vulnerável às intempéries da história e ao desgaste dos tempos e dos costumes, com maior possibilidade de esclerose do que as formas chamadas "sérias"[5]; por outro lado, bem mais do que o trágico e o romanesco, por exemplo, o cômico apresenta uma nítida recorrência de tipos, temas, situações, fortemente enraizado numa tradição de técnicas e convenções. Daí ser fácil compreender que os pesquisadores sejam atraídos por um ou outro aspecto da comicidade, que podem ser tomados, à primeira vista, apenas como características díspares de um mesmo fenômeno, mas que, como veremos, integram-se criativamente para configurar seu modo de ação.

Para um estudioso da dramaturgia, porém, vários recortes se fazem necessários antes de proceder à discussão do tema no seu campo particular. Há que distinguir: o fenômeno do riso nas circunstâncias de sua produção na vida cotidiana; o cômico como efeito possível de manifestar-se em várias linguagens artísticas; e, finalmente, a arte de produzi-lo no âmbito específico do drama, na comédia. O estudo que se segue visa exclusivamente ao último domínio, buscando uma compreensão do fenômeno catártico específico desse tipo de produção dramática. Desta perspectiva, os temas e as técnicas da comédia, seus recursos canônicos, suas transformações, ganham relevância como elementos de uma

5. Qualquer estudante de teatro conhece a experiência de ler, por exemplo, uma tragédia grega ou elisabetana com o auxílio de apenas meia dúzia de referências históricas, enquanto para uma comédia de Aristófanes ou Plauto deve ser "socorrido" por abundantes notas e comentários do tradutor. Salvo, é claro, quando o tradutor tem intenções mais teatrais que filológicas, e se dispõe a adaptar, realizando uma tradução também cultural, como tem feito Mário da Gama Kury com a comédia grega. Cf. M. da G. Kury, *A Greve do Sexo (Lisístrata); A Revolução das Mulheres*.

certa concepção de mundo, de uma construção poética, mas sobretudo como um particular *modo de ação* sobre o receptor.

Assim delimitado, o campo do presente estudo – a dramaturgia cômica – apresenta-se como uma espécie de *conjunto intersecção*, espaço fronteiriço entre dois imensos territórios: por um lado, o gênero dramático; por outro, o gigantesco universo das múltiplas manifestações da comicidade. De início, vejamos separadamente qual sentido e intenção serão tomados como referência esses dois grandes conjuntos.

No que diz respeito ao uso da sempre polêmica palavra "gênero", que consta da expressão "gênero dramático", é preciso ainda uma vez enfrentar essa questão retórica (não no sentido do supérfluo, mas do que é relativo a estratégias de enunciação). Entendo "lírico", "épico" e "dramático" como *máscaras originárias* de qualquer forma de ficção literária, que, ao longo não apenas de um período histórico, mas até de uma mesma obra, são trocadas, fundidas e remodeladas pelo autor. A máscara triádica dos gêneros é uma ficção fundamental na gênese de qualquer texto, como jogo de presença/ausência do autor. Isto na medida em que também são ficções "eu", "tu", "ele", *personae* da linguagem, do drama da enunciação. O gênero é uma *ótica*, um dispositivo que orienta tanto a produção quanto a "entrada" do leitor no texto, como cúmplice dessa visão.

Ao longo deste trabalho, uso a palavra *drama* na acepção de "obra dramática", seja ela predominantemente cômica ou trágica. Quanto ao fato de o texto dramático constituir-se como obra literária, destinada a dar prazer não apenas pela encenação, mas já a partir da própria leitura, não creio ser necessário repetir os argumentos longamente apresentados em escritos anteriores[6].

Há um século foi rompido o casamento monogâmico entre o drama e o palco, pelas íntimas relações que a prática dramatúrgica mantém com o rádio, o cinema e a televisão; há décadas proliferam cursos formando turmas de autores e roteiristas, dos quais parte considerável tem pouca ou nenhuma relação com a arte teatral. Assim, não é verdade, como insistem alguns autores, que "a essência do drama consiste na representação, em palavras e em atos, de atores sobre o palco"[7].

Antes de se pensar que a defesa da integridade artística do texto dramático (é uma obra "inacabada" apenas no sentido de que todas o são, por dependentes da atualização receptiva) revele qualquer pendor "textocentrista", afirmo que, ao contrário, trata-se de reconhecer, na arte teatral, toda sua riqueza, vigor e independência, ao invés de tomá-la como mera tradução icônica do drama[8]. Existem inúmeras mo-

6. C. F. Mendes, A Convivência Dramática, *As Estratégias do Drama*, p. 19-41.

7. E. Miner, *Poética Comparada*, p. 63.

8. Para a compreensão tanto das distâncias quanto das relações entre arte dramática e arte cênica em muito contribuíram, recentemente, certos estudos de semiologia

dalidades de arte cênica realizadas por "atores sobre o palco", às quais ninguém cogitaria chamar de "drama". A curiosa timidez de certos autores em tratar o texto dramático *apenas* como texto (e de que outro modo seria tratado um objeto constituído pela linguagem verbal?) faz com que escrevam livros inteiros de análise dramatúrgica, garantindo, porém, em prefácios e notas que o drama "não existe" fora de sua representação cênica. O intrigado leitor fica sem saber: como então foi possível escrever tais análises e interpretações *valendo-se apenas do texto das peças?*

O segundo conjunto que oferece parte do seu território ao campo desta investigação é o vasto universo da comicidade. Ora, o cômico, em geral, é um fenômeno de difícil contorno, já que comumente se denomina "cômico" tudo aquilo que faz rir, na vida ou na arte. Mas explicar o cômico simplesmente como "aquilo que faz rir" é definir o fenômeno pelo efeito produzido, definição circular, nebulosa, que imita o *uroboros* (serpente que morde a própria cauda). Vale lembrar, adensando a questão, que nem todo riso provém da comicidade – pelo menos dois tipos já foram apontados por autoridades no assunto: o riso "de angústia" – reação patológica sem qualquer relação com o efeito cômico – e o riso "de puro prazer" da criança que ainda desconhece o contraste cômico[9].

Por outro lado, o prazer da comédia, como obra artística, *não se reduz ao riso*, como pretendo demonstrar. Assim, o riso, em si mesmo, é ao mesmo tempo um campo muito vasto e um critério muito estreito do ponto de vista da comicidade própria do drama. Vista como *expressão dramática da comicidade*, a comédia é uma criação que segue suas próprias leis e cuja existência se justifica pela força com que *co-move* o leitor ou espectador. O universo da comédia, circunscrito aos limites da criação dramática, não se confunde com a comicidade do cotidiano, habitado que é por *seres de linguagem,* construídos e reconstruídos por cada leitor ou espectador, a partir de suas ações e relações no contexto da obra, e regido por uma liberdade imaginativa que o expande em direção ao maravilhoso, ao fantástico, ao *nonsense,* transpondo, via de regra, as limitações da verossimilhança externa. Assim, permanecendo no domínio da dramaturgia cômica, é preciso, desde o início, não confundir o cômico da vida e o do drama, já que o segundo é uma construção *poética*, regida por determinadas intenções e ambicionando provocar determinadas reações.

Caberia ainda indagar: em que sentido podemos falar de "gênero cômico", como faz Charles Mauron[10], entre outros autores?

aplicada ao teatro, como os desenvolvidos por Patrice Pavis e Anne Ubersfeld. Ver, a respeito, A. Ubersfeld, *Para Ler o Teatro*.

9. Ver infra p.135, como Freud se refere a esse riso infantil, anterior a qualquer experiência da comicidade.

10. Cf. *Psychocritique du Genre Comique.*

Creio que de nada vale complicar desnecessariamente a nomenclatura crítica, recusando denominações já largamente difundidas, salvo em nome da clareza. Penso que se pode aceitar a idéia de "gênero" cômico, ou trágico, ou romanesco, ou irônico, numa acepção que eu chamaria de "gêneros afetivos": certas famílias de obras que partilham um determinado modo de dispor ou mover os afetos do leitor ou espectador. Acontece que os gêneros "fundadores" ou retóricos (entendido retórico, como já disse, como modo de apresentação da linguagem) *cruzam-se* incessantemente com os gêneros "afetivos", gerando novos espaços de intersecção, novas e matizadas partilhas, novas variações e subdivisões, como romance satírico, poema-piada, comédia lírica, e tantos outros (Veja-se o exemplo hilariante de Polônio descrevendo para Hamlet a habilidade dos comediantes que visitam o castelo de Elsenor: "São os melhores atores do mundo, tanto para a tragédia, como para a comédia, a história, a pastoral, a pastoral-cômica, a pastoral-histórica, a histórica-trágica, a pastoral tragicômica-pastoral.."). (Ato II, cena 2).

Ainda sobre o uso de termos críticos e teóricos, há uma dificuldade sobressalente para o estudioso da dramaturgia. Desde as experiências propostas pela "tragédia doméstica", o "drama burguês" ou "a comédia séria" no século XVIII, o qualificativo "trágico" não é suficiente para abarcar todas as formas dramáticas que se opõem ou apenas se diferenciam da comédia. Quando ainda hoje usados em oposição, "trágico" e "cômico" designam apenas pontos cardeais, vetores do aspecto "afetivo" da recepção. Para referir-se a um texto dramático que sinta inadequado chamar de tragédia, qualquer ator ou diretor usa comumente a expressão "peça séria" – não sem a sensação incômoda da falta de melhor termo. E isso, já se verá, não ocorre por acaso.

A história do teatro e da literatura dramática jamais foi contada do ponto de vista da comédia. Nesse quadro, merecem aplauso todas as contribuições para deslocar o foco tradicional sobre o gênero "sério" – seja em obras de perspectiva panorâmica[11], seja em direção a estudos que recortam determinado autor, período ou manifestação cômica[12]. Na ausência de qualquer descrição sistemática que contemple a variedade das formas cômicas, as manifestações multiformes do gênero têm, como possível contorno, apenas o modo e a força de sua ação junto aos diversos públicos, e seu reaparecimento *crônico*: textos que interpelam textos precedentes, parodiando-os, adaptando-os ao sabor de cada época, inventando e moldando seus recursos aos vários tipos de convívio humano. Existe, pois, uma espécie de tradição sem história ou, na bela expressão de Nélson Araújo – referindo-se

11. V. Arêas, *Iniciação à Comédia*.
12. F. Aguiar, *A Comédia Nacional no Teatro de José de Alencar*.

à linha cômica e profana do teatro medieval –, "uma história difícil de delinear mas que *pulsa no subsolo*" e cuja força incômoda pulula aqui e ali em documentos eclesiásticos e editos reais que condenam e proíbem a *histrionis ars*[13].

Daí se pode facilmente compreender que a inexistência de uma alternativa a "cômico" que não seja "trágico" se deva a duas razões, simultâneamente históricas e estéticas. A mais óbvia é que o drama "sério" (assim como o teatro "sério"), prestigiado como *universal*, prescindia de qualquer qualificativo ou identificação, já que se confundia com "o drama"; o cômico é que seria uma variante menor do gênero dramático. A segunda razão, mais curiosa do ponto de vista das mutações do gênero, é a *falência* do drama moderno em constituir um "gênero total", substituindo tanto a tragédia quanto a comédia, misturando e irmanando o sublime e o ridículo, a paixão majestosa e a cena doméstica, como sonharam Victor Hugo e Gonçalves Dias[14].

Mas a prática dramatúrgica veio contrariar o que românticos esperavam. Revendo-se a produção dramática do século XX, tanto é notável o caminho próprio que a comédia continuou a seguir a comédia (não sem muitas e profundas transformações, é claro) quanto não é fato que o drama moderno tenha "substituído" a tragédia. À parte o surgimento de novos gêneros ou subgêneros, como se queira, refundindo temas e procedimentos das formas tradicionais, a tragédia resiste à perda dos valores morais e da ordenação social que inspirou sua forma clássica, pois em muitos textos contemporâneos é possível encontrar o "sentido trágico da ação" de que nos fala Northrop Frye[15]. Creio que *O Beijo no Asfalto*, de Nélson Rodrigues, é uma autêntica tragédia "moderna", fortemente marcada (manchada) pela visão irônica do desamparo de um indivíduo diante da (des)ordem indiferente.

As distinções acima não são ociosas, se considerarmos que a uma dada forma dramática não correspondem apenas certos temas e técnicas, certa organização interna de elementos, mas, sobretudo, certo *modo de promover ou propiciar as reações da audiência.* Se cada

13. N. Araújo, *História do Teatro*, p.112.

14. Seu prefácio ao drama *Leonor de Mendonça* é um claro manifesto: "No começo do teatro moderno, havia apenas duas obras possíveis: a tragédia, que cobria as suas espáduas com manto de púrpura, e a comédia, que pisava o palco cênico com os seus sapatos burgueses; era assim, porque a tragédia andava pelos grandes, enquanto que a comédia se entretinha com os pequenos, e ainda assim com o que nestes havia de mais cômico e risível. Hoje, porém, a comédia e a tragédia fundiram-se numa só criação. E de fato, se atentamente examinarmos as produções de hoje, que chamamos dramas, notaremos que ainda nas mais líricas e majestosas há, de vez em quando, certa quebra de gravidade, sem a qual não há tragédia. Notaremos também que essa quebra provém de ordinário de uma cena da vida doméstica, o que verdadeiramente pertence à comédia". G. Dias, *Leonor de Mendonça*, p. 8.

15. N. Frye, *Anatomia da Crítica.*.

forma é também uma *força de ação*, cada forma produz seu efeito catártico específico. Isto nos leva ao ponto central desta investigação: *a catarse própria da comédia.*

É importante assinalar que a idéia de catarse com a qual me aproximo da comédia já é fruto de estudos anteriores[16]; por isso, no primeiro capítulo, é apresentada uma síntese dessa reconceituação, pois ela embasa a discussão acerca do *valor* da arte cômica, que tem lugar no segundo capítulo, visto que as avaliações críticas da comédia estão diretamente ligadas ao problema da catarse em seus diversos aspectos receptivos – morais, cognitivos, psicológicos, afetivos.

No terceiro capítulo, são revistos criticamente alguns estudos acerca da comicidade e do riso. Se imaginarmos as teorias existentes sobre o cômico, agrupadas segundo certas linhas de interpretação – teorias da superioridade/degradação, teorias do contraste/incongruência, teorias do excedente de energia, teorias cognitivas, afetivas, psicossociais –, é possível afirmar que os autores aí revisitados são os que apresentam as contribuições mais fecundas, nas várias possíveis perspectivas. Essa alternância dos ângulos de visão às vezes produz resultados inesperados. A seqüência em que os autores são tratados não é cronológica, por motivos que se tornarão claros no decorrer das análises. O ensaio de Baudelaire, por exemplo, embora escrito quase cinqüenta anos antes do famoso estudo de Bergson, ilumina certas lacunas na tese do filósofo, permitindo deslocar alguns equívocos crônicos na apreciação da comicidade.

No entanto, a fonte mais legítima das reflexões teórico-críticas aqui oferecidas, encontra-se no corpo de obras dramáticas apresentado no Anexo. Este estudo se desenvolve tendo em mente a experiência da comicidade propiciada por esse repertório de textos, pois creio que as mais efetivas teorias da comédia, em cada tempo e espaço, *são as que se acham implícitas na própria criação dos comediógrafos*. A organização deste elenco de peças é cronológica, apenas para não confundir desnecessariamente o leitor. Do ponto de vista dos procedimentos cômicos e do modo de agir sobre o espectador, Alfred Jarry, por exemplo, está muito mais próximo de Aristófanes do que de seus contemporâneos.

É inescapável que esta seleção ofereça um possível cânone da dramaturgia cômica, com todas as ênfases, preferências, esquecimentos e idiossincrasias a que este tipo de listagem é sujeita. Não tive intenção de arrolar "as melhores comédias da dramaturgia ocidental", mas talvez quase o tenha feito, inadvertidamente, já que nenhuma dessas obras está aí presente por concessão a alguma variante curiosa ou periférica do gênero. São todas obras dignas de serem revisitadas e revigoradas pelo diálogo com outro sistema de signos (a televisão, o

16. C. Furtado Mendes, Persona, op. cit., p. 43- 78.

teatro, o cinema) ou por ação da leitura atenta e prazerosa. Nos capítulos 4 e 5, a ênfase se desloca para as relações entre o comediógrafo e seu público, primeiro pelo exame de um estoque de procedimentos usuais na construção da comicidade, e depois pelo tipo variável de cumplicidade estabelecida através do *tom* em que se dá essa interlocução – irônico, humorístico, satírico, paródico – e que predispõe as reações que o autor se propõe a excitar no leitor ou espectador.

Trabalhar com a comédia é ver-se diante de um gênero sempre móvel, fluido, que segue reconfigurando-se criativamente ao sabor dos tempos, dos costumes e, antes de tudo, *dos desejos de seus públicos*. O objetivo deste ensaio é de, no mínimo (o que, em termos de contribuição ao estágio presente do problema, já seria um máximo de pretensão), deslocar, dos seus nichos, alguns antigos paradigmas e preconceitos que nublam nossa compreensão da extraordinária força com que as estratégias, próprias de uma concepção cômica do mundo, promovem o efeito catártico em seu ridente receptor.

1. Pontos de Partida

A CATARSE NO DRAMA: RECONFIGURAÇÕES

Há mais de duas décadas, minha experiência de criação e adaptação de textos para teatro, aliada à prática do ensino de dramaturgia, fizeram com que meu interesse fosse atraído pelos aspectos receptivos do drama. Afinal, se a primeira tarefa de um dramaturgo, que trabalha sob o imperativo do "aqui e agora" de uma obra-evento, é captar e *manter* o interesse do seu espectador, nada mais estimulante do que investigar o tipo de efeito específico pretendido por essa forma artística.

Supõe-se que essa meta primordial de *sedução* (não necessariamente concessiva ou consoladora, já que aí o espanto, o choque, a estranheza têm função privilegiada) influa decisivamente na gênese da obra dramática, desde os aspectos mais conscientes da criação, como as escolhas e ênfases técnico-formais feitas pelo dramaturgo, até o sempre – apesar de tudo – imprevisível embate com os desejos de cada platéia, em cada momento.

Essa questão, desde então obsessiva, tornou-se objeto de minha dissertação de mestrado, *Drama e Desejo: O Lugar da Catarse na Teoria do Drama*, e da qual apenas uma síntese foi publicada. A missão mais evidente desse trabalho era uma reinterpretação e reconfiguração do conceito de *catarse*, subtraindo-o ao cerrado domínio aristotélico e tornando-o aplicável à variedade de formas do drama contemporâneo. É esse sentido de catarse que retomo agora, no presente estudo, como uma espécie de "teoria de base", restringindo seu campo de aplicação ao domínio das obras cômicas. Torna-se necessária, pois, uma síntese das principais etapas daquele trajeto teórico, já que, em seus limites, encontram-se as interrogações que motivaram o estudo que agora se segue. Por outro lado, a prática contínua de leitura, interpretação e criação de textos dramáticos costuma ter o efeito de providenciar dúvidas sobre questões que pareciam resolvidas, e levou-me, nos últimos anos, a desconfiar de algumas certezas então cultivadas.

Depois de enunciado por Aristóteles em sua *Poética*, o termo *catarse* foi durante séculos interpretado por estudiosos, que ora o entendiam como purificação religiosa, através do sacrifício do herói trágico; ora no sentido moral/político/pedagógico de conformação do indivíduo à ordem político-social; ora na acepção médica de "purgação de humores"; ora, ainda, no sentido psicológico de alívio das emoções do espectador, como efeito do suspense e da tensão dramática. Creio que a leitura da *Poética,* como um sistema coerente de idéias, permite entender o objetivo catártico – ou o efeito "piedade-e-terror" a que visa a ação trágica – como o propósito de unificação do público por força da universalidade do mito, o re-conhecimento do espectador graças a um ritual de passagem da ignorância à sabedoria, através da mediação do herói trágico, e visando à sua reintegração em si mesmo e no mundo da *polis*[1].

Para isso, uma premissa é óbvia: o público *goza* da própria compaixão, ele *deseja* assistir à realização de um ato terrível. Em relação à catarse desse tipo de drama – com todas as suas atuais reedições barateadas e multiplicadas em filmes de ação, de suspense etc; que mantêm a estrutura básica de verossimilhança, causalidade e identificação por empatia – parece verdadeira a afirmação de Freud de que "o sofrimento de toda espécie é assim o tema do teatro, e desse sofrimento promete ele proporcionar prazer à audiência"[2]. Mas o pressuposto indeslocável, no modelo aristotélico, é que esse sofrimento seja prenhe de *significado exemplar*. No drama aí prescrito, a vida se torna *razoável* pela habilidade do poeta que, ao recriá-la, deve obedecer a critérios de coerência e probabilidade das ações, conferindo assim *por sua arte* um *sentido* ao esforço humano. A meta dessa dramaturgia é construir a imagem de um todo harmônico, *justificável*, do qual a obra seria um microcosmo; é o atingir do conhecimento, da luz apolínea, pelo trajeto sacrificial nas emoções, na ignorância, na cegueira edipiana.

O conceito de verossímil ("parecer verdadeiro"), nesse caso, diz respeito não tanto à realidade objetiva, à vida cotidiana, mas à unidade

1. Aristóteles, *Poética*.

2. S. Freud, Tipos Psicopáticos no Palco, em *Um Caso de Histeria, Três Ensaios sobre a Sexualidade e Outros Trabalhos*, p. 323.

de uma ação que pelo nexo causal se impõe como verdadeira, criando uma espécie de "coerção" (para usar um termo brechtiano) para a cadeia de acontecimentos (A causa B que causa C etc.), sendo que o último termo da série, o desenlace, resulta *fatal* ou inexorável). A obsessão aristotélica não é o real (como no drama naturalista), mas a lógica aplicada à construção de uma imagem de mundo, a idéia de que deve haver uma *razão* e um *fim* para as ações humanas. A repetida exigência de verossimilhança nessa convenção dramática não visa ao fingimento da verdade com fins de exclusivo deleite formal, mas sim ao engendramento de uma ação "verdadeira" e "universal"; verdadeira *porque* universal, porque coerente e convincente, porque exemplar e modelar, e que ao se propor como imitação do mundo, *dá sentido* ao mundo. O que não cabe, assim, no drama aristotélico é o *nonsense* e a *inação*.

Excluem-se do modelo, pois, tanto o chamado drama "de absurdo" quanto o drama subjetivo, psicológico, em que a ação é secundária, com toda ênfase colocada no conflito interpessoal e na análise individual das personagens.

Após séculos de interpretações da passagem aristotélica, seria apenas com Nietzsche, em *O Nascimento da Tragédia*, que a catarse iria se libertar das acepções morais, medicinais, políticas ou pedagógicas, e se caracterizar como fenômeno *estético*, sensível e sensorial, capaz de realimentar espiritualmente o homem. Nessa obra fascinante e conturbada, que se propõe à tarefa inaugural de "considerar a ciência pela ótica do artista, e a arte pela ótica da vida", a função catártica do drama toma a forma de uma transcendência exclusivamente terrena.

A representação do mito trágico permitiria o acesso a um conteúdo dionisíaco/demoníaco através da serenidade objetiva das *dramatis personae*. Nietzsche vê, nas personagens do drama, a máscara apolínea, a superfície reconfortante que nos permite participar de uma experiência terrível e dela extrair prazer. A vida é espantosa, e só pode ser suportada por meio das formas artísticas, assim como o homem só pode conhecer-se transformado em obra de arte. Comentando o efeito trágico no *Édipo Rei*, de Sófocles, Nietzsche afirma que sofremos ao contemplar a imagem de uma existência infeliz, mas, ao mesmo tempo, apodera-se de nós a mais profunda alegria humana, a certeza de um triunfo. Ao mesmo tempo, não nos abandona a piedade pelo alto preço pago pelo herói para obter o conhecimento. "A sabedoria é um crime contra a natureza", eis o que o mito estaria clamando com suas terríveis sentenças[3].

Nessa ótica, o efeito catártico está vinculado ao enfoque mítico do drama. Quer o herói triunfe, quer seja destruído, nossa vitória está garantida; o que nos apaixona como espectadores é que um in-

3. F. Nietzsche, *O Nascimento da Tragédia*, p. 65.

divíduo (configuração apolínea) possa ser capaz de representar a indomável energia (força dionisíaca, demoníaca, anarquista), que nos impele à transformação, ao contínuo mergulho e ultrapassagem, à assunção apaixonada do *devenir*. Se na teoria aristotélica o drama é um cosmos dotado de lógica e coerência, para Nietzsche é a própria incongruência na raiz do viver, a condição do ser particular e universal, à deriva, sob o signo do acaso, que permite a visão trágica e dá origem ao drama.

A catarse, vista em Aristóteles como efeito da representação dramática, é agora o próprio ponto de partida da obra, a sua gênese. A metafísica do artista consistiria exclusivamente na *libertação pelas formas*, sem fins de aperfeiçoamento moral. Todo esforço de Nietzsche está exatamente em livrar a catarse do seu aspecto didático-edificante, torná-la um corpo a corpo de sensibilidades, uma turbação das vontades. Sua concepção do efeito catártico repele também – decididamente – as interpretações de "consolação subjetiva", e dá à experiência do drama a força de um confronto audacioso com a face terrível da existência, cifrada no mito. Veja-se a respeito o seu elogio a Strindberg: "Fui surpreendido pela descoberta desta obra que exprime de forma grandiosa a minha própria concepção do amor: nos processos, a guerra; na essência, o ódio mortal dos sexos"[4].

Um terceiro momento marcante na evolução desse conceito crítico e teórico – a catarse – vem da contribuição psicanalítica. Examinando as condições para que os pensamentos latentes possam ser representados no sonho, Freud refere-se constantemente a um esforço de *dramatização*[5]. O processo de formação onírica tende sempre para a transformação de pensamentos abstratos em imagens visuais, ou seja, *cenas,* representações pictóricas, e a vantagem para o sonho (e para o sonhador, é claro) é que a coisa "capaz de ser representada" é passível de escapar à repressão da censura psíquica. A oposição (bem como a cumplicidade) entre real e representação é tão importante aqui quanto é para o espectador do drama. Para ambos – sonhador e espectador –, só a consciência de estar diante de algo não efetivo, não passível de gerar conseqüências na vida de vigília, permite-lhe obter prazer pela imitação de ações terríveis. Somos o único assunto de nossos próprios sonhos, adverte-nos Freud, e o drama – sonho socializado – há séculos permite a cada espectador colocar-se no centro da cena, simulacro do mundo só para ele construído.

O artista surge então como o intérprete da *mente grupal.* A verossimilhança da teoria aristotélica ganha novo significado na interpretação freudiana: passa-se a incluir na intriga, ou "entrecho das ações", a base do *iceberg* inconsciente, um depósito subjacente de motivações

4. A. Fernandes, Introdução, em A. Strindberg, *Inferno*.
5. S. Freud, *A Interpretação dos Sonhos II*, p. 363.

para o agir das personagens, ora mais ora menos explícito, mas sempre adivinhado pelo espectador. O prazer oferecido pelo drama exigiria então, pela ótica freudiana, *uma coerência construída não mais pela semelhança com ações reais, mas pela obediência a esquemas mentais básicos, passíveis de reconhecimento pelo fruidor.* E o gozo prometido é quase diretamente proporcional ao infortúnio que atinge a personagem, bode expiatório de nossas fantasias[6].

Mas é preciso considerar, ainda, uma quarta interpretação do conceito de catarse, que marcou a teoria e a prática cênica na segunda metade do século XX, servindo de pressuposto tanto para a recusa da dramaturgia chamada "aristotélica" quanto para a retomada de recursos épicos no teatro contemporâneo. Com Bertolt Brecht, a questão da catarse no drama é posta sob um novo ângulo, como parte de um processo implacável de interrogar, em sua raiz, a função da arte. Esse processo desencadeia, simultaneamente, uma discussão da natureza da representação artística e das relações entre o mundo representado e a realidade. O programa brechtiano visa a uma arte que se assume como *antinatureza*, que denuncia seu caráter de artifício, de escolha formal. Mas o efeito de suas peças não resulta do total rompimento da identificação e da empatia entre público e personagens, o que anularia a função mediadora dos seres dramáticos. É ainda através deles que em sua dramaturgia se dá a aventura do conhecimento, a promessa de reencontro com o mundo alienado.

O que suas peças têm de novo a oferecer é a *direção* tomada pelas emoções. O leitor/espectador, diante de algo que lhe é mostrado como "podendo não ser assim", como não-fatal, diante da imagem de um mundo passível (e necessitado) de transformação, seria levado a sentir-se potencialmente como um transformador. Com a negação da fatalidade, da posição trágica, do conflito apresentado como insolúvel, a cena tornar-se-ia, então, instrumento para que o espectador se sinta senhor do mundo. Ao utilizar recursos de distanciamento – como o humor, a marcada tipificação dos caracteres, a intervenção do narrador, a estrutura épica da ação – Brecht substitui o mito elegíaco por um mito utópico: emociona o espectador com a desmistificação da fatalidade, ou da suposta "naturalidade" dos sacrifícios humanos (como a guerra, em *Mãe Coragem*). É nisso que consiste a catarse brechtiana: o espetáculo de seres potencialmente capazes de mudar a sua realidade.

Para atingir esse efeito sobre o público, a própria forma dramática passa a denunciar seu caráter de jogo, nega-se como pseudo-natu-

6. Nesse ponto, é interessante notar a unidade das teorias de Aristóteles, Nietzsche, Freud e Artaud em torno de um aspecto do fenômeno dramático: a *crueldade*. Esse é, de modo tão nítido, um traço constante no circuito da catarse, que parece sempre existir um termo reprimido quando se fala inocentemente de prazer e *entretenimento* acerca dos efeitos da ficção.

reza ou "reflexo" do real e assume-se como interpretação provisória de um mundo também provisório[7].

Como se vê, as principais teorias sobre a catarse tomam por base a experiência trágica, para negá-la ou afirmá-la. Mas uma redefinição da catarse, que amplie o conceito para além do domínio aristotélico, precisa considerar, no mínimo, as duas grandes vias trilhadas tradicionalmente pelo drama para satisfazer os desejos do público: o trágico e o cômico. Se interrogarmos como o drama age sobre o receptor em cada um desses gêneros "afetivos" (como modos de mover os afetos do fruidor, de *afetá-lo*), a idéia de catarse, como função geral do efeito dramático, talvez possa compreender uma variedade de formas. Tanto a tragédia quanto a comédia operam um ritual de *desmascaramento* das ações humanas, contribuindo para que uma certa "verdade" se revele (no drama contemporâneo, essa verdade mais e mais se estilhaça, uma para cada dramaturgo, e às vezes mesmo para cada uma de suas peças).

Na sua forma mais básica ou elementar, o ritual dramático apresenta um progressivo cair de máscaras (sempre à custa das próprias máscaras-personas), gerando suspense com o aproximar-se de uma revelação qualquer, em registro cômico ou trágico. Mas enquanto no desnudamento trágico ouve-se a voz do Ser e o herói reencontra-se com "a natureza profunda que o liga ao todo" (Nietzsche), no cômico ouve-se a voz dos tempos e dos costumes.

A falha trágica (*hamartia*) é um erro de percepção cometido pelo herói que atinge todo o real (veja-se a peste em Édipo Rei, ou o envenenamento da natureza pelas ações de Macbeth); o vício cômico atinge apenas seu portador, que é exposto ao ridículo; a sociedade (ou seja, cada um de nós) dele se vinga, mas cuidando de reintegrá-lo no *socius* pela punição, às vezes bem severa (como no final de *Volpone,* de Ben Johnson).

A catarse operada pelo cômico depende também de uma semiadesão emocional à personagem, como pretendo demonstrar neste estudo: ao mesmo tempo em que sente o alívio de projetar-se em alguém que é livre para agir de modo infantil ou insensato, o espectador aguarda, à distância, que esse alguém pague o preço por esse privilégio.

Com poucas exceções, dentro da tradição dramática e teatral, que vai até o início do século XX, o trágico e o cômico opunham-se graças a uma admirável simetria, complementando-se na tarefa de seduzir o espectador. O cômico mostrava-se pessimista em relação ao indivíduo, imitando seu vícios e fraquezas, mas investindo na crença de uma sociedade forte, capaz de punir e reabsorver as inclinações levianas, os desvios do comportamento padrão. Na visão tradicional da

7. Cf. B. Brecht, Pequeno Organon, *Estudos sobre Teatro*.

comédia, o grande herói parece ser o grupo social que vigia e castiga, pelo riso, o excêntrico, o desajustado, partindo da idéia básica de debilidade do ser isolado. O que esse tipo de cômico parece atingir no espectador é aquela parte do indivíduo formada pelos costumes, pelo partilhar dos valores de uma coletividade.

O trágico, por sua vez, também em sua forma clássica, parece otimista em relação ao indivíduo, ao vê-lo como manifestação única de uma essência humana incorruptível; daí que a punição nunca é propriamente externa; o verdadeiro juiz do herói trágico é ele mesmo: a sociedade aparece como obstáculo, média de opiniões deformadas, e apenas lhe oferece as situações, a arena onde se provará a sua força de ruptura, aquilo que no indivíduo não cabe dentro dos limites previstos. Por isso, sempre me pareceu que, desde o drama ateniense, o que se cultua na tragédia, é sobretudo, a *transgressão,* o ato capaz de lançar o indivíduo para além de sua medida social.

No drama contemporâneo, considerando-se principalmente a produção dramatúrgica da segunda metade do século XX, é muito raro que essas duas vertentes apareçam de modo exclusivo numa dada obra. Em geral, elas se articulam criticamente, criando uma forma que poderíamos chamar de trágico-irônica: o trágico se torna paródia do verdadeiro trágico, incapaz de associar-se a valores absolutos; e o cômico não é mais conforto de integração no *socius*, mas, ao contrário, sinal de repulsa ante o grotesco vazio moral e espiritual da sociedade burguesa.

Mas seja como efeito da predominância de uma ou outra tendência, a catarse caracteriza-se como um *processo* e um *acontecimento*, um circuito que vai de um sujeito a outro sujeito, de um desejo a outro desejo. Se a personagem deve aí funcionar como elemento catalisador, é porque o desejo não pode ser nomeado sem disfarces. Isto dispensaria o drama, pois é através de suas máscaras e simulacros que autores e públicos brincam de conhecer o próprio desejo. Para conceber essa espécie de "reação em cadeia", é preciso, no entanto, redefinir o que se entende por catarse, subtraindo o termo à tutela do modelo aristotélico.

O processo catártico parte da emoção e a ela retorna, mas nesse percurso possibilita uma aventura de natureza afetiva e intelectual a um só tempo. Supõe-se que o espectador reaja por inteiro ao contato com o "mundo representado". O que pode eventualmente impedir o efeito catártico, não é um impedimento que esteja *na* obra ou *no* receptor, mas no encontro entre eles. Não se pode atribuir ou debitar o efeito catártico a uma determinada construção dramatúrgica, pois isso implicaria fixar suas – sempre em certa medida imprevisíveis – condições de recepção.

A obra dramática pode apenas propiciar certas disposições de ânimo e desafiar o surgimento de idéias e juízos. Mas é preciso que o repertório imaginário do fruidor comporte a situação que lhe é re-apresentada para que a comunhão aconteça. Sem dúvida, uma certa distância é indispensável; mas nos casos em que a obra é totalmente estranha, por ferir valores éticos arraigados, ou alheia à configuração psíquica do receptor, talvez não haja ponto de identificação possível. Por outro lado, a repetição sistemática, (hoje diríamos "industrial") e, por um largo tempo, de determinadas fórmulas dramatúrgicas, conseguiu criar certos hábitos de recepção bastante enraizados na grande maioria dos espectadores. Apenas a incompreensão desse fenômeno – já óbvio em nossos dias – poderia ter criado a impressão equívoca de que certas obras dramáticas fossem "mais catárticas" do que outras.

Disso decorre que não existe um drama constitutivamente "anticatártico", por mais que ele seja "anti-aristotélico" (o que quer que isso signifique). O antidrama, postulado pelos dramaturgos da segunda metade deste século, como Ionesco, imitando não uma ação objetiva, mas sua falta mesma, a angústia da incoerência, do vazio, pode produzir no espectador contemporâneo uma empatia mais poderosa do que um enredo lógico, com personagens razoáveis.

A relação não-catártica implica, pois, uma *falência* no contato entre o receptor e a obra dramática. O oposto da catarse não é a distância crítica, como pensou Brecht, mas a *indiferença*. As reações de violento desagrado ou rejeição que um filme ou uma peça teatral podem provocar, se por um lado impedem o processo catártico global, indicam, no entanto, que foi deflagrada uma primeira fase de abalo e desequilíbrio necessários à intensa participação numa experiência.

No século XX, através do cinema e da televisão, a ficção dramática ampliou e diversificou consideravelmente o seu espectro de receptores, trazendo à tona questões que pareciam de vez soterradas sob a antiquíssima idéia de catarse. Para me referir apenas a um dos tópicos que recentemente foram alvo de animadas polêmicas nos meios de comunicação, observo que os danos e perigos a que estão expostas as *dramatis personae* sempre foram compreendidos como *virtuais*, ou seja, algo a ser compartilhado pelo espectador através de um pacto simbólico, e não passível de produzir efeitos na realidade. No entanto, os produtores de um certo tipo de programas de TV, parecendo inconformados com isso, tentam radicalizar essa situação, apagando os limites entre o simbólico e o real, entre personagens e seres reais.

A partir de "Big Brother" (TV Globo), acompanhamos um documentário ao vivo sobre um grupo de pessoas confinadas por semanas numa residência, sem nenhum contato com o mundo exterior, e tendo como tarefa semanal expulsar um dos membros desse convívio doméstico forçado. O entretenimento promovido por essa "imitacão da ficção", parece basear-se na máxima sartriana (da peça *Huis Clos*) de que "o inferno são os outros". Em "No Limite" (TV Globo) ao invés de se apostar no tédio e na exasperação de um convívio induzido por confinamento, investiu-se em locações externas e paisagem árida, sendo o desafio, então, lançado a um grupo de voluntários à competição e mútua exclusão, na luta pela satisfação de necessidades básicas à sobrevivência, num cenário hostil.

Tais programas propiciaram uma rodada de indagações acerca da diferença – substancial e vital – entre acompanhar as agruras cotidianas de seres reais e as da ficção, bem como das conseqüências disso para o efeito catártico. Muitos comentadores – quer aprovem, quer condenem tais iniciativas de entretenimento "cru", sem mediação – parecem convictos de que a exposição de conflitos reais seja uma espécie de "droga pesada" quando comparada à milenar mistura apolíneo-dionisíaca de distância e embriaguez, obtida diante das dores virtuais de personagens fictícias[8]. Tenho, quanto a isso, dúvidas incessantes. Não seria um filme como *Truman – O Show da Vida* – que tematiza justamente a espetacularização da intimidade de um homem, desde o nascimento, criado para "personagem" – capaz de oferecer um poder catártico mais intenso (malgrado todas as limitações no tratamento do tema) do que o convite direto ao *voyeurismo* dos programas do tipo "vida real"?

A diferença pode ser discutida (e já o foi muitas vezes) unicamente em termos estéticos: distinção entre fato e representação, entre acaso e intencionalidade, entre dispersão e estruturação poética etc. Mas sempre que se consideram os efeitos sobre o espectador, de certo modo, voltamos sempre à mais velha das questões, que não esconde seu forte componente ético. Truman é vítima inocente de uma onipresente maquinação midiática, como o foram Édipo e Antígona em relação a outros poderes. As pessoas reais que expõem diariamente sua intimidade escolheram estar ali, seja por dinheiro, seja pelos quinze minutos de fama. Tudo parece indicar, sempre, que um estudo da catarse não pode separar os aspectos éticos e estéticos, ou que os efeitos artísticos são indissociáveis do repertório de hábitos morais do público.

8. Essa, ao que parece, é uma aposta bem antiga. Edmund Burke, num texto de 1757 (*A philosophical enquiry into the origin of our ideas of the sublime and the beautiful*) que teria influenciado o conceito de sublime em Kant, afirma taxativamente que a melhor representação da "mais sublime e comovente tragédia" perderia em apelo popular para a "execução de um criminoso de Estado, na praça ao lado". Isto revelaria "a relativa fraqueza das artes imitativas" e a "superioridade da simpatia real". Burke não crê que a "imunidade" do espectador diante das desgraças fictícias seja a causa do deleite, e insiste que o ser humano é atraído preferencialmente para a contemplação de sofrimentos reais; apenas "é indiscutivelmente necessário que minha vida esteja a salvo de qualquer desastre iminente para que eu aufira deleite dos sofrimentos, reais ou imaginários, dos meus semelhantes". E. Burke, *Uma Investigação Filosófica sobre a Origem de Nossas Idéias do Sublime e do Belo*, p. 55.

De todo modo, essas são práticas contemporâneas cuja existência interpela nossas mais antigas convicções acerca da catarse e parecem convidar, desde há algum tempo, à revisão, sob novo ângulo, desse tópico tradicional nos estudos da teoria do drama e do teatro. Essa revisão, aqui apenas esboçada, talvez deva ser desenvolvida num espaço interdisciplinar, de modo a acompanhar, a partir de diferentes ângulos, a trama em que se cruzam os afetos, interesses, motivações, idéias e valores de cada público.

Creio que o drama contemporâneo continua a oferecer, graças à mágica exata e sutil da representação, um tipo específico de experiência que conjuga ludicamente o êxtase de um ritual e o prazer de compreender. A adesão voluntária ao *pathos* da personagem; a sintonia cruel ou piedosa com suas palavras e ações; o compartilhar atento desse trajeto ridículo ou terrível é justamente o espaço do drama, seu jogo e segredo milenar. Origem do drama, o mito, seja como reencontro ou utopia, tem ainda o poder de emocionar-nos com suas promessas de unidade e totalidade, apresentando ao dramaturgo o material para a plasmação de personagens individualizadas, que funcionam como aparições momentâneas de conflitos supostamente universais (pois basta que ele seja "universal" na força com que se impõe ao receptor).

Por isso, à medida que o drama se afasta do mítico e tende a expressar conflitos microcósmicos (ou mesmo "microcômicos", no caso do humor "semanal", particular, localizado), circunscrito a relações interpessoais ou problemas por demais específicos de uma época ou lugar, sem inscrevê-los artisticamente num plano geral, o efeito catártico dessa empatia, também particular e momentânea, poderá tomar a forma de um mero "alívio de emoções". Porém, no que diz respeito à reação que se pretende excitar no receptor e à compreensão do processo catártico, é menos relevante o louvor ou a condenação de uma dada forma dramática do que observar o alcance e a realidade do seu efeito.

A catarse é um fenômeno, pois, cujo efeito potencial não se reduz nem à experiência puramente emocional nem à aprendizagem lógico-racional. O efeito catártico conjuga esses dois processos, ao permitir uma vivência e uma distância, graças ao caráter simultaneamente real e irreal da ficção. A catarse produzida pela representação dramática não é algo que se limita a uma determinada forma de drama, deve ser compreendida tanto como resposta ao perene desejo de encenar as ações humanas quanto em sua historicidade.

Como linguagem artística, o drama promove incessantemente a ação de repensar o mundo em que vivemos, captando de preferência as suas crises. Faz-se, desse modo, em tensão permanente, como forma e função, mimetizando não só o que acontece, mas o que está para acontecer, a ação humana presente e futura (utópica, redentora, ou apocalíptica, catástrofica). Em que pesem todos os clichês e reduções que podem atingir a arte do drama, como qualquer outra, sua vocação é fortemente dialógica, avessa tanto à setorização ideológica (deleita-se com o conflito de vontades, com a contra-dicção), quanto à adesão irracional (exige debate, disputa, julgamento).

O dramaturgo contemporâneo, como novo Édipo, tem uma difícil tarefa: não lhe compete mais responder à Esfinge, cuja pergunta enorme jaz esfacelada em múltiplos e mínimos cacos de espelhos; deve, antes, reconstruí-la, catando fragmentos dos mitos arcaicos, claros enigmas, e dos mitos de última geração, incipientes, disfarçados, quase invisíveis. Esse trabalho pode seguir os mais diversos caminhos. Pode apresentar-se, por exemplo, como o projeto aristotélico/brechtiano de um Eros da ordem, didático-construtor, érgico, ou com a força nietzschiana/artaudiana de um Eros anárquico, desconstrutor, dissolvente. Em suma, clarificando a vida ou fazendo saltar o seu mistério.

INSENSÍVEL... A QUÊ?

"A vida é uma tragédia para o homem que sente e uma comédia para o homem que pensa." Esse antigo provérbio espanhol é um daqueles ditos em que a linguagem se exibe com tal solenidade – em sua coreografia de elementos simetricamente opostos – que nos impõe o selo de um definitivo juízo sobre uma qualquer complexa questão. O interessante é que, nesse ponto específico, a palavra dos estudiosos parece ter acrescentado pouco à proverbial intuição; a frase, em sua pretensa análise ideal, sua tranqüila separação entre o sensível e o inteligível, é, ao mesmo tempo, a síntese de um equívoco que tem funcionado como uma espécie de cortina de fumaça, embaçando nossas tentativas de compreender a catarse cômica. Ou seja: a idéia de que uma certa *anestesia afetiva* é um pré-requisito do efeito cômico.

Embora sua formulação seja bem mais antiga – e não apenas no universo da "filosofia popular" –, a versão que chegou diretamente até nós data de um século e parece encontrar-se, surpreendentemente, em plena vigência. Trata-se de um dos pontos capitais da teoria da comicidade e do riso desenvolvida por Henri Bergson: o requisito de *insensibilidade* na recepção da comédia. Por tanto tempo repetiu-se que o espectador da comédia deve ser insensível, ou tornado provisoriamente insensível pelas artes do comediógrafo, que terminamos por esquecer de perguntar: insensível... a quê?

Logo no início do seu estudo, Bergson enumera três pré-requisitos para a produção da comicidade: primeiro, a relação entre a matéria risível e o *humano*: coisas ou animais só podem nos fazer rir na medida em que os recortamos com o "molde da fantasia humana".

Segundo, a *insensibilidade*, "sintoma" que acompanharia o riso "naturalmente": "O maior inimigo do riso é a emoção". Terceiro, o requisito da *cumplicidade*, inerente à "função social do riso"[9].

A primeira condição nada diz de específico sobre o fenômeno da comicidade, e é estranho que Bergson lhe confira tal relevo[10]. É apenas a reiteração da célebre passagem aristotélica que destaca o homem como "o único animal que ri", à qual Bergson acrescenta que é também o único animal que faz rir. Ora, o mesmo pode ser repetido em relação às lágrimas ou ao terror do efeito trágico, como o fez Albin Lesky[11].

Tragédia e comédia são construções demasiadamente humanas ou, como diz Comte-Sponville, "o real não ri nem chora"[12], sendo toda coloração afetiva do mundo conferida, obviamente, pelo prisma do nosso olhar.

Já o segundo requisito, a insensibilidade, é uma questão tão relevante que deve preceder toda discussão acerca da catarse cômica. Aceitar a concepção bergsoniana – que, repito, é a última edição de um equívoco muito antigo e disseminado sobre a recepção do cômico – seria renunciar à minha visão do processo catártico nos termos em que busquei descrevê-lo. Ou seja: a catarse dramática é um fenômeno que não se reduz nem à experiência puramente emocional nem à aprendizagem lógico-racional. Por não ser nem uma *estrutura* nem um *sentido*, mas um *processo* e um *acontecimento*, a catarse (se e quando procede ou acontece) conecta a produção e a recepção da obra, mobilizando o repertório afetivo e intelectual do espectador. Eis porque considero a discussão da "insensibilidade" como ponto de partida neste estudo da catarse na comédia.

A "Anestesia do Coração"

Vejamos como se desenvolveu, sobretudo no século XX, um certo curso de idéias que confundiria, pouco a pouco, a alienação de *determinadas emoções* com a figura de um espectador reduzido a um puro intelecto, infenso às turbações afetivas.

9. H. Bergson, *O Riso*, p. 12-13. (A primeira edição do original francês é de 1900, reunindo três artigos anteriormente publicados na *Revue de Paris,* em 1° e 15 de fevereiro, e 1° de março de 1899).

10. "Como é possível que fato tão importante, em sua simplicidade, não tenha merecido atenção mais acurada dos filósofos?". Idem, p. 13.

11. "Outro requisito, com respeito a tudo aquilo a que devemos atribuir, na arte ou na vida, o grau de trágico, é o que designamos por *possibilidade de relação com o nosso próprio mundo.* O caso deve interessar-nos, afetar-nos, comover-nos. Somente quando temos a sensação do *Nostra res agitur*, quando nos sentimos atingidos nas profundas camadas de nosso ser, é que experimentamos o trágico". A. Lesky, *A Tragédia Grega*, p. 26-27.

12. A. Comte-Sponville, *Pequeno Tratado das Grandes Virtudes*, trad. de Eduardo Brandão, 1995, p. 231.

O cômico parece só produzir o seu *abalo* sob condição de cair na superfície de um espírito tranqüilo e bem articulado. A *indiferença* é seu ambiente natural. O maior inimigo do riso é a *emoção*[13].

Destaquei no texto acima três palavras que podem dar acesso ao "nó" que deu origem à "falácia da insensibilidade"[14], como a chamarei. Primeiro, a função do cômico é a de produzir um abalo. Nisso, Bergson acompanha as mais antigas concepções psicofisiológicas sobre o efeito cômico. O riso é um tremor, um terremoto, uma convulsão do corpo. Mas note-se que, desde as primeiras observações filosóficas desse efeito, a *trepidação* causada pelo riso é vista justamente como turbação ou impedimento da faculdade de pensar. Platão e Aristóteles, que em tudo o mais divergem sobre causas, efeitos, valor e sentido do riso, concordam quanto a isso. Ao movimentar o diafragma, barreira entre a parte alta ou nobre do corpo e o baixo digestivo, sexual e excrementício, o riso causaria uma espécie de contaminação do "centro frênico" (centro do pensamento) por humores nocivos ao raciocínio e à capacidade de julgamento. Mas deixo por ora essa questão.

A imagem desse espírito tranqüilo e indiferente – o espectador sobre o qual incidiria a turbação cômica – nos faz ver, de início, a afirmação de Bergson como uma exclusão radical: para dar lugar à paixão do riso, seria necessário afastar "a emoção", ou seja, toda e qualquer reação afetiva. A fim de alcançar esse estado ideal para a recepção, o cômico exigiria "certa anestesia momentânea do coração", uma vez que "ele se destina à inteligência pura"[15].

Mas logo percebemos que Bergson está se referindo a emoções bem determinadas; na verdade, a duas velhas conhecidas que surgem sempre de braços dados na longa história de discussões sobre a catarse: a piedade e o medo.

Isso não significa negar, por exemplo, que não se possa rir de alguém que nos inspire piedade, ou mesmo afeição: apenas, no caso, será preciso esquecer por alguns instantes essa afeição, ou emudecer essa piedade. Talvez não mais se chorasse numa sociedade em que só houvesse puras inteligências, mas provavelmente se risse; por outro lado, almas invariavelmente sensíveis, afinadas em uníssono com a vida, numa

13. H. Bergson, op. cit., p. 12.

14. Nó, ao que parece, difícil de desatar, já que década após década inúmeros autores repetiram, sem retoques, esse princípio da teoria bergsoniana sobre o cômico. Um exemplo entre muitos: "Ri, entretanto, aquele que está no papel de espectador não participante, pois a empatia, a emoção matam todo ridículo. A pré-condição do riso é a *insensibilidade* (grifo do autor): é preciso dessolidarizar-se, abstrair-se do observado. Eis porque o receptor da mensagem cômica é a faculdade abstrativa por excelência, a inteligência em estado puro". M. Versiani, O Significado do Cômico e do Riso na Obra de Bergson, *Revista de Cultura Vozes*. Note-se aí a imensa distância que existe, para um espectador, entre "não ser solidário" e transformar-se numa pura inteligência!

15. H. Bergson, op. cit., p.13.

sociedade onde tudo se estendesse em ressonância afetiva, nem conheceriam nem compreenderiam o riso[16].

Quando esses afetos proibidos recebem um nome, tudo vai se tornando claro. A teoria "científica" de Bergson trabalha com a mesma separação do adágio popular entre sensível e inteligível, entre coração e mente, mantendo uma alternância inconciliável entre "rir de" e "sentir com", vistos como movimentos excludentes de afastamento e aproximação segundo a presença/ausência de identificação com a personagem. Até mesmo a mera simpatia deve ser afastada, junto ao medo e à piedade, na assepsia de qualquer afecção que possa turbar o efeito cômico.

O cômico, dissemos, dirige-se à inteligência pura; o riso é incompatível com a emoção. Mostrem-me um defeito por mais leve que seja: se me for apresentado de modo a comover minha simpatia, ou meu temor, ou minha piedade, acabou-se, já não há mais como rir dele. Escolha-se, pelo contrário, um vício profundo e mesmo, em geral, odioso: ele poderá tornar-se cômico se, mediante artifícios apropriados, conseguir-se que eu fique insensível. Não quero dizer com isso que o vício será cômico; afirmo é que poderá tornar-se cômico. É preciso que ele não me comova, eis a condição realmente necessária, embora certamente não seja suficiente[17].

E então, se compreende a função do terceiro requisito – a cumplicidade – e por que "nosso riso é sempre o riso de um grupo". O espectador supostamente "neutro" do cômico afastar-se-ia do objeto risível e entraria em comunhão com os demais observadores distanciados, pois "essa inteligência deve permanecer em contato com outras inteligências".

É por essa via que Bergson irá reiterar seus argumentos em favor da utilidade do riso, da sua significação social. Embora ele se refira aí ao contágio do riso no sentido da reunião concreta, física, de espectadores num mesmo local, pode-se mesmo aprofundar essa idéia de cumplicidade aplicando-a à situação do receptor isolado, como o que assiste a um programa cômico televisivo. Melhor do que dizer que rimos "em grupo", seria reconhecer que aquilo que ri, em nós, quando rimos, é o grupo. E isso em nada depende de termos nos transformado, provisoriamente, em puras inteligências, e sim que o comediógrafo aposta numa certa comunhão de valores que estão circunscritos a um dado perímetro social, a uma "paróquia". Seria mesmo o oposto do exercício crítico a circunstância de rirmos "por contágio", cúmplices de conceitos e preconceitos grupais.

Vemos, pois, que aquilo que Bergson denomina "a emoção" são apenas os afetos visados pela catarse aristotélica – piedade e terror; é daí que parte sua teoria, definindo *pelo avesso* a face negativa do efeito

16. Idem, p. 12.
17. Idem, p. 74.

cômico, na figura desse espectador insensível – pois não leva em conta as emoções suscitadas pela comédia, mas sim as que ela deve evitar. Realmente, o efeito cômico parece depender dessa distância estratégica, parece exigir que o espectador não "cole" suas reações à vivência da personagem. A garantia desse "descolamento" iria levar Brecht a utilizar largamente os recursos cômicos como um poderoso "efeito de distanciamento" (*Verfremdungseffekt*) em sua dramaturgia e em seu teatro (além da música, da cenografia, da interpretação do ator etc.).

Empatia e Distância

Há uma cena em *O Círculo de Giz Caucasiano* que sempre me pareceu encantadora em seu jogo de aproximação e afastamento, no uso do cômico como antídoto ao visgo da pieguice. A peça, sem dúvida, trabalha com mais de um nível de distanciamento. Após um prólogo situado em 1945, que serve de moldura à ação principal (uma peça dentro da peça), um cantor popular dispõe-se a narrar "uma antiga lenda chinesa", na verdade uma parábola para iluminar a discussão inicial das personagens. Essa talvez seja a peça de Brecht mais rica em fabulação, em pormenores de intriga, mas tomarei do farto enredo apenas uma situação. Em meio ao tumulto de um golpe de Estado que já decapitou o Governador, o soldado Simon procura pela criada Gruscha. No palácio, o corre-corre é geral, pois os revoltosos se aproximam. Simon deve partir, cumprindo sua missão de escolta à mulher do Governador; Gruscha deve abandonar de imediato o palácio, com o restante da criadagem.

SIMON: Grusche, você: o que é que vai fazer?

GRUSCHE: Nada. Se eu precisar, um de meus irmãos tem casa na montanha. E você?

SIMON: Comigo não tem problema. (*Cerimonioso, de novo*) Grusche Vachnadze, o seu interesse pelos meus planos me enche de contentamento. Recebi ordem para escoltar Natella Abaschvíli.

GRUSCHE: Mas não houve um motim da guarda do palácio?

SIMON (*sério*): Houve.

GRUSCHE: E não vai ser perigoso acompanhar essa mulher?

SIMON: Em Tiflis há um ditado: "Cortar é um perigo para a faca"?

GRUSCHE: Você não é faca; você é um homem, Simon Chachava! O que é que você tem a ver com essa mulher?

SIMON: Com ela eu não tenho nada, mas recebi ordens e vou escoltá-la.

GRUSCHE: Soldado é mesmo cabeça-dura: corre perigo por nada de nada. (*Chamam-na do palácio*) Preciso ir para o terceiro pátio, e estou com pressa.

SIMON: Se está com pressa, não vamos discutir mais, porque uma boa discussão exige tempo. Pode-se perguntar se a senhorita ainda tem pais vivos?

GRUSCHE: Não. Só um irmão.

SIMON: Como o tempo é curto, lá vai a segunda pergunta: a senhorita é saudável como um peixe dentro d'água?

GRUSCHE: De vez em quando uma dorzinha aqui no ombro direito, mas, fora isso, não falta disposição para qualquer trabalho: nunca ninguém reclamou.

SIMON: [...] Pergunta número três: a senhorita não será muito exigente? Não é dessas que pedem cereja em pleno inverno?

GRUSCHE: Exigente, não. Mas quando alguém vai para a guerra sem razão e não manda notícias, aí tem zanga.

SIMON: Pelo menos uma notícia há de chegar. (*Chamam por Grusche do palácio, novamente*) Para terminar, a pergunta principal...

GRUSCHE: Simon Chachava, como eu tenho que ir para o terceiro pátio e estou com muita pressa, minha resposta é: sim! [18]

A cena segue com Simon, embaraçado, disparando os informes que julga básicos, sobre sua muita saúde e seu pouco salário, bem como o "pedido da mão" respeitosamente explícito, tudo numa só frase. A rapidez com que deve ser feita a declaração e o pedido de casamento; a tentativa do namorado de, apesar da pressa, seguir os trâmites do costume com um ritual mínimo de cortesia; a praticidade alegre de Gruscha, tudo concorre para dar graça e leveza a uma cena que poderia *resvalar* para o motivo melodramático clássico da despedida-do-amante-que-vai-para-a-guerra. E sequer falta o elemento lírico, na promessa da noiva de esperá-lo "até que o último tenha voltado". Mas este é confiado aos versos da música, que introduz nova distância, agora no plano cênico.

Gruscha canta *toda uma canção* antes de *sair correndo* para atender aos chamados insistentes. Pois a pressa existe apenas no plano ficcional, não no do espetáculo, visto que aí o teatro se assume como teatro.

Depois da divulgação dos escritos de Brecht, que formulam os propósitos do teatro épico, a palavra distância, no âmbito do drama e da encenação, tende a ser atraída, de imediato, para o sentido de distanciamento como método de neutralizar a ilusão de verdade cênica, de romper a tradição naturalista de manter o espectador *colado* às paixões da personagem, impossibilitando sua visão crítica. Porém, tal método pretende, planeja e projeta algo bem diferente do "espectador neutro" de que fala Bergson.

Brecht é extremamente preciso ao definir o *seu distanciamento* (o seu Efeito V- *Verfremdungseffekt*). Para isso, marca sua diferença em relação aos efeitos cênicos "distanciadores" do teatro antigo ocidental e do teatro asiático, como o uso de máscaras, dança, música e pantomima, pois "tais efeitos tornavam, sem dúvida, impossível a empatia e, no entanto, a técnica que os permitia apoiava-se, ainda mais fortemente do que a técnica que permite a empatia, em recursos sugestivos de natureza hipnótica"[19]. Ou seja, o que serve para afastar, também pode servir para iludir. Assim, efeitos cênicos como os da arte chinesa, codificados, ritualizados, desnaturalizantes, embora im-

18. B. Brecht, *O Círculo de Giz Caucasiano*, p. 29-31.
19. Idem, Pequeno Organon, *Estudos sobre Teatro*, p. 116.

pedissem a "ilusão de verdade", característica do teatro ocidental realista moderno, seriam capazes de anestesiar o espectador com igual ou maior intensidade.

Se o distanciamento é distanciamento *de algo*, é preciso não esquecer que a ilusão naturalista é apenas *uma* das formas de envolvimento "hipnótico", razão pela qual Brecht, em sua batalha pela produção de um novo espectador, utilizará um verdadeiro arsenal de recursos, *e não apenas a relativização da empatia*. E aqui situo o que importa realmente nesse paralelo entre as emoções em jogo na comédia e no "efeito V". Brecht jamais pretendeu, e disse-o repetidas vezes, anular a empatia, neutralizar a participação afetiva do público[20].

Esse teatro que se propunha a produzir espectadores perspicazes, capazes de experimentar o próprio exercício da crítica como um prazer forte, nunca despediu a emoção em sua tarefa de "entregar o mundo aos seus cérebros e aos seus corações, para que o modifiquem a seu critério"[21]. O que aí deveria ser decididamente afastado é a "empatia por coação"[22], criada, no plano dramatúrgico, sobretudo pelo decorrer *compulsivo* da trama, graças à força da causalidade que daria um caráter de *fatalidade* aos acontecimentos, e, no plano cênico, pela busca de uma invisibilidade dos meios, sobretudo na interpretação, com o ator empenhado em desaparecer, inteiramente metamorfoseado na personagem[23].

20. "A auto-observação praticada pelo artista, um ato artificial de autodistanciamento, de natureza artística, não permite ao espectador uma empatia total, isto é, uma empatia que acabe por se transformar em autêntica auto-renúncia; cria, muito pelo contrário, uma distância magnífica em relação aos acontecimentos. Isso não significa, porém, que se renuncie à empatia do espectador. É pelos olhos do ator que o espectador vê, pelos olhos de alguém que observa; deste modo se desenvolve no público uma atitude de observação, expectante". Idem, Efeitos de Distanciamento na Arte Dramática Chinesa, *Estudos sobre Teatro*, p. 57-58.

21. Idem, Pequeno Organon, op. cit., p. 108.

22. Idem, Uma Conversa sobre a Empatia por Coação, *Estudos sobre Teatro*, p. 162-164.

23.Ver o que diz Roland Barthes, espectador *emocionado* com a apresentação de *Mãe Coragem*, pelo Berliner Ensemble, em Paris, 1954. "Esse teatro parte de uma dupla visão: a do mal social, a de seus remédios. No caso de *Mutter Courage*, trata-se de vir em ajuda a todos aqueles que acreditam estar na fatalidade da guerra, como Mãe Coragem, revelando-lhes precisamente que a guerra, fato humano, não é fatal, e que atacando as causas mercantis, pode-se abolir, enfim, as conseqüências militares. Eis a idéia, e eis agora como Brecht une esse desígnio principal a um teatro verdadeiro, de modo que a evidência da proposição nasça, não de uma pregação ou de uma argumentação, mas do próprio ato teatral: Brecht coloca diante de nós, em toda sua extensão, a Guerra dos Trinta Anos; arrastado por essa implacável duração, tudo se degrada [...]; Mãe Coragem, cantineira, cujo comércio e vida são os pobres frutos da guerra, *está* na guerra, a tal ponto que ela não a vê [...]: ela é cega, sofre sem compreender; para ela, a guerra é fatalidade indiscutível. Para ela, mas não mais para nós: porque nós *vemos* Mãe Coragem cega, nós *vemos* o que ela não vê. Mãe Coragem é para nós uma substância dúctil: ela não vê nada, mas nós vemos através dela, nós compreendemos, *arrebatados por essa evidência*

Mas quero trabalhar ainda, provisoriamente, em favor da teoria bergsoniana do efeito cômico no tocante ao bloqueio de certas e determinadas emoções; para isso há que lembrar que o "gesto de distância", que atinge o espectador, parte de um movimento que está na gênese, na produção da obra cômica. O comediógrafo precisa conter ou minimizar sua própria simpatia para com a personagem-alvo do ridículo, por uma decidida seleção de traços. Temos, para isso, um excelente exemplo em nossa dramaturgia, no enfoque dado a uma das personagens da história brasileira que mais tem sido "vítima" do tratamento cômico: Dona Carlota Joaquina de Bourbon e Bragança. No cinema – como em *Carlota Joaquina, Princesa do Brasil*, de Carla Camuratti – ou no teatro – como na peça de Roberto Athayde, *Carlota Rainha* –, eis que reaparecem a mesma meia dúzia de marcas viciosas no perfil da indigitada rainha: seu furor libidinal, seu autoritarismo, sua propensão desonesta a golpes e intrigas ditados pela ambição desmedida, seu ódio ao Brasil, seu racismo e até mesmo sua feiúra.

Roberto Athayde, no prefácio à peça, assume ter construído sua personagem-título com base num livro "nada confiável", pois escrito por um tal José Presas, advogado catalão que, tendo sido secretário e articulador de intrigas em prol de Carlota-princesa, pretendia, anos depois, cobrar o pagamento de seus serviços à Carlota-rainha através do relato-chantagem *Memórias Secretas de La Princesa del Brasil*, publicado em 1830, em Bordeaux. Ciente de que essa mistura de verdades e calúnias era um claro estratagema do secretário ressentido, Roberto Athayde explica que não só toma o "documento" infiel como referência mas faz de Presas o narrador da história!

> Pior ainda, por instinto dramatúrgico, dou crédito a muito do que se escreveu sobre Dona Carlota com base em pouco mais que a maledicência coetânea extravasada em artigos, panfletos, quadras populares: o mar de fofocas em que a conduta da princesa certamente desaguou. Tudo isso para admitir que Carlota Rainha se propõe mais como interpretação histórica do que história propriamente dita. Pela boca de José Presas, o espectador moderno pode, além de se divertir, cobrar também os atrasados de uma oligarquia que nos deixou tão farta descendência[24].

Melhor ainda, por instinto de comediógrafo e satirista, o autor deixa confinadas ao prefácio, por desencargo de consciência, as qualidades positivas que outros relatos históricos atribuíram à Carlota:

dramática que é a persuasão mais imediata que existe (grifo meu), que Mãe Coragem cega é vítima do que ela não vê, e que é um mal remediável. Assim, o teatro opera em nós, espectadores, um desdobramento decisivo: somos ao mesmo tempo Mãe Coragem e aqueles que a explicam; participamos da cegueira de Mãe Coragem e *vemos* essa mesma cegueira, somos atores passivos atolados na fatalidade da guerra, e espectadores livres, levados à desmistificação dessa fatalidade". R. Barthes, Mãe Coragem Cega, *Crítica e Verdade*, p. 125-126.

24. R. Athayde, *Carlota Rainha*, p. 12.

inteligência e amor ao estudo, domínio do espanhol e do francês (incluindo uma suposta tradução da Bíblia), talento como tocadora de viola e dançarina, destreza como atiradora e amazona, e até mesmo o dom da espirituosidade.

Quanto a mim, repeti, sem qualquer originalidade, os mesmos vícios já citados na composição do perfil de Carlota Joaquina, em *Alô, Brasil 2000! Quem Te Vê e Quem Te Viu!* Bastaria que me detivesse a refletir sinceramente, por um segundo, sobre qual teria sido a experiência de tal mulher, em tal época e em tais circunstâncias, e tudo estaria perdido para a comédia. Mas como se tratava de uma "fantasia cômico-musical", homenageando e imitando as revistas de Arthur Azevedo, com inteira liberdade no tratamento do tema e leve intuito satírico, e como Carlota iria dividir a cena com muitas outras personagens, tanto históricas (Pero Vaz de Caminha, Cabral, Padre Anchieta, Carmem Miranda, vedetes do antigo teatro musical) como literárias (João Grilo & Chicó, O Rei da Vela, A República, personagens de revista), além das atuais (repórteres de TV), sua aparição, como as demais, deveria ser de imediato reconhecida (e indigitada) pelo público.

RENATA DEL FUEGO: Mas eu não convidei esta senhora! Dona Carlota não sei de quê, acho que a senhora não está na minha lista de personagens históricas, nem na lista das personagens mitológicas! Em todo caso, espere aí. Deixa eu conferir. (*Corre os olhos pela lista*) Deixa eu ver a minha relação de personagens brasileiras mitológicas... Saci Pererê, Catarina Paraguaçu, Getúlio Vargas, Wilson Melo, Carla Perez... Não, não, a senhora não consta da lista!

CARLOTA JOAQUINA: Lista? E eu lá preciso de lista? Eu, Carlota Joaquina de Bourbon e Bragança, estou aqui para desfazer certos mexericos que andaram fazendo em torno do meu nome. O teatro, principalmente, Dona Renata, vem me tratando muito mal... Há pouco tempo, um dramaturgozinho de vocês, um tal Roberto Athayde, escreveu... ou melhor... cometeu uma peça contra mim, dando crédito a historiadores maldosos, enlameando a minha reputação...

CABRAL (*à parte, ao público*): ... que aliás nunca foi grande coisa...

RENATA DEL FUEGO: Então a senhora achou que podia vir aqui, e usar a minha Revista (*Coro completa: "Alô, Brasil, 2000! Quem Te Vê e Quem Te Viu!")* para limpar o seu nome...

CARLOTA JOAQUINA: Limpar, eu não digo, mas pelo menos espanar um pouco...

RENATA DEL FUEGO: Eu não entendo, Dona Carlota... Se bem me lembro, a senhora odiava o nosso país... Quando saiu daqui, raspou até os sapatos para não levar nem o pó desta terra...

CARLOTA JOAQUINA: Intrigas... calúnias...

RENATA DEL FUEGO: Pelo menos, essa é a versão que corre no cinema brasileiro! (*Talvez imite Carlota/ Marieta Severo em cena do filme.*)

CARLOTA JOAQUINA: Assim a senhora vai me deixar mal diante do público. Tudo isso são intrigas, boatos! Eu sempre amei esta terra, esta terra maravilhosa, em que tudo dá.... esta terra de... de... como é mesmo o nome? Pindorama... Vera Cruz.... (*Olha em volta, ninguém ajuda*) Santa Cruz... Ah! Brasil!

RENATA DEL FUEGO: É incrível como todo mundo ama esta terra, todo mundo ama e todo mundo mama! (*Como quem lê um cartaz ou manchete*) Brasil, ame-o ou mame-o!

CAMINHA: Péra aí! Há exceções! Ilustres exceções! Eu mesmo, amei esta terra desde que a vi! Foi amor à primeira vista!

CABRAL (*Baixo, para Caminha*): Marqueteiro! (*Para Carlota*) Ah! Quer dizer que a senhora também quer tirar a sua lasquinha no aniversário do meu Descobrimento? Era o que faltava!

CARLOTA JOAQUINA: E o senhor Cabral acha que eu, Carlota Joaquina, ia perder essa farromba, essa fuzarca, essa festança dos 500 anos?

RENATA DEL FUEGO: Aliás... a senhora sempre gostou de uma pândega, de um deboche...

CARLOTA JOAQUINA: Que mais eu podia fazer? A senhora pensa que era fácil se distrair por aqui, naquele tempo?

CAMINHA: Por falar em "naquele tempo", porque a senhora não trouxe também o D. João VI?

CARLOTA JOAQUINA: Vire essa boca pra lá! E a senhor acha que eu ia trazer aquele traste pra me atrapalhar, no meu retorno triunfal? Tenha paciência! Além disso, pra quem conhece a minha história, o Rei D. João foi sempre um mero ator coadjuvante...

RENATA DEL FUEGO (*acalmando um protesto do Coro*): Alto lá! Veja como fala! A senhora não está agora no Reino Unido de Portugal, Brasil e Algarves! A senhora está no Reino do Teatro, e aqui os atores coadjuvantes são importantíssimos!

CARLOTA JOAQUINA: Vá lá, que seja! Mas já chega o que sofri nesta terra de canibal botocudo, selva de papagaio, macaco, carrapato, mosquito... neste calor infernal! (*Controla-se*) Aliás... por falar em calor... de uma coisa eu estou sentindo falta. Onde estão os escravos, com aqueles leques de penas... eu estou precisando de um ventinho, rápido! (*Bate palmas*) Escravos! Desejo refrescar-me! (*Levanta e sacode a barra do vestido, abana-se com a mão. Dirige-se para o dançarino no qual tem estado de olho desde que entrou*) Vem cá, você! (*Insinuando-se*) Vou lhe conceder a honra de me abanar, todinha! Não estou vendo mais aqueles leques maravilhosos, feitos com penas de pássaros tropicais... Enfim! Eu deixo você me abanar com uma dessas ventarolas de bloco... Vem cá, vem... Vem, neném...[25]

Como se vê, Carlota é apenas um amálgama de citações, uma inflação de clichês, um ser que não poderia ter existência fora do espaço lúdico, do jogo cômico, estereótipo dobrado sobre si mesmo, que cita sua própria construção. Como se vê, o comediógrafo segue à risca, quase automaticamente, um dos processos apontados por Berson para impedir a empatia do espectador, que consiste em "isolar, em meio à alma da personagem, o sentimento que se lhe atribui, e fazer dele por assim dizer um estado parasita dotado de existência independente"[26].

Do ponto de vista, pois, *apenas das emoções indicadas por Aristóteles como finalidade da tragédia*, é bastante lógica a teoria da insensibilidade propagada a partir de Bergson. Tratar-se-ia de não compartilhar os sentimentos das personagens e não sentir terror diante das conseqüências de falhas que são, afinal, levianas, superficiais (como na "máscara sem dor" descrita na *Poética*) por não acarretarem morte ou perda considerável, apenas a punição do ridículo.

25. Apresentada em Salvador, Teatro Castro Alves, maio de 2000, sob a direção de Deolindo Checcucci.

26. H. Bergson, op. cit., p. 75.

O Riso Civilizado e o Striptease *da Loucura*

A visão da comédia como "brinquedo da inteligência", exigindo neutralização afetiva do fruidor, remonta a uma tradição teórica bem anterior a Bergson. No prefácio à 23ª edição de seu ensaio, de 1924, o autor acrescenta uma bibliografia que seria "tão-somente uma lista dos principais trabalhos publicados nos trinta anos antecedentes". Mas nenhum desses escritos é discutido no ensaio, quer na primeira publicação em livro, quer na última reedição. Isto porque Bergson permanece convencido de que seu método, "que consiste em determinar os *processos de produção* do cômico" em nada se alteraria com o exame dessas obras, por ser ele "o único que comporta uma especificidade e rigor científicos"[27].

No entanto, entre as obras aí listadas, encontra-se nada menos que o minucioso trabalho de Freud sobre os chistes! Esse estudo, por si só, representaria um golpe mortal em qualquer "teoria da insensibilidade" como requisito do efeito cômico, ao apontar os propósitos libidinais e agressivos que subjazem no jogo social da espirituosidade. Mas a contribuição freudiana será examinada mais adiante, no terceiro capítulo.

Lembre-se que o requisito de insensibilidade está intimamente vinculado ao todo da teoria bergsoniana sobre o cômico e à sua idéia do riso como punição de "desvios". O estranho é que tais "desvios" tanto podem ser produzidos por afastamento da natureza, da constante mutabilidade e adaptação do "vivo" (*vivant*), quanto, bem ao contrário, por infração das normas sociais! Mas o exame dos pressupostos de Bergson para descrever a fabricação do cômico – e das contradições que seu modelo oculta sob a aparência de rigor científico – terá lugar no capítulo 3. Para recortar, neste passo, o problema nada simples do *pathos* cômico, tive também que proceder a uma cirurgia, isolando o "fundamento" da insensibilidade de seus desdobramentos na teoria bergsoniana.

Entre os autores citados no prefácio de 1924, um merece especial destaque, pois sua compreensão da comédia e da recepção social do cômico em vários pontos antecede a formulação de Bergson. O crítico inglês George Meredith apresenta, em 1877, uma teoria da comédia que é a descrição de um brinquedo civilizado, regido por normas claras de comedimento e racionalidade. Visto que o ofício do comediógrafo seria dirigir-se à mente dos espectadores (*he whose business is to adress the mind*), o pré-requisito indispensável ao seu ofício é que ele se desenvolva no seio, ou melhor, nas cabeças de uma sociedade "cultivada" – onde exista um grau suficiente de atividade intelectual e igualdade entre os sexos[28]. Para Meredith, o próprio "teste de civilização" de um país seria o florescimento da comédia.

27. Idem, p. 7-8.
28. G. Meredith, An Essay on Comedy, *Collected Works*.

Mas enquanto a platéia atinge a necessária perspicácia (*acuteness*) pelo cultivo da mente, pela livre circulação de idéias que aguçam a percepção, a sutileza que se exige do comediógrafo para "tocar a mente através do riso" deve ser inata; esse dom natural é o que lhe permitiria penetrar no cérebro de seu público: *he must be subtle to penetrate* (ele precisa ser sutil para penetrar). A exigência dessas duas condições – platéia *cultivada* e autor *naturalmente* inspirado – explicaria a raridade dos grandes poetas cômicos[29].

Com tais noções em mente Meredith olha com desagrado o panorama da comédia inglesa: a importação "corrompida" de Molière, o decalque nocivo de um "nobre entretenimento" rebaixado ao gosto de uma "época infame" (*a villainous age*). O elogio feito a Molière deixa clara a concepção de uma comédia socialmente terapêutica. Em seu "justo tratamento" da comédia, Molière apresentaria tamanha "pureza" na concepção de caracteres, entrechos e diálogos que conseguiria castigar hipócritas e avarentos (através de Tartufo e Harpagon) por meio de lições claras, portadoras de "razão, senso comum, retidão e justiça" e nunca destituídas de um propósito igualmente claro[30]. E esse exorcismo das falhas morais, adverte Meredith, não seria mero apêndice, localizável no discurso de uma personagem, ingenuamente dirigido à platéia, com uma piscadela cúmplice; não, esse "propósito" estaria no "coração da obra", em "*every pulsation of an organic structure*" (cada pulsação da estrutura orgânica).

O tipo de comédia descrito por Meredith (e, logo veremos, também visada por Bergson) tem como característica principal uma palavra inglesa de difícil tradução. *Wit* é razão, perspicácia, sagacidade, juízo, agudeza de espírito, engenho, sabedoria, e muito mais – noção que só se apreende desdobrada em metáforas –: como a *luz súbita* do entendimento, ou o *corte* exato do raciocínio.

(A palavra "corte" detona para mim uma imagem de *wit* que está cifrada na carta da Justiça, no Tarô. Ela representa a deusa Atena

29. "To touch and kindle the mind through laughter demands, more than sprightliness, a most subtle delicacy. That must be a natal gift in the comic poet. [...] People are ready to surrender themselves to witty thumps on the back, breast, and sides; all except the head – and it is there that he aims. He must be subtle to penetrate". Idem, p. 741. (Tocar e iluminar a mente através do riso requer, mais que brilhantismo, uma maior sutil delicadeza. O que deve ser um dom inato do poeta [...]. As pessoas dispostas a aceitar golpes espirituosos nas costas, no peito, nos braços; exceto na cabeça – e é lá que está o seu objetivo. Ele deve ser sutil para penetrar.)

30. "He conceives purely, and he writes purely, in the simplest language, the simplest of French verse. The source of his wit is clear reason; it is a fountain of that soil, and springs to vindicate reason, common sense, rightness, and justice – for no vain purpose ever". Idem, p. 742. (Ele concebe puramente, e escreve puramente, na linguagem mais simples, no mais simples verso francês. A origem de sua espirituosidade e a razão clara; ela é uma fonte desse solo, e brota para advogar razão, bom senso, retidão, e justiça – jamais por um propósito vão.)

(Minerva) logo após seu nascimento da cabeça de Zeus, parto puro da razão, não contaminado pelo corpo da mãe, pelo mundo físico e instintivo. Ela salta da cabeça de Zeus-pai, como num curto-circuito, portando seus emblemas – a espada e a balança – e executando uma dança de guerra. Em seu ofício de *cortar e pesar*, Atena é uma deusa guerreira, mas bem diferente de Ares (Marte); sua luta nada tem a ver com a força bruta, com a batalha sangrenta; ela é uma estrategista, representa o Logos guerreiro, o debate, a argumentação, o gume da mente afiada, a avaliação imparcial (isenta dos fluidos maternos), o planejamento objetivo, a frieza da ponderação. *Wit* é o brilho dessa espada súbita que corta, atravessa, penetra...

No plural, a palavra *wit* designa a própria faculdade mental, a capacidade de raciocinar, como na expressão *Don't drive me out of my wits!* : "Não me faça enlouquecer!".

E é isso exatamente o que não deseja o espectador civilizado da comédia, segundo o crítico inglês: enlouquecer. A Loucura – assim, com maiúscula e personificada – é o grande inimigo contra o qual dispara a engenhosa máquina cômica imaginada por Meredith. Mais do que os ridículos portadores do vício cômico, é a Loucura que deve ser tratada duramente, sem contemplação. Ao comediógrafo-modelo compete fazer um *striptease* de suas imposturas, deixá-la nua em público, para só depois oferecer-lhe o manto das lições morais, da racionalidade e do comedimento (*Molière strips Folly to the skin, displays the imposture of the creature and is content to offer her better clothing...* [Molière desnuda a loucura, exibe sua impostura e tem prazer em oferecer-lhe um traje melhor]). Por isso Meredith lamenta que sua época negligencie o cultivo da "idéia cômica", pois assim estaria perdendo um poderoso auxiliar na luta contra a Loucura.

A descrição antropomórfica dos dois grandes adversários é em si mesma cheia de graça. O Cômico é um guerreiro, um vigilante, um caçador; filho dileto do Senso Comum, sua "presa natural" é a Loucura, esta "filha da Desrazão e do Sentimentalismo"; ele a conhece bem, em todas as suas transformações e disfarces, e dá-lhe caça sem tréguas. Só ele, o Cômico, é capaz disso, em sua condição de *genius of thoughtful laughter*; pois contra a Loucura de nada adiantam raiva e desprezo; a batalha deve ser travada "essência contra essência": Razão (*comic idea*) contra Loucura. E o que Meredith descreve é uma verdadeira guerra, na qual as "armas pesadas" da ciência são demasiado lentas e laboriosas: antes do primeiro tiro, a Loucura tem tempo de "entrincheirar-se" e de "recrutar um exército", mesmo entre aqueles que pensamos serem homens sóbrios e moderados. Sobretudo, seu charme é irresistível, e não só para a multidão: até homens de ciência e órgãos da imprensa se colocam a seu serviço – lamenta o crítico[31].

31. Idem, p. 743.

Para bem compreender e valorizar o trabalho do comediógrafo – insiste Meredith – é preciso ter em grande conta nossas qualidades de pessoas civilizadas; eis por que não se deve acusá-lo de "desonrar a natureza humana", pois seu papel é *civilizador*. Mas, para isso, o poeta cômico será um humorista, nunca um satirista (O riso da sátira é "um tapa no rosto"; o riso da comédia é impessoal e polido, é o "humor da mente" – *it laughs through the mind, for the mind directs it* [o humor da mente, diretamente para ela]*)*. E Meredith se aplicará em distinguir sob o nome de "comedy" uma parcela bem delimitada da dramaturgia cômica. Não é sátira, não é farsa (*too gross for comedy* [além de tudo para comédia]), menos ainda o grotesco; não é o riso de escárnio (*derisive laughter*), que impediria a "idéia cômica", e sim o riso reflexivo (*thoughtful laughter*). Meredith confia que "a derrisão é frustrada pelo jogo do intelecto", o qual abriria à interpretação cômica as causas do ridículo no comportamento humano[32].

Retornando a Bergson, creio que já se percebe a convergência entre ele e Meredith na pintura de certa imagem do efeito cômico e de sua utilidade social. A comédia engenhosa de que ambos falam, dirigida à platéia perspicaz, tem seu modelo em Molière (ou numa certa leitura de Molière), talvez mais precisamente ainda em *O Misantropo*: uma comédia cujo perímetro é o *salão* (o seu "cronotopo", como diria Bakhtin [33]), cujo combustível da ação é a *conversa* e cujo motor – moral, segundo Bergson – é a punição de um vício (ainda que esse vício, no caso, seja a extrema honestidade de Alceste, que o leva a isolar-se e, portanto, a tornar-se insociável). Uma comédia feita de duelos verbais, encerrando uma lição; melhor ainda (e mais sintomático): uma comédia "mais alta" porque "mais amarga", que não termina em festa e casamentos, mas com a decepção de um pretendente (Alceste, o incorruptível misantropo, apaixonado por Celimène, a popularíssima intrigante).

32. Idem, 744.

33. Bakhtin, em seu estudo das formas de romance, chama *cronotopo* à "interligação fundamental das relações temporais e espaciais, artisticamente assimiladas em literatura". Trata-se de uma "categoria conteudístico-formal da literatura", pois "no cronotopo artístico-literário ocorre a fusão dos indícios espaciais e temporais num todo compreensivo e concreto. Aqui o tempo condensa-se, comprime-se, torna-se artisticamente visível; o próprio espaço intensifica-se, penetra no movimento do tempo, do enredo e da história. Os índices do tempo transparecem no espaço, e o espaço reveste-se de sentido e é medido com o tempo. Esse cruzamento de séries e a fusão de sinais caracterizam o cronotopo artístico". M. Bakhtin, Formas de Tempo e de Cronotopo no Romance, *Questões de Literatura e de Estética*, p. 211. Creio que seria interessante e produtivo um estudo de "famílias" da comédia, no teatro, segundo essa categoria. Assim, *o salão* é a imagem que concretiza a fusão do espaço/tempo ficcional e cênico, na comédia neoclássica, como a *ágora* na comédia antiga, como a *pequena praça* com uma ou duas casas, que vai da comédia nova, de Menandro, passando pela comédia italiana, até ao Molière mais farsesco, como os *corrales* na comédia espanhola, como a *sala da família* na comédia burguesa, depois invertida e parodiada por Ionesco etc, tanto quanto a *estrada* o é para o romance de aventuras, como mostrou Bakhtin.

Embora se proponha a seguir "o fio que vai das graças do palhaço aos artifícios mais requintados da comédia" Bergson deixa claro que o objetivo maior de seu estudo é o "cômico de caracteres", traço que seria constante em Molière, no qual "cada personagem representa certa força aplicada em certa direção"[34] e que desenharia a mais alta manifestação da comicidade. O ensaio de Bergson, publicado 23 anos após o de Meredith, concentra seus exemplos na comédia neoclássica francesa.

Exceto esparsas referências a Dickens, Thackeray, Beaumarchais, Gógol, um pouco mais de Labiche e o fascínio constante por *Dom Quixote* (e que estudo do cômico escaparia a ele?), o que temos é Molière. Quase tudo e todos estão lá: (por ordem de entrada em cena) *O Avarento, Sganarello ou O Doente Imaginário, George Dandin, Monsieur de Pourceaugnac, O Amor Médico, O Casamento Forçado, Tartufo, O Misantropo, As Artimanhas de Scapino, As Preciosas Ridículas, Escola de Mulheres, Escola de Maridos, O Estouvado, Anfitrião, As Mulheres Sábias, O Burguês Fidalgo.*

Aqui se poderiam repetir as palavras de Charles Mauron: "Eu estaria tentado a dizer simplesmente: o gênero cômico é Molière, se não fosse obrigado a confessar, logo em seguida, o poder que têm sobre mim Aristófanes ou Plauto. Nenhum deles é a comédia, como nenhum poeta é a poesia"[35].

Mas não é sequer disso que se trata, e sim do fato de que essa recepção puramente intelectual, sem interferência afetiva, é um mito racionalista, destinado a conferir uma suposta nobreza ética ao efeito cômico; não se aplica à encenação de Molière, como não se aplica à qualquer "comédia de idéias" tal como preconizada por Bernard Shaw, que se propunha, como comediógrafo, à "discussão inteligente de um problema sério"[36]. O que afirmo é que os autores de comédia, de Aristófanes ao besteirol baiano ou carioca, tanto como os das formas não-cômicas do teatro, jamais se dirigiram à pura inteligência, ao julgamento frio do espectador (Brecht compreendeu bem as dificuldades de querer transformar a platéia num tribunal).

Recorrendo a um exemplo histórico, recordem-se as violentas reações provocadas pelas primeiras encenações do Tartufo (1664), as repetidas interdições da peça, o ódio declarado dos contemporâneos ao burguês atrevido que ousava pintar com tal esmero a máscara da hipocrisia reinante, o furor da Cabala de Devotos, a cólera espumante dos que o acusavam, entre outras coisas, de ter desposado a própria filha (Armande Béjart) e tente-se em seguida imaginar esse pú-

34. H. Bergson, op. cit., p. 53.
35. C. Mauron, *Psychocritique du genre comique*, p. 11.
36. Citado por N. Frye, *Anatomia da Crítica*, p. 282.

blico em termos de "espíritos tranqüilos", de "corações anestesiados" (Bergson) ou de "mentes cultivadas" (Meredith).

A rede de rancores tecida em torno do comediógrafo por todos aqueles que teriam sido alvo da sua crítica (ou que por ela se julgavam e reconheciam alvejados, o que é bem pior) é apenas uma ocorrência entre muitas de tal tipo registradas na história das reações do público; mas é tão clara em suas motivações passionais que inspirou recentemente Rubem Fonseca a compor uma estória policial, com todos os ingredientes do gênero, a partir da idéia de que Molière teria morrido envenenado por um espectador ressentido – um médico charlatão? Um marido traído? Um falso devoto? Um ator sem talento? Uma preciosa ridícula?[37]

É claro que, defendendo-se de tantos ataques, o comediógrafo Molière sacou a sua única arma (como outros o fizeram em outras épocas): a função social, ética e mesmo terapêutica da exposição dos vícios. E uma boa parte dos críticos e teóricos acreditaram nisso, eles queriam acreditar nisso, e o fizeram por séculos e séculos. De onde nasceu a ficção engraçadíssima de um circuito de produção e recepção da comédia, tendo numa ponta o autor – um "moralista disfarçado em cientista"[38], um comediógrafo plenamente consciente da mensagem corretiva que aplicará aos vícios ou defeitos comportamentais de sua comunidade – e na outra o público: um agrupamento de intelectos que se rejubilam em vingar-se dos afastamentos de uma norma de convívio que todos comungam pacificamente.

Ora, tal ficção alimenta apenas o desejo (defensivo) de não ver as paixões em movimento na catarse cômica, mesmo na mais *witty* das comédias. Nessa linha de interpretação, já clássica, o complexo fenômeno catártico se reduziria a um processo puramente intelectivo, com o total isolamento da identificação e conseqüente anulação da participação afetiva do fruidor. Isso tornaria a catarse, como eu a defino, impossível. Mas uma coisa é rir, outra bem diversa é aceitar as razões porque se ri. Os resultados da reflexão podem assustar o observador, e tanto mais na medida em que ele tenha um alto conceito das motivações humanas e, claro, de suas próprias motivações. "O sábio não ri senão tremendo", diz Baudelaire, parecendo assustado com o gesto mesmo de sua constatação[39].

O que não se viu, o que não se quis ver, mesmo após as revelações incômodas da psicanálise, é que a *não-solidariedade em relação ao objeto* não implica que o espectador tenha se transformado numa "inteligência pura", numa espécie de observador impassível. Bem ao contrário, é por não entregar-se à empatia e à comiseração (por disso estar protegido pelas estratégias cômicas), é por não "sofrer com" que ele pode dar vazão a seus impulsos libidinais e agressivos.

37. R. Fonseca, *O Doente Molière*.
38. H. Bergson, op. cit., p. 68.
39. Cf. capítulo 3, Crítica e Vertigem, infra, p. 89.

Por mais chocante que possa parecer a comparação, há um elemento desse processo que nos remete à filosofia do libertino, em Sade. Impiedade não é sinônimo de insensibilidade. Como observou Barthes, o libertino sadiano é tão sensível à fonte do seu prazer que é capaz de gozar apenas ouvindo os gritos de uma vítima, no quarto ao lado[40]. Não se trata, pois, apenas de bloquear a empatia, mas de deliciar-se com o sofrimento alheio, de obter prazer com a dor do escravo ou súdito do ritual orgíaco.

Se reduzirmos os castigos, sevícias, flagelamentos, suplícios, lacerações etc. etc. apenas à exposição ao ridículo (e nem é preciso reduzir tanto, se pensarmos em todas as surras de pauladas que recebem infalivelmente os escravos e criados da comédia antiga à neoclássica, e que perduram, com diferentes classes de vítimas, em todo tipo de farsas populares, incluindo o humorismo televisivo, para o puro deleite do espectador) teremos um processo semelhante na comédia, pois o impedimento da piedade e do terror é o exato pré-requisito *para dar lugar a outro tipo de paixão*.

O que parece acontecer com o gênero cômico é o recurso a um alto grau de *disfarce* dos afetos em jogo, ao contrário do trágico, que consiste exatamente na explicitação (e ritualização) do luto e do sofrimento. E essas estratégias têm conseqüências imensas para o fenômeno da catarse nos dois modos de co-mover o espectador.

AS PAIXÕES DA COMÉDIA

> SÓCRATES: *Lembras-te também das representações trágicas, nas quais o prazer se mistura com as lamúrias?*
> PROTARCO: *Sem dúvida.*
> SÓCRATES: *E, na comédia, sabes qual é o nosso estado de alma, e que aqui também há mistura de dor e prazer?*
>
> PLATÃO. *Filebo.*

Em um filme de Luchino Visconti – *Bellissima*, de 1951 – há uma cena preciosa, inesquecível, que vale por toda uma teoria da incompatibilidade entre empatia e efeito cômico. Uma simplória dona de casa tem a idéia fixa de fazer da filha uma estrela de cinema. A menina tem cerca de cinco anos, e gagueja poemas horríveis, horrivelmente. Para realizar o seu sonho, a mãe gasta tudo que consegue ganhar como enfermeira, aplicando injeções a domicílio (rezando para que os "melhores" pacientes não se curem tão cedo, o que é apenas uma das cenas engraçadas de um filme que alterna com mestria situações para rir e para enternecer). Sessões de fotos, aulas de balé e de teatro com uma velha atriz, enfrentamento do marido que, ainda mais simplório, não entende sua obsessão, enfim toda uma peregrinação até a chegada do grande dia

40. R. Barthes, *Sade, Fourier, Loiola*, p. 148.

(e da grande cena): o resultado de um concurso em que a filha compete com muitas e muitas crianças. As outras mães aguardam, ansiosas, o resultado dos testes; mas ela, a obsessiva, consegue furar a proibição e o bloqueio dos funcionários da Cinecità e chega à janela da sala de projeção, onde diretor, produtores e assistentes analisam as candidatas.

Finalmente o teste da filha é exibido: nós vemos a criança assustada, desajeitada, que tenta declamar o seu texto, mas finalmente cede ao medo, e chora. Vemos também o diretor e os produtores que riem, de início esparsamente, depois um riso solto, convulso, em grupo; eles riem inocentemente, cruelmente – podemos escolher o ponto de vista. Pois vemos ainda a mãe, que vê tanto o choro da filha como o riso dos que assistem a ele. Se tivéssemos qualquer dúvida como ao divórcio entre "sentir com" e "rir de", bastaria o rosto em lágrimas de Ana Magnani através da vidraça e a pergunta atônita dessa mãe: "Mas por que eles estão rindo tanto? O que é tão engraçado?"[41]

Usei esse exemplo privilegiado para retomar o que foi dito sobre o requisito da "insensibilidade" para a recepção da comédia, na teoria de Bergson, e deixar claro, logo de início, que não me parece haver dúvidas quanto ao isolamento *das emoções tradicionalmente associadas ao efeito trágico*. O equívoco veio a instalar-se no passo seguinte, quando essas emoções – piedade e terror – foram confundidas com toda e qualquer participação afetiva do receptor da comédia.

Realmente, creio que não se dará um passo para melhorar nossa compreensão da catarse cômica sem principiar por afastar a idéia já tão sedimentada do espectador neutro, espécie de máquina-de-perceber-desvios, espécime sobre ou sub-humano, dotado de "inteligência pura". Insisto nesse ponto crucial, pois ele representa um empecilho ao reconhecimento do fenômeno catártico próprio da comédia – nos termos de um processo ao mesmo tempo afetivo e cognitivo, de uma *experiência,* enfim.

Libido e Hostilidade

Como vimos, a afirmação de Bergson, de que o riso é inimigo *da emoção,* viria a ser apenas o ponto inicial de todo um desenvolvimento de idéias nascidas da visão da insensibilidade como disposição característica do espectador do cômico. A fim de cumprir sua função de "correção social" – castigar os excêntricos, os

41. O final do filme me parece hoje decepcionante, com sua solução melodramática e quase inverossímel. Não apenas a menina vence o concurso, como a mãe recusa o contrato! Dentro de uma linha convencional de reconhecimento-e-peripécia, a mãe pobre e desiludida, transformada pela cena do teste – do *seu* teste – despede o produtor, com a concordância do marido pobre, com a declaração: "Não tive uma filha para divertir ninguém, para que zombem dela. Para mim e para o pai, ela é belíssima". Mas, é claro, não sei o que sentiria assistindo ao filme em 1951.

desviados, os que se afastam da norma – o cômico exigiria "certa anestesia momentânea do coração" para produzir seus efeitos. Conseqüentemente, a comédia se destinaria apenas à faculdade cognitiva e crítica do espectador, que agiria como um "legislador" leigo, fraco individualmente, mas fortemente escorado no pertencimento ao grupo social com o qual partilharia a defesa das mesmas leis de comportamento.

Sequer é preciso, penso, insistir no fato de que nenhuma obra de ficção dramática (ou nenhuma obra de ficção, simplesmente) é partilhada ou co-produzida, digamos, por intelectos puros (seja lá isso o que for)[42]. Mas, por isso mesmo, é preciso salientar o curioso fato da vigência e da disseminação, do sucesso, enfim, obtido pela idéia do fruidor superior e impassível que seria alvo da comédia, mesmo um século depois de certos estudos que, no mínimo, a colocariam sob suspeita. O primeiro e mais importante deles, que já consta da bibliografia acrescida por Bergson à 23ª edição de *O Riso* – é o minucioso trabalho de Freud sobre os chistes.

Por sua importância para a dramaturgia em geral, e para a comédia em particular, o estudo de Freud será examinado com vagar no capítulo 3. No momento, desejo apenas apontar aquilo que nesse trabalho seria suficiente para deslocar de seu nicho a resistente teoria da insensibilidade. Sem dúvida, a elaboração de chistes é apenas um dos procedimentos empregados na construção verbal da comicidade – embora pareça ser o que apresenta maior poder e amplitude quando se trata de conferir brilho e vivacidade ao diálogo cômico. Mas a investigação de Freud sobre os chistes representa, para a teoria e a prática do drama, e em especial para o estudo da comédia e seus efeitos sobre o espectador, muito mais do que a apresentação detalhada de um rico repertório de técnicas.

Freud cuidou de modo exaustivo, como nenhum outro autor antes dele, de um tipo específico de comicidade verbal – a *espirituosidade* – que sempre foi justamente a parte do cômico considerada "nobre" pela maioria de críticos e teóricos. E por quê? Porque supostamente o chiste ou "espírito" se dirigiria ao intelecto puro, a mentes refinadas, exigindo platéia culta, capaz de anestesiar, ainda que momentâneamente, suas emoções, com a elegância da superioridade e o charme da indiferença frente aos pobres-diabos arrastados em cena pelo ridículo. Apesar disso, o próprio estudo freudiano destrói as premissas da teoria de insensibilidade.

42. Como não creio em obra não-catártica, mas apenas no insucesso do processo catártico, entre uma dada obra e um dado receptor, num certo momento, não poderia, conseqüentemente, aceitar seja como vício ou virtude da comédia o seu endereçamento *constitutivo* a um dado aspecto isolado da experiência do fruidor.

Segundo Freud, os chistes ou frases espirituosas embora sejam "a mais social de todas as funções mentais que objetivam a produção de prazer" servem sempre ao propósito inconsciente de satisfazer a um instinto – libidinoso ou hostil – diante de um obstáculo, seja ele externo (normas e limites da sociedade) ou interno (repressão psíquica); ao contornar tais obstáculos, os chistes conseguem extrair prazer de fontes que de outro modo permaneceriam interditadas. O homem civilizado, incapaz de rir de uma obscenidade que lhe pareceria repugnante, a ela tem acesso através de todo um repertório de chistes aceitos socialmente.

O mesmo se daria com os impulsos hostis, que estão sujeitos à repressão desde a infância. Ao renunciar à expressão da hostilidade através da ação, desenvolve-se uma técnica substituta: tornar o inimigo inferior, desprezível, ridículo, e isso diante de uma terceira pessoa, uma testemunha que obtém prazer pelo riso. Transforma-se, assim, o desprazer do contato com fatos e pessoas desagradáveis num pretexto social de diversão, como no exemplo de alguém que se refere à dolorosa companhia de um chato com o saboroso comentário: "Viajei com X *tête-a-bête*"[43].

Se aceitarmos a ambigüidade constitutiva do efeito espirituoso – a intenção consciente de fazer rir, servindo a um propósito inconsciente de agressão ou desnudamento – depois do estudo de Freud, é impossível afirmar que "as emoções" estão ausentes do processo cômico; necessitam ser afastadas, como vimos, emoções bem determinadas, talvez todas as integrantes do naipe da compaixão e do medo, mas de modo algum as que estão associadas às pulsões agressivas e libidinais, para falar apenas das que foram devidamente *reconhecidas* por Freud.

Mas eu não gostaria de atrelar, de saída, a investigação das paixões que participam do circuito catártico na comédia, aos afetos revelados por Freud no propósito dos chistes, por se tratar exatamente da parte mais conhecida e estudada da questão. O que intento retomar, neste passo, são alguns poucos pontos da longa trajetória de discussões sobre as paixões tal como se encontra no pensamento ocidental antes de Bergson. Trabalho, portanto, na exata contramão do que constata Verena Alberti em seu competente estudo do riso como "objeto do pensamento desde a Antiguidade", quando a autora conclui que a investigação das paixões, bem como a questão ética, parecem ter perdido interesse para as reflexões mais recentes sobre a comicidade[44].

Ao contrário, interessa-me sobretudo o reiterado vínculo entre *pathos* e *ethos* em vários momentos da reflexão ocidental sobre a comicidade, quando se trata de compreender esse fenômeno dentro do

43. S. Freud, *Os Chistes e Sua Relação com o Inconsciente*, p. 39.
44. V. Alberti, *O Riso e o Risível na História do Pensamento*, p. 204.

espectro das paixões humanas. Por isso, essa brevíssima e mesmo superficial anamnese das nossas paixões.

Paixões para Todo Gosto

Acompanhar a história de nossas paixões não é tarefa simples, equivale antes a caminhar num labirinto. Isso não apenas porque, obviamente, em cada época e em cada forma de convívio humano as paixões se expressam de modo diferente e são também diferentemente percebidas, apreciadas, qualificadas, mas porque no interior de um mesmo sistema de idéias sua descrição é, não raro, confusa e até contraditória. As paixões parecem regidas por deuses polimorfos, como a Hécate de três faces ou o bifronte Jano. Há paixões para tudo, para o bem e para o mal, paixões que conduzem à ação e paixões paralisantes, as que movem a criação e as que geram destruição; há paixões da solidão e do convívio, paixões antigas e modernas[45], há as da proximidade e as do afastamento, indígenas e alienígenas...

E não parece suficiente, para sanar o imbróglio das paixões, organizá-las nos times – adversários, *ma non troppo* – de Eros e Tânatos. Isto porque a razão, em sua incansável peleja para domá-las, termina também por vestir o casaco multicor de Arlequim; necessita desdobrar-se, nuançar-se, e, refletindo a fúria proteiforme do que busca combater, fazer-se plural: razões. Sérgio Paulo Rouanet precisou no mínimo de duas razões – a "razão sábia" e a "razão louca" – para empreender sua defesa do "iluminismo autêntico". A partir de uma belíssima leitura de *As Bacantes*, de Eurípides, o autor busca mostrar como a razão louca, ao querer reprimir as paixões, termina por sucumbir a elas – como Penteu, ao proibir o culto dionisíaco – enquanto a razão sábia – simbolizada por Tirésias – interage com a força das paixões enquanto prossegue sua tarefa inconclusa: "expulsar os demônios do mito e da superstição"[46]. Mas é difícil esquecer que o

45. "Avant de rechercher quel peut être le côté épique de la vie moderne [...] on peut affirmer que puisque tous les siècles et tous le peuples ont eu leur beauté, nous avons inévitablement la nôtre. [...] Toutes les beautés contiennent, comme tous les phénomènes possibles, quelque chose de éternel et quelque chose de transitoire, – d'absolu et de particulier [...]. L'élément particulier de chaque beauté vient des passions, et comme nous avons nos passions particulières, nous avons notre beauté". (Antes de procurar qual o lado épico da vida moderna [...] pode-se pois afirmar que, assim como todos os séculos e todos os povos tiveram sua beleza, nós, inevitavelmente, temos a nossa [...]. Todas as belezas contêm, como todos os fenêmenos possíveis, qualquer coisa de eterno e qualquer coisa de transitório – de absoluto e de particular [...]. O elemento particular de cada beleza vem das paixões e, como temos nossas paixões particulares, temos nossa beleza.) C. Baudelarire, *Critique d'art; Salon de 1846; De l'héroisme de la Vie Moderne*, em *Oeuvres Complètes*, p. 493.

46. S. P. Rouanet, Razão e Paixão, em S. Cardoso et alii, *Os Sentidos da Paixão*, p. 437- 466.

grande vencedor, em *As Bacantes*, é Dioniso; se Penteu é destroçado, Tirésias viverá para ser um humilde celebrante do cortejo báquico...

Já para Erasmo é a loucura que se divide em função das paixões: a "loucura perversa" teria origem nas paixões destrutivas, como gula, avareza, cobiça; e a "loucura amável" nasceria das paixões benfazejas, como piedade e tolerância[47]. Para quem teime em desejar alguma base estável de oposição entre razões e paixões, e ache complicado o quadro em que proliferam tantas divisões, é só aguardar. Existem ainda paixões que nasceriam da própria razão, como o "desejo de conhecer" (*libido cognoscendi*), em Espinosa, ou a curiosidade intelectual do desvendamento, da explicação, que Freud aponta em seu "analisando" Leonardo da Vinci, considerando-a uma compulsão com forte imperativo emocional.

Em tão escorregadio terreno, como se pode ainda ousar encontrar uma indicação segura dos afetos postos em movimento nesse fenômeno, já de si multiforme, que é o cômico? No entanto, talvez seja daí mesmo, dessa areia movediça, que poderá partir um vislumbre das emoções em jogo na catarse cômica.

A insistência do presente estudo nesse ponto – o aspecto passional do efeito cômico – vem da constatação de que o aspecto crítico-cognitivo da recepção na comédia não necessita ser reforçado, pela quase exclusividade que lhe foi concedida em teorias de grande influência, como vimos em Meredith e Bergson. Assim, para reintroduzir a participação afetiva na catarse cômica, o caminho de investigação mais prudente parece ser partir das paixões tradicionalmente associadas ao efeito trágico – as únicas suficientemente estudadas no contexto da catarse dramática – para tentar obter alguma compreensão do *pathos* da comédia.

Antes de serem tratadas como doenças e de se tornarem objeto da medicina e da psicologia científica – como mostra a análise de Foucault[48] – as paixões constituiram por longo tempo um importante tópico dos estudos filosóficos, situadas numa espécie de encruzilhada entre a ética, a política e a retórica. No entanto, mesmo nesse contexto, mais do que tendências de um determinado caráter, cuja expressão tomaria a forma de vícios e virtudes, as paixões foram repetidamente consideradas como "afecções da alma", por seu poder de interferir nos raciocínios, de contaminar os julgamentos humanos. Gérard Lebrun observa que a identificação entre paixão e doença, passional e patológico, remonta a Platão, para o qual os excessos de dor ou prazer são um mal a ser extirpado da alma humana. Daí parte uma certa linha de pensamento, passando pelos estóicos até o cristianismo, que considera a paixão uma afecção a ser curada, uma força a ser esmaga-

47. Citado por S. P. Rouanet, op. cit., p. 459.
48. Cf., *História da Loucura*.

da na busca seja da sabedoria, seja da santidade, por meio do intelecto ou da graça[49].

É contra o pano de fundo dessa linhagem ascética que mantém sua importância, para o estudo da catarse, o tratamento dado às paixões por Aristóteles, e não apenas no sistema da *Poética*. Ao contrário de Platão, que condenava, em nome da moral e do bem comum, tanto as armadilhas da retórica quanto as das paixões, Aristóteles fará um reconhecimento exaustivo da importância dos afetos nas variações do pensar e do julgar.

Seu interesse no assunto vem da constatação de que as opiniões não se conquistam objetivamente, através de uma demonstração lógica bem sucedida (o discurso apodítico), mas oscilam segundo a maré das contingências, segundo a subjetividade das relações entre *pathos* e *ethos*. Aceitando, pois, a variabilidade dos juízos, (a multiplicidade de "leituras", como diríamos hoje), as incertezas da *doxa*, Aristóteles irá valorizar e enfrentar o jogo das paixões, e isso em duas perspectivas[50].

Na *Ética a Nicômaco*, examinadas sob a ótica das virtudes morais, encontramos onze paixões[51]; em cada uma delas, o que se deve evitar são os extremos do excesso e da falta (embora algumas poucas paixões não admitam meio-termo, como a inveja e o despudor, sendo más ou viciosas em si mesmas e não quanto à falta de medida). Assim, a virtude moral ou excelência ética corresponderia a uma mediania no modo de reagir às paixões, à escolha de ações situadas em "um meio-termo entre dois vícios". A coragem é uma virtude por ser o justo meio entre o medo e a confiança excessiva; o "justo orgulho", por ser o ponto de equilíbrio entre a "vaidade oca" e a "humildade indevida"; a calma, por sua eqüidistância entre a irascibilidade e a pacatez. No que se refere ao prazer de "proporcionar divertimento", o homem virtuoso ou "mediano" seria o espirituoso, pois o excesso de espírito levaria à "chocarrice" (diríamos gaiatice) e sua falta, à "rusticidade"[52].

Desse modo, em vez de males a serem extirpados, as paixões são *afirmadas* por Aristóteles e colocadas no ponto de partida de uma escolha responsável, já que o dever de *temperá-las* daria origem a uma escala de valores éticos. Lebrun, indicando a diferença da visão aristotélica, que recusa identificar virtude com racionalidade, ou com

49. Cf. G. Lebrun, O Conceito de Paixão, em S. Cardoso et alii, *Os Sentidos da Paixão*, p. 17-33.

50. Na verdade, em três perspectivas: a poética, a ética e a retórica. Mas no momento excluo a primeira, que será abordada no capítulo 2.

51. "Por paixões entendo os apetites, a cólera, o medo, a audácia, a inveja, a alegria, a amizade, o ódio, o desejo, a emulação, a compaixão, e em geral os sentimentos que são acompanhados de prazer ou dor". Aristóteles, Ética a Nicômaco, em *Ética a Nicômaco: Poética*, p. 31.

52. Idem, p. 32-35.

ausência de paixão (a-patia), ao modo de Platão e dos estóicos, observa com sagacidade que "só a propósito de *seres passionais* se pode falar em *conduta razoável*"[53].

A segunda perspectiva para o exame aristotélico das paixões é a que se encontra nos capítulos 1 a 11 do livro II da *Retórica*. Após apresentar os três tipos de discurso por quais o orador pode persuadir/dissuadir (o deliberativo), acusar/defender (o judiciário) e elogiar/censurar (o epidítico), Aristóteles percebe que seu estudo da oratória não pode prescindir do exame das paixões, por serem elas "todos aqueles sentimentos que, causando mudanças nas pessoas, fazem variar seus julgamentos, e são seguidos de tristeza e prazer, como a cólera, a piedade, o temor e todas as outras paixões análogas, assim como seus contrários"[54]. Isso implica que a retórica, tendo por finalidade um julgamento por parte do ouvinte (ser persuadido, acreditar na acusação, concordar com o elogio), não pode ser meramente demonstrativa, mas também *patética*, no sentido de colocar a audiência numa certa "disposição de ânimo".

Assim, quando Aristóteles descreve e prescreve uma rigorosa técnica de argumentação e persuasão, levando em conta sobretudo a arte do orador em *suscitar e conduzir as paixões do ouvinte*, vemos a poética repercutir na retórica. Os conselhos do filósofo ao orador lembram em muitos pontos aqueles que oferece ao tragediógrafo. Conhecer as paixões e contar com elas deve ser o primeiro cuidado de ambos em seu ofício. Comparem-se, a respeito, o primeiro capítulo do livro II, na *Retórica*: "Do Caráter do Orador e das Paixões do Ouvinte" e o capítulo XVII da *Poética*, "Exortações ao Poeta Trágico".

Além do Medo e da Piedade

São analisadas na *Retórica* quatorze paixões (e cito a lista aristotélica já segundo uma estrutura de oposições que pode ser útil): cólera e calma, amor e ódio, temor e confiança, vergonha e impudência, favor (obsequiosidade) e inveja, compaixão e indignação, emulação e desprezo. Com tantas paixões, e sendo objeto de minucioso exame (seja no registro de uma regulação ética, como vimos, ou seja, na ótica de uma retórica persuasiva), seria o caso de se perguntar: por que apenas o temor e a compaixão foram nomeados por Aristóteles ao descrever o efeito trágico como "purificação dessas emoções"?[55] Ou, para ir diretamente ao ponto que importa no momento: *não haveria, dentre tantos afetos, algum ou alguns que no mínimo se pudesse associar,*

53. G. Lebrun, op. cit., p. 22.

54. Aristóteles, Do Caráter do Orador e das Paixões do Ouvinte, *Retórica das Paixões*, p. 5.

55. Aristóteles, *Poética*, p. 74.

de modo afirmativo, à recepção da comédia, ao invés de descrever o aspecto afetivo do efeito cômico como pura negação, ou seja, como ausência da piedade e do terror?

A questão não é simples, e penso que se deve enfrentá-la por partes. Antes, porém, quero adiantar que não tenho em mente chegar a uma lista ou fechamento da identificação de quantas e quais emoções participariam da catarse cômica. Nem o estágio atual das teorias da comédia (ainda vinculadas a formulações centenárias, como vimos) permitiria isso, nem mesmo tenho certeza de que tal descrição pudesse ser útil de algum modo.

O que tento delinear, aqui, no estágio incipiente de apenas um ponto de partida, é um modo de compreensão da catarse cômica segundo as premissas já colocadas em minha reconceituação da catarse no drama em geral. Ou seja: um processo em que a participação afetiva do fruidor é inseparável do movimento crítico-cognitivo, uma aprendizagem (se pudermos usar com extremo cuidado essa palavra) de tipo especialíssimo, que não separa sensações e conceitos, gozos e valores, mas conjuga-os ludicamente, no todo de uma experiência.

Retomando a primeira das perguntas acima, por que apenas o medo e a piedade?

Ao propor sua descrição dos cinco "modos da ficção trágica", Northrop Frye localiza a "tragédia imitativa elevada" – cujo modelo seriam os gregos, Shakespeare e Racine – num ponto central, entre a "estória trágica dionisíaca" e a "estória romanesca", pelo lado ascendente ao mítico, e a "tragédia imitativa baixa" e a "tragédia irônica", pelo lado descendente da ironia. Esta posição central, para Frye, definiria uma tragédia equilibrada entre "o heroísmo divino e a ironia demasiado humana" e se expressaria "na concepção tradicional da catarse". E então Northrop Frye oferece uma interpretação que, à primeira vista, apontaria, por via indireta, uma concordância com Bergson, no sentido de que bloquear a piedade e o terror seria sinônimo de impedir *todas as emoções* na recepção do cômico. "As palavras compaixão e medo podem ser tomadas como referindo-se às duas direções gerais em que a emoção se move, quer rumo a um objeto, quer afastando-se dele"[56].

Mas logo em seguida percebe-se que Frye está se referindo apenas a *gradações ou nuances afetivas* das mesmas antigas e "aristotélicas" paixões, segundo os graus de afastamento ou proximidade explorados por cada tipo de ficção.

> A estória romanesca, portanto, caracteriza-se pela aceitação da compaixão e do medo, que na vida comum se relacionam com a dor, como formas de prazer.

56. N. Frye, op. cit., p. 43.

Transforma o medo longínquo, ou terror, no aventuroso; o medo próximo, ou horror, no maravilhoso, e o medo sem objeto, ou angústia (*Angst*) em melancolia pensativa. Transforma a compaixão longínqua, ou preocupação, no tema do livramento cavalheiresco; a compaixão próxima, ou ternura, num encantamento lânguido e repousado, e a compaixão sem objeto (que não tem nome, mas é uma espécie de animismo, ou tratamento de tudo, na natureza, como se tivesse sentimentos humanos), em fantasia criadora[57].

Ora, essa idéia de que piedade e terror não são emoções a serem somadas e orientadas num mesmo vetor – no sentido de colar-se à vivência da personagem, como leu erradamente Brecht – mas sim afetos que se equilibrariam dialeticamente, por assim dizer, permitindo simultaneamente empatia e distância, além de interessante não deixa de ter uma sólida base teórica. Nosso tradutor da *Poética*, Eudoro de Souza, ciente de um número considerável de posições críticas de renomados estudiosos que se detiveram diante do "indecifrável enigma" das poucas palavras com as quais Aristóteles se refere à catarse[58], além de decidir-se, com razão, contra a idéia (insustentável) de "eliminação expurgatória dos sentimentos de terror e piedade" como resultado da função catártica, toma esses afetos como movimentos disjuntivos – atração e repulsão – que colaboram na recepção da tragédia.

Se, segundo o texto aristotélico, nossa piedade nasce da empatia com o herói que é "infeliz, sem o merecer", e o medo nasce da visão dessa terrível desdita, conclui Eudoro de Souza que:

O "semelhante desditoso sem o merecer" atrai e repele, ao mesmo tempo, as almas dos espectadores e dos leitores. A piedade, a comiseração ou simpatia, é a tonalidade emocional de uma atração; o terror, medo ou angústia, é a tonalidade emocional de uma repulsão. Cedendo à primeira, aproximamo-nos; cedendo à segunda, afastamo-nos; equilibradas as duas forças, nem demasiado longe nem demasiado perto nos situaremos perante a história que importa reconhecer como natureza. Com efeito, deve haver uma distância ótima entre o cognoscente e o cognoscível, que condicione o mais perfeito conhecimento do que é, ou deve ser, nas suas proporções naturais[59].

Mas não é na *Poética* que encontraremos qualquer esclarecimento que venha apoiar esta linha de interpretação, e sim na *Retórica*. Ao tratar especificamente da compaixão, no capítulo 8, e da "disposição de ânimo" que ela requer no ouvinte, Aristóteles observa que essa paixão não afeta "os que sentem grande temor, pois não têm compaixão aqueles que estão assombrados, pois se ocupam do próprio sofrimento". E ainda, em relação ao objeto: "o terrível é dife-

57. N. Frye, op. cit., p. 43-44.

58. Eudoro de Souza, em seus comentários à tradução citada, indica uma *Bibliografia da Poética*, elaborada por Cooper e Gudeman, em que constam nada menos de 150 "posições" referentes à catarse, entre o século XVI e 1928, data de publicação da obra.

59. Introdução, op. cit., p. 67.

rente do digno de compaixão; não a admite, e serve muitas vezes ao sentimento contrário, porque não mais se sente compaixão quando o perigo é iminente"[60]. Assim, transpostas essas observações para o campo da poética, torna-se claro que o jogo de proximidade e distância emocional, que está na base da catarse, sequer é uma prerrogativa do cômico.

A diferença entre tragédia e comédia, para Aristóteles, aponta exclusivamente para o ethos (aqui no sentido de relativo às personagens, aos modos de ser ou caracteres): representação de homens superiores/inferiores ao que são na realidade (*Poética*, cap. 2). A superioridade ou inferioridade com que vemos e somos vistos, ou as assimetrias que geram identidade e diferença é questão sempre presente, que repercute na ética, na poética, na retórica, na política, e parece estar aí a chave que regula os fluxos passionais. Na *Retórica*, para definir a paixão da inveja, por exemplo, Aristóteles não só afirma que as pessoas dirigem esse afeto "às que são iguais a elas ou parecem sê-lo", mas tem o cuidado de definir esses iguais: "Chamo iguais aos semelhantes em nascimento, parentesco, idade, hábitos, reputação e bens"[61].

Não é apenas na distinção entre tragédia e comédia, pois, que a referência ao outro varia se ele é visto como superior, igual ou inferior em seus atos. Disso dependerá também o ser persuadido pela eficácia oratória, a regulação ética nas relações sociais e até a distribuição de cargos públicos (*Política*, livro III, cap. 12). Tudo parece depender da representação para mais ou para menos que fazemos do outro, e mesmo da representação da representação que este faz de nós. Michel Meyer, em seu prefácio à edição citada da *Retórica*, entende que aí as paixões são ao mesmo tempo modos de ser (como expressão do *ethos*) e respostas a esses modos de ser.

> Identidade e diferença, supostas ou reais, eis o que na verdade parece governar a estrutura aristotélica das paixões. Estas, afinal, revelam simetrias impossíveis, resultam do fato de os homens serem diferentes, até quando buscam uma identidade, que somente poderia ser política. A paixão é, assim, a primeira forma de auto-representação projetada sobre outra pessoa e que reage a ela. É ao mesmo tempo a coisa e o espetáculo da coisa, pois com muita freqüência nos esquecemos de que a vida da paixão consiste em sua representação e expressão[62].

60. Aristóteles, *Retórica das Paixões*, p. 55

61. Idem, p. 67

62. M. Meyer, Prefácio, em Aristóteles, *Retórica das Paixões*, p. XLIX-L. A esse respeito, é significativo que a teatralização das paixões seja enfatizada no contexto da retórica: "os que animam suas palavras com gestos, vozes, vestimentas e, em geral, com a capacidade teatral são mais dignos de compaixão (porque fazem parecer mais próximo o mal, pondo-o diante de nossos olhos, como algo iminente ou há pouco consumado)". Aristóteles, *Retórica das Paixões*, cap. VIII, p. 57.

Da Simpatia à Inveja

A paixão oposta à piedade, na *Retórica*, é a indignação. A princípio, parece que a exploração dos afetos cômicos não pode obter muitos frutos nessa direção. Toda uma tradição teórica considera a indignação um sentimento a ser evitado no espectador, jamais provocado. O teatro de deliberada "afronta ao público" praticado entre nós no final da década de 1960 parece atestar a ineficácia do procedimento, seja por sua existência brevíssima, seja pelo afastamento (físico, concreto) do alvo da agressão, seja pelo consenso das avaliações críticas[63].

Geralmente, quando autores ou diretores se declaram gratificados pelas reações indignadas do público, creio que devemos desconfiar seriamente disso. A esse respeito, Nelson Rodrigues, jactando-se de produzir um "teatro desagradável", nos oferece um exemplo dos mais hilários. É o próprio autor que nos conta a tempestade desencadeada pela estréia de *Perdoa-me por Me Traíres*, o que merece citação alongada, não só por ser uma deliciosa página da história da recepção no teatro brasileiro, mas porque é impossível "resenhar" o deboche rodriguiano:

> Explodiu uma vaia jamais concebida. Senhoras grã-finérrimas subiam nas cadeiras e assoviavam como apaches. Meu texto não tinha um mísero palavrão. Quem dizia os palavrões era a platéia. No camarote, o então vereador Wilson Leite Passos puxou um revólver. E, como um Tom Mix, queria, de certo, fuzilar o meu texto. Em suma: eu, simples autor dramático, fui tratado como no filme de bangue-bangue se trata ladrão de cavalos. A platéia só faltou me enforcar num galho de árvore. A princípio, deu-me uma fúria [...]. Naquele momento, teria descido para brigar, fisicamente, com 1500 bárbaros ululantes. Graças a Deus, quase todo o elenco pendurou-se no meu pescoço. *Mas o que insisto em dizer é que estava isento, sim, imaculado de medo*. Lembro-me de uma santa senhora, trepada numa cadeira, a esganiçar-se: "Tarado! Tarado!".E, então, comecei a ver tudo maravilhosamente claro. Ali, não se tratava de gostar ou não gostar. Quem não gosta simplesmente não gosta, vai para casa mais cedo, sai no primeiro intervalo. Mas se as damas subiam pelas paredes como lagartixas profissionais; se outras sapateavam como bailarinas espanholas; e se cavalheiros queriam invadir a cena – aquilo tinha de ser algo de mais profundo, inexorável e vital. *Perdoa-me por Me Traíres* forçara na platéia um pavoroso fluxo de consciência. E eu posso dizer, sem nenhuma pose, que, para minha sensibilidade autoral, a verdadeira apoteose é a vaia [...]. Confesso que, ao ser vaiado em pleno Municipal, fui, por um momento fulminante e eterno, um dramaturgo realizado, da cabeça aos sapatos[64].

As últimas linhas podem ser lidas como uma torção irônica. Ora, quem escreve lucidamente sobre o valor e o sentido da turbação provocada no público (na verdade uma catarse transformada em agressão) é o Nelson memorialista, em 1973, já transformado em crítico

63. "O público teria que abandonar a sua cômoda privacidade, integrando-se à representação, por bem, na melhor alternativa, ou por mal, através da agressão verbal ou de gestos, quando não estivesse disposto a desempenhar a sua parte", D. de A. Prado, *O Teatro Brasileiro Moderno*, p. 115.

64. N. Rodrigues, *O Reacionário*, p. 277-278. Grifo meu.

distanciado do episódio; mas o jovem autor presente à memorável estréia, em 1957, não sentia medo por estar fascinado com as forças desencadeadas pelo seu texto. Em vários momentos de suas reminiscências, Nelson Rodrigues confessa, com sinceridade espantosa, o seu desejo de sucesso, sua ânsia de aceitação e de prestígio, sintetizada na felicidade e gratidão com que relembra o elogio de Manuel Bandeira a *Vestido de Noiva*, que, segundo o próprio autor, tê-lo-ia consagrado definitivamente aos olhos da intelectualidade brasileira.

O que o dramaturgo almejava (que não coincide necessariamente, é claro, com o efeito resultante sobre o espectador) com seu "teatro desagradável" não era a indignação do público, menos ainda a consagração pela vaia, mas o "pavoroso fluxo de consciência", sim, só que associado à antiga fórmula da identificação + piedade & terror. Isso é claro em sua rejeição a Brecht e à "distância crítica" entre o espectador e a peça, afirmando que deseja, ao contrário, "anular qualquer distância. A platéia sofreria tanto quanto o personagem e como se fosse também personagem". E ainda: "O teatro desagradável ofende e humilha e com o sofrimento está criada a relação mágica. Não há distância. O espectador subiu ao palco e não tem noção da própria identidade"[65].

A indignação, no exemplo citado, dirige-se ao autor, ou à obra como um todo, porque a platéia percebe que houve alguma grave lesão dos valores partilhados pela comunidade, e em tais casos pode haver um forte impedimento emocional ao efeito catártico. Mas pode ser que o espectador se revolte contra elementos do plano puramente ficcional, por considerar chocantes ou incongruentes as soluções apresentadas pelo dramaturgo para a intriga ou a caracterização das personagens. Esse segundo tipo de rejeição, embora mais ligado à técnica dramatúrgica, e embora muitos críticos queiram falar dele em termos puramente lógicos, como um desacerto no equilíbrio da composição dramática, nasce igualmente de um julgamento ético, passional, histórico, variável, pois freqüentemente o que está sendo infringido é ainda o senso e o consenso de justiça (e de justeza) dos espectadores.

Examinando os argumentos possíveis para a obtenção do efeito trágico e considerando que a peripécia – inversão no curso dos acontecimentos – só pode ocorrer no trânsito da felicidade à infelicidade, e vice-versa, Aristóteles adverte que não devem ser representados "homens muito bons que passem da boa para a má fortuna" – pois isso, além de não provocar terror e piedade, suscitaria "repugnância" e nem "homens muito maus que passem da má para a boa fortuna" –, pois "não há coisa menos trágica", além de não ser "conforme aos

65. Idem, p. 278.

sentimentos humanos"[66]. (Nesse caso, deveríamos considerar uma tendência cômica em todos os argumentos que exploram a bondade punida e a maldade recompensada? Embora essa idéia contrarie frontalmente o "final feliz" da comédia tradicional, ela merece atenção quando se pensa nas formas mais derrisivas e sarcásticas do cômico.).

Também avaliando o fator de rejeição do público, Racine, no prefácio à *Fedra* (1677), considera que os antigos estavam certos em censurar Eurípides por apresentar um Hipólito isento de imperfeições – pois isso criaria no espectador "muito mais indignação do que piedade" diante de sua triste sorte. Para corrigir esse "defeito" de Eurípides, Racine explica que teve o cuidado de acrescentar à personagem, a par de sua "grandeza de alma", alguma fraqueza que o fizesse parecer culpado em relação ao pai, por apaixonar-se justamente pela filha de seus inimigos[67].

Quando, porém, nos deslocamos da tragédia para o drama romântico e daí para o melodrama, a indignação é um afeto que recobra sua importância na economia catártica, desde que convenientemente dirigido às personagens negativas ou vilões em geral, pois dela depende o desejo de justiça e recompensa final para os caracteres positivos.

Na comédia, pelo menos em sua forma mais difundida ou "de costumes" (a tal ponto hegemônica que não seria absurdo perguntar se existe alguma comédia que *não seja* de costumes), parece haver uma tendência de amenizar a indignação, transformando-a numa antipatia para com as personagens obstrutoras (pedantes, avarentos, autoritários, gananciosos, intolerantes e obsessivos em geral que detêm algum poder). A piedade, por sua vez, é transformada em simpatia para com as personagens facilitadoras. O eixo de oposição entre Malvolio, o mal-amado pedante e puritano, e Maria, a criada esperta e bonachona, em *Noite de Reis* (*The Twelfth Night*) é um modelo de proposição desse funcionamento afetivo.

O que chamei de antipatia corresponde, de certo modo, ao que Northrop Frye indica como "ridículo" ou "motejo", ao dizer que enquanto na tragédia são suscitadas e "expurgadas" a piedade e o terror, ou "as emoções da atração e da repulsão morais", a comédia "parece suscitar as emoções correspondentes, que são a simpatia e o ridículo, e expulsá-las da mesma forma"[68].

É muito importante o paralelismo aqui sugerido – já que inúmeros autores sequer admitem a existência de uma catarse cômica, considerando-a fenômeno exclusivo da recepção trágica. No entan-

66. Aristóteles, *Poética*, cap.XIII, p. 81.
67. J. Racine, *Fedra*, em *Théatre complet*, p. 490.
68. N. Frye, op. cit., p. 176.

to, Frye mantém o equívoco de ver o processo catártico como "expurgação" de emoções, seja na comédia, seja na tragédia. Creio, porém, que estão mais próximos da compreensão desse fenômeno os autores que, como o filólogo Gérard Else, embora referindo-se exclusivamente à tragédia, entendem que a catarse não é eliminação "da piedade e do terror", mas sim uma experiência que acontece "através, ou no decorrer da piedade e do terror", ou seja, "no curso de uma seqüência de acontecimentos patéticos e terríveis"[69].

Para manter uma referência básica nesta exploração introdutória dos afetos possivelmente associados ao efeito cômico, é preciso retornar à *Retórica*. Se aí, como vimos, à piedade opõe-se a indignação, a paixão oposta ao medo ou temor é a confiança (Livro II, cap. 5).

Da descrição desse estado de ânimo importaria ressaltar a *distância* (em relação ao que pode nos fazer mal) e a *superioridade* (em relação ao que, por inferior, não pode nos fazer mal). Mas essa é uma visão estática, útil talvez para os objetivos da oratória que, no entanto, não condiz com o processo dramático. No desenvolvimento de uma ação cômica, o que importa é a confiança (ou segurança, ou superioridade) que se produz exatamente porque um dano, privação ou perigo cresceu a ponto de ser temido para depois ser vencido, ou afastado. Essa é a função do suspense cômico, bem como das cenas usuais de reconhecimento que trazem o alívio ao desembaralhar desacertos e incongruências.

Para quem sinta que um mal ou dano a ser infligido no universo cômico não é mais do que peça de um claro jogo (e, portanto, não passível de suscitar efetivo temor), seria suficiente imaginar um diferente desenlace para certos enredos consagrados e ver que esses perigos ou ameaças não são, na maioria das vezes, desprezíveis.

Perder a jovem amada para o rival velho e rico, quando não para o próprio pai, como em várias comédias latinas; ser punido por leis injustas e cruéis, como em *Medida por Medida*; dar a vida em pagamento de uma dívida, como em *O Mercador de Veneza*; ser privado dos bens, da respeitabilidade e do amor da família, como em *Tartufo*; resignar-se a uma existência miserável, sob o arbítrio dos poderosos, como em *O Auto da Compadecida* seriam perspectivas dolorosas, caso o perigo não se dissolvesse como um sonho mau, graças a um golpe de sorte, a uma ajuda providencial ou, mais freqüentemente, ao uso da astúcia (Seria o caso de se examinar, também, em relação ao tema da salvação cômica, que diferentes idéias e emoções estão em jogo, que diferentes crenças, valores e tonalidades afetivas repercutem no espectador caso a ajuda provenha da intervenção divina ou das artimanhas de um criado esperto. Ariano Suassuna, por exemplo, na peça citada, aposta em ambos os recursos.).

69. Citado por Eudoro de Souza em Aristóteles, *Poética*, Apêndice I, p. 187.

A astúcia, sobretudo, quando é a arma usada contra algum tipo de força aterradora ou obstrutora, parece conferir um sentimento de triunfo *que pertence à escala afetiva da confiança,* e da auto-confiança, mas em grau superlativo, e que podemos nomear como *júbilo*. A primeira gargalhada da literatura ocidental parece ter sido a de Ulisses, ao escapar de ser devorado pelo ciclope Polifemo graças à proteção de uma pele de carneiro e de um jogo de palavras: "Meu nome é Ninguém"[70].

Esse é o riso de alguém que escapou à morte não pelo valor guerreiro, como Aquiles, e sim pela burla engenhosa, fazendo surgir um novo tipo de herói, já em Homero, que sintetiza a capacidade humana de jogar com os possíveis (uma acha de lenha incandescente, um trocadilho) e de garantir sua sobrevivência e seu prazer, aproveitando os cochilos do dragão da realidade, à primeira vista sólido, invencível, monolítico e "monocular" como um ciclope.

Esse riso de vitória sobre um perigo iminente é quase um ponto pacífico nos estudos sobre a comicidade, associado ao sentimento de autoconfiança e superioridade que infunde no espectador. Mas, poucas vezes esse afeto foi compreendido e expresso com a nitidez que encontramos em Nietzsche:

> Se se considera que o homem foi, durante centenas de milhares de anos, um animal essencialmente regido pelo medo, e que todo acontecimento súbito, inesperado, devia encontrá-lo pronto para a luta e talvez para a morte... Não é de se espantar que cada surpresa, quer se manifeste por palavras ou por atos, cria no homem, assim que se revela sem dano ou perigo, um estado de alegria, e o faz passar a um sentimento oposto ao do temor; o ser tremendo de medo, dobrado sobre si mesmo, detém-se bruscamente e abre-se sem entraves: o homem ri[71].

Se parece não haver muitas dificuldades em perceber a participação do júbilo e da simpatia no processo catártico da comédia, o mesmo não ocorre com uma paixão menos reconhecível, porque menos *confessável*, que se insinua como um tempero amargo no prato das emoções positivas: a inveja.

Apesar de raramente apontada nas teorias do cômico, sua presença foi denunciada no que parece ser a mais antiga abordagem filosófica do riso e da comicidade que chegou até nós: o diálogo *Filebo*, de Platão. Na verdade, o assunto desse texto não é o cômico, e sim uma crítica às idéias hedonistas, através de uma discussão sobre o prazer. Sócrates e Filebo divergem sobre o que vem a ser o Supremo Bem. Filebo acredita que ele reside no prazer; Sócrates assevera que ele consiste na sabedoria. Como Filebo não parece disposto a desistir de

70. A sugestão é de Mauron, associando os procedimentos da arte cômica com os ardis do inconsciente para burlar a repressão e liberar as tendências reprimidas. C. Mauron, op. cit., p. 52.

71. F. Nietzsche, *Humano, Demasiado Humano*, p. 169.

sua idéia, Sócrates toma outro interlocutor, Protarco, e prossegue em sua catequização "dialógica". Mas por força da operação socrática de divisão e classificação das "paixões da alma", o riso acabará sendo descrito e avaliado numa dessas ramificações.

Assim, primeiro dividem-se os prazeres em verdadeiros e falsos; os verdadeiros são também puros, ou seja, sem mistura com a paixão oposta, a dor; eles compreendem a fruição do belo no plano sensível – formas, cores, sons, perfumes – e, no plano espiritual, os prazeres do conhecimento. A oposição verdadeiro/falso será ainda "fatiada" por novas divisões em categorias. Desse modo, os prazeres falsos também comportam uma gradação ascendente, dos corporais até os "puramente espirituais": são "afecções da alma" em que se misturam dor e prazer, como a cólera ou o ciúme. Nessa equação, já se adivinha que o riso será um prazer falso, espúrio, por misturar os apetites *concupiscíveis*, fundados no prazer, e os *irascíveis*, com origem na dor[72].

Sócrates pretende demonstrar, com o exemplo do "estado de alma" em que nos colocam as comédias, que aquele que ri é turbado por uma "afecção mista puramente espiritual", que reúne *malícia* e *inveja*, pois ele extrai seu prazer dos infortúnios alheios. A falha da personagem cômica seria desobedecer ao supremo mandamento délfico: "conhece-te a ti mesmo" e assim deixar-se levar pela ignorância dos próprios vícios (Bergson dirá: o vício cômico é invisível para o seu portador.). Mas além de não cientes das próprias falhas, Platão adverte que tais personagens devem também ser *fracas* no sentido de destituídas de poder, pois diante da ignorância e insensatez dos poderosos sentiríamos ódio ou temor, afetos que, como já sabemos, afastam a possibilidade do riso.

Mas se é aceitável que a própria fraqueza da personagem cômica faça com que ela seja vista com simpatia – não a empatia do trágico ou do melodramático, nem a admiração frente aos heróis romanescos, mas uma espécie de "compreensão à distância" – não é igualmente claro por que ela deva ser *invejada*. Ao buscar definir esse afeto, Sócrates apela para novas divisões.

As pessoas inconscientes de si mesmas ou, em bom português, que "não se enxergam", além de fortes/fracas podem também ser amigos ou inimigos. A inveja só teria lugar, como uma "dor da alma" no caso de rirmos dos nossos *amigos fracos* (já que, nesse sistema

72. "Sócrates – Porque razão principal pensas que te mostrei a mistura que a comédia oferece? Não é para convencer-te de que é fácil fazer ver a mesma mistura nos temores, nos amores e no resto? E para que, tendo compreendido este exemplo, não me obrigues a prolongar o exame destas paixões mas admitas simplesmente que o corpo sem a alma, e a alma sem o corpo, e os dois em comum sentem mil afecções em que a dor se mistura com o prazer". Platão, Filebo, *Diálogos IV*, p. 218.

de pensamento, não há nem sombra de maldade ou injustiça em "nos regozijarmos com as desgraças dos nossos inimigos"[73].)

Assim, nas franjas de uma discussão sobre o Supremo Bem, Platão aponta a paixão da inveja como um importante componente afetivo do "estado de alma" em que nos colocam as comédias. Mas isso não é suficiente para que a presença dessa emoção na catarse cômica se torne compreensível para nossos hábitos atuais de pensamento. De que modo a imagem de seres fracos, que desconhecem seus próprios vícios, despertaria em nós o afeto invejoso?

Para olhar mais de perto essa paixão e examinar por que processo afetos, à primeira vista tão díspares, podem conviver e reforçar-se na recepção da comédia, gostaria de recorrer a um texto bem mais próximo de nós. A partir do conto "Legião Estrangeira", de Clarice Lispector, Renato Mezan realizou uma instigante análise do mecanismo da inveja, e de sua complexa formação afetiva. E aqui, inevitavelmente, retornamos a Freud. Adotando o modelo do funcionamento psíquico como uma guerra constante entre impulsos e defesas, Mezan principia por interrogar em que ponto se situaria a inveja no campo de batalha das pulsões. Se a suprema lei, aí, nessa arena, é "evitar o desprazer", de que modo encarar a vantagem estratégica de uma emoção tão vergonhosa, inconfessável, dolorosa? Tratar-se-ia de um impulso ou de uma defesa?

O caminho escolhido por Mezan é interpelar afetos limítrofes, porém mais simples. Por um lado, inveja é desejo de se apropriar de algo *que já pertence a alguém*. Desse ângulo, seria emoção aparentada à cobiça e à admiração. Se fosse possível subtrair o objeto invejado ou obter um objeto análogo, o problema estaria resolvido.

Mas é então que o autor lança uma luz preciosa sobre a questão, inspirado na visão clariciana do nascimento da inveja (a "mordida") numa menina de cinco anos. Para o invejoso, não existe "objeto análogo"; o objeto invejado é visto como *único*. E é precisamente daí que virá a combinação de desejo e ódio: o invejoso só se contentará privando o outro daquilo que o faz feliz. Quem ache essa situação já bastante complicada, que aguarde.

Acontece ainda que esse algo que o outro possui, o alvo cobiçado, nunca pode ser verdadeiramente roubado, por ser "um objeto imaginário ou fantasmático", engendrado pela fantasia do invejoso; basta que esse atribua a um suporte real qualquer – beleza, dinheiro, amor – o poder de produzir a felicidade alheia, felicidade da qual ele está irremediavelmente excluído. O objeto da inveja é, pois, idealizado, e a pessoa invejada é vista como a detentora de um privilégio; o afeto invejoso é exatamente o desejo de privá-la do gozo desse privilégio.

73. Platão, Filebo, op. cit., p. 217.

Examinando a inveja da perspectiva de sua relação com o narcisismo e com as fantasias infantis de auto-suficiência, Mezan aponta na formação complexa desse afeto a combinação dramática de impulsos e defesas. Por um lado, pulsões de caráter agressivo e sexual-narcísico; por outro, uma defesa psíquica que, como todas as outras, visa a "evitar o desprazer". O que o invejoso deseja é impossível, pois não é a posse de um objeto real, mas a realização da fantasia infantil de completude e perfeição narcísica: é "ter tudo"[74].

Mas, ainda... como? Por que eu sentiria inveja, ainda que mesclada com emoções de júbilo e simpatia, de uma personagem cômica? O que haveria a invejar nesse herói "desapoderado", nesse "amigo fraco" que ao expor o seu ridículo, o nosso ridículo, funciona como signo da finitude, do limite, da menor dimensão do humano? O que se poderia cobiçar nesse anti-herói que não se conhece minimamente, que de nada sabe, ou sabe apenas que, como observa Maria Rita Kehl, "não é o detentor do falo"?[75]

Acontece que aquilo mesmo que torna esse herói irrisório – a inconsciência de seu pedantismo, avareza, burrice etc. – é o que contribui para transformá-lo numa criança aos nossos olhos, livre para agir para fora e para além dos rigores de um padrão adulto de comportamento. Ao atuar de modo louco, absurdo, extravagante, ao dar-se o direito de dizer bobagens, a personagem cômica nos dá a impressão de manter intacto aquele "patrimônio lúdico" da infância a que Freud se refere e que o espectador sente ter perdido em nome das exigências sociais de coerência e seriedade. Realmente, de certo modo, toda personagem cômica é uma criança grande: alguém que acredita ser maior, mais forte, mais belo, mais sábio do que realmente é – e age como se o fosse. Sganarello, vestindo armadura para duelar com um suposto rival, em *O Traído Imaginário*, tem algo do menino fantasiado de super-herói.

Mas, ao mesmo tempo, a personagem cômica, obviamente, não é uma criança. Dentro de uma estrutura de papéis muito persistente, que vem da Comédia Nova até as atuais *sitcoms* da televisão estadunidense, ela é bem mais freqüentemente o representante de uma "sociedade de velhos" (seja por idade, posição de poder ou culto de comportamentos conservadores), que está sendo negada pelos mais jovens. Nós vemos esse adulto infantil espernear contra a realidade e agir de modo simultaneamente livre e ridículo, e nos perguntamos "por que ele acha que pode fazer isso"? A platéia adulta que ri inveja essa loucura – não quer *corrigi-la* ou *curá-la* pelo riso, como pensam Meredith e Bergson, e sim *fruí-la* no espaço de liberdade delimitada socialmente

74. Cf. R. Mezan, A Inveja, em S. Cardoso et alii, *Os Sentidos da Paixão*, p. 117-140.

75. M. R. Kehl, Um Jogo Macabro, *Folha de S. Paulo*, São Paulo, 07 de março de 1999, Mais!, p. 5.

pela comédia. Nesse espaço, não nos enganemos, o espectador deseja o mesmo que a menina do conto de Clarice: "Ter tudo"[76].

Se é verdade que todas as paixões têm origem nas duas grandes vertentes pulsionais de vida e morte, a personagem cômica parece funcionar (tal qual a trágica) como a vítima de um sacrifício ritual, amada e odiada, fonte de simpatia e júbilo tanto quanto alvo de pulsões erótico-agressivas: um *pharmakós* com máscara de bufão.

Parece, pois, haver um ponto de convergência entre o mais antigo escrito a ocupar-se, ainda que lateralmente, do cômico (o *Filebo*) e a psicanálise do século XX.

"Afecções da alma" ou "impulsos reprimidos", as paixões desencadeadas pelo efeito cômico podem provir de tendências tão opostas – permitindo o jogo estético-receptivo entre proximidade e distância, atração e repulsão – quanto provêm o terror e a piedade. No atual estágio dos estudos de recepção no drama[77], e na comédia em particular, é difícil propor algo mais que este magro esboço de possíveis trilhas para a investigação das paixões presentes na catarse cômica. Mas reconhecer essa presença talvez seja o primeiro passo para isso.

76. "A Legião Estrangeira", em *Felicidade Clandestina*.

77. "Na ausência de uma teoria científica das emoções que distinguiria os diferentes níveis de recepção (conforme a afetividade, a intelecção, o reconhecimento ideológico etc.) é impossível propor uma tipologia indiscutível das interações de identificação com o herói". P. Pavis, *Dicionário de Teatro*, p. 200.

2. A Ingrata Topografia da Comédia

ALTO/BAIXO, PROFUNDO/SUPERFICIAL

> *Ó estes Gregos! Eles sabiam como* viver: *o que exige uma maneira corajosa de se deter na superfície, na dobra, na epiderme; adoração da aparência, a crença nas formas, nos sons, nas palavras, no Olimpo inteiro da aparência! Estes Gregos eram superficiais* – por profundeza*!*
>
> NIETZSCHE. *A Gaia Ciência.*

Conta-se que Plínio, o Moço decidiu batizar como Tragédia e Comédia duas de suas casas de campo, porque a primeira ficava na montanha e a segunda à beira-mar. O gracejo, muito repetido em livros de dramaturgia e história do teatro[1], ilustra bem a insistente visão topográfica que manteve a comédia "ao rés-do-chão" na acidentada paisagem das formas dramáticas. Se a essa oposição acrescentarmos a de profundo/superficial, teremos apenas uma intensificação da mesma imagem: a comédia é superficial porque é baixa, a tragédia, alta, porque profunda. E nem há como procurar verossimilhanças nessa estranha causalidade: a topografia aí é sobretudo simbólica e valorativa.

Alguns acreditam ter partido de Aristóteles o pontapé inicial que prostrou a comédia no solo das formas artísticas. Mas, pelo menos *nessa questão*, sua influência não parece ter sido decisiva, a não ser que, por

1. J. Scherer, M. Borie e M. de Rougemont (orgs.), *Estética Teatral*, p. 87.

um torneio interpretativo, se considere o seu silêncio, a ausência de um segundo livro da *Poética* sobre a comédia como sinal negativo do seu apreço pelo gênero – o que permanece mera especulação sem maior importância teórica. Temos, pois, quanto a essa ausência, de nos contentar com o texto existente e com a palavra dos estudiosos.

A primeira das doze únicas referências à comédia feitas na *Poética* é a célebre distinção quanto ao "objeto da imitação" no drama: o que se imita são "homens que praticam alguma ação", os quais "necessariamente são indivíduos de elevada ou de baixa índole" ; disso decorre, também por critério de necessidade lógica, que "os poetas imitam homens melhores, piores ou iguais a nós, como fazem os pintores" (cap. II, 7). Mas Eudoro de Souza, cotejando sua tradução com outras versões e posições críticas, aceita que "elevada e baixa índole" possa ter significado moral, mas não no sentido platônico e menos ainda na acepção cristã. "No sentido grego clássico, a partir de Homero, os 'homens de elevada índole' só podem ser os heróis, e os de baixa índole, a multidão"[2].

Comentando a mesma passagem, Northrop Frye inclina-se também para a recusa de uma visão moralista na *Poética* e observa que as palavras utilizadas por Aristóteles para "bom" e "mau" têm o sentido figurado de "importante" e "sem importância", funcionando como referência ao *tipo de ação* a ser desenvolvida pelo herói. Nesse caso, mais uma vez, a ênfase estaria na hierarquia dos papéis sociais como *fator de caracterização da personagem*, com variação de figuras "eminentes" e "rasteiras" do ponto de vista da sua posição de poder na sociedade.

Se é assim, como entender a referência que parece existir, no capítulo IV, às "baixas inclinações" do poeta cômico? Aristóteles aqui trata das origens das espécies de poesia dramática, a partir de "toscos improvisos" até que o gênio de Homero lhes traçasse as linhas fundamentais.

> A poesia tomou diferentes formas, segundo a diversa índole particular [dos poetas]. Os de mais alto ânimo imitam as ações nobres e das mais nobres personagens; e os de mais baixas inclinações voltaram-se para as ações ignóbeis, compondo, estes, vitupérios, e aqueles, hinos e encômios (IV, 16.).

Nosso tradutor, porém, também aqui aceita um comentário do trecho segundo o qual "índole" não se refere aos poetas, e sim à qualidade particular de cada forma poética, já que a expressão "dos poetas" – afirma – não está no texto grego. E propõe a variante: "a poesia tomou diferentes formas segundo as diversas espécies de caráter que

2. Aristóteles, *Poética*. Todas as referências ao texto aristotélico neste estudo remetem à edição citada. Daqui por diante farei apenas a indicação dos capítulos e parágrafos no corpo do texto, tanto de Aristóteles como dos outros autores citados neste capítulo, informando em nota apenas na primeira remissão

naturalmente lhe pertencem". Assim, para Aristóteles a "índole" estaria ligada àquilo que seria "inerente" a cada uma das duas espécies originárias dos grandes gêneros de poesia mimética: o "vitupério", para a comédia, e os "hinos e encômios" para a tragédia.

Parece-me claro que, de acordo com o texto que nos chegou da *Poética*, não se pode atribuir a Aristóteles a "origem" do rebaixamento crítico de que foi vítima, durante séculos, a forma cômica. Isto porque a *Poética* se apresenta como um sistema teórico-estético que possui suas próprias leis internas, regido, à semelhança do modelo artístico que prescreve, por critérios de lógica e necessidade; nesse contexto, qualquer pressuposto de inferioridade da mímese cômica estaria em desacordo com outros pontos dessa configuração dramatúrgica.

No capítulo XIII, depois de abandonar as esparsas referências à comédia para concentrar-se exclusivamente na forma e nos propósitos da tragédia, Aristóteles discute a situação do herói trágico. Examina então, por simples combinatória matemática, as probabilidades de "mudança de estado" da personagem, segundo associação de dois elementos: a. o herói muito bom ou muito mau; b. sua transição da boa para a má "fortuna", ou vice-versa.

Das quatro possibilidades de combinação, Aristóteles rejeita três e sequer se dá ao trabalho de enunciar aquela que seria a mais afastada do efeito trágico (e mais próxima das futuras formas do melodrama): o herói muito bom que faz o transe da infelicidade para a felicidade. Uma das alternativas de enredo rejeitadas merece particular atenção: "O mito também não deve representar um malvado que se precipite da felicidade para a infelicidade. Se é certo que semelhante situação satisfaz os sentimentos de humanidade, também é certo que não provoca terror nem piedade" (XIII, 69).

Como não se trata, para Aristóteles, de "satisfazer os sentimentos de humanidade" do espectador, e sim atingir o propósito trágico, recomenda então a "situação intermediária", que é "a do "homem que não se distingue muito pela virtude e pela justiça; se cai no infortúnio, tal acontece não porque seja vil e malvado, mas por força de algum erro". Quanto a esse *erro*, uma longa tradição de comentários já se incumbiu de demonstrar que não se trata de uma culpa moral do herói[3], e sim de uma falha humana de julgamento ou de percepção do mundo; Aristóteles tem o cuidado de sublinhar esse aspecto, no mesmo capítulo, ao repetir que a mudança "da dita para a desdita" ocorre "não por malvadez, mas por algum erro de uma personagem, a

3. "Pois o homem que é vítima da queda trágica não pode ser, segundo Aristóteles, nem moralmente perfeito nem reprovável (é como se, de antemão, fossem rejeitados o herói virtuoso e o vilão do drama didático estóico) mas, ao contrário, precisa ter no essencial nossos traços, devendo mesmo ser um pouco melhor do que o somos em média". A. Leski, *A Tragédia Grega*, p. 35.

qual, como dissemos, antes propenda para melhor do que para pior" (XIII, 71).

Ao longo de toda a *Poética* é dito, repetido e enfatizado que os atributos das personagens são dados a serem usados artísticamente pelo poeta dramático, visando sobretudo à obtenção de um dado efeito. Esses atributos (notadamente vícios e virtudes) são decididamente secundários em relação à ação, à "trama dos fatos", pois as personagens "não agem para imitar caracteres, mas assumem caracteres para efetuar certas ações" (VI, 32). Assim, no espaço do modelo aristotélico, à comédia estaria garantido o "caráter universal da poesia" desde que o comediógrafo estruturasse a ação "segundo a verossimilhança e a necessidade" (IX, 51). Em suma, valeriam as mesmas regras para a tragédia e a comédia no atingimento do universal poético; ambas deveriam orientar-se pelos quatro pontos cardeais da dramaturgia aristotélica: unidade, totalidade, causalidade e verossimilhança.

Também não encontraremos qualquer estímulo crítico-teórico ao menosprezo da comédia na *Arte Poética* de Horácio ("Epístola aos Pisões")[4]. Quase metade dos versos dessa "carta didática" é dedicada à poesia dramática, tendo como lição central a *adequação do estilo* às diferentes espécies, devendo o poeta ter o máximo empenho em *não misturar* os procedimentos próprios à comédia e à tragédia. Quando se refere ao tipo de verso mais apropriado ao diálogo em cada uma das formas dramáticas, a antítese sugerida entre os "pequenos sapatos" (*socci*) da comédia e os grandes coturnos (*coturni*) da tragédia serve para marcar a diferença de estilos, não uma hierarquia de valor poético (v.78-80).

Embora siga bem de perto Aristóteles quanto à unidade da obra, citando os modelos gregos que os romanos deveriam imitar, Horácio acrescenta uma atenção especial à caracterização das personagens que, como vimos, é fator decisivamente secundário na *Poética.* Sempre buscando a devida *unidade de tom*, o estilo deveria adaptar-se não só aos gêneros, mas às paixões e aos caracteres (v. 93-113).

> Tem igualmente de tomar-se em conta se quem fala é deus ou é herói, velho sisudo ou homem fogoso, na flor da idade; matrona autoritária ou carinhosa ama; mercador errante ou lavrador de viçosa courela; se vem da Cólquida ou da Assíria, se nasceu em Tebas ou em Argos (v. 113-118).

Reunindo o propósito de ser útil e agradável (*aut prodesse aut delectare*), tratando assunto "belo e adaptado à vida", o poeta cômico deveria ser tão exigente quanto o trágico, buscando sempre na verossimilhança, no *exemplar vitae*, o interesse de seus temas e personagens, sendo que a soberana força da mímese poderia até mesmo suplantar possíveis defeitos técnicos.

4. Horácio, *Arte Poética*.

Ao douto imitador aconselharei que atente no modelo da vida e dos costumes, e daí retire vívido discurso. Comédias há, por vezes, que, embora parcas de elegância, medida e arte, por apresentarem temas atraentes e caracteres bem delineados agradam mais ao público e o prendem muito mais do que versos sem realidade, ou harmoniosas bagatelas poéticas. (v.317-323)

No máximo, a epístola horaciana permite ler em suas margens a sugestão de que uma certa fonte do riso – o grotesco –, por ser avesso à lógica e à verossimilhança, não deve servir de modelo à obra artística. Como exemplo negativo da obra ideal, "simples e una", desenha logo no início do poema, com evidente intenção jocosa, a imagem hipotética de uma criatura híbrida, misturando partes humanas e partes de diferentes animais, e pergunta a seus leitores: "Conteríeis vós o riso, ó meus amigos, se a ver tal espetáculo vos levassem?" (v.1-5). Ou seja: o poeta artifex – que reúne talento e técnica – deve estar atento à vida e imitá-la, mas com todo o cuidado em filtrar as dissociações, ambigüidades e hibridismos que possam borrar a tinta com que há de preparar o seu espelho...

Em suma, Horácio, com exceção apenas da ênfase que concede à caracterização, mantém a exigência básica do modelo aristotélico: a comédia, tanto quanto a tragédia, deve construir-se por uma ação una, total, causal e verossímil. O que continua proscrito, sem apelação, é o absurdo, o grotesco, a incongruência levada à desmedida.

Ausente, portanto, ao que parece, das poéticas clássicas antigas, qual seria o contexto em que, por processos gradativos de rebaixamento e exclusão, começa a se insinuar a desvalorização da comédia? Antes de interrogar uma possível teoria, implícita nas próprias obras cômicas e no juízo dos seus criadores, tentemos ainda rastrear as pegadas desse discurso crítico nas teorias "oficiais".

* * *

Um tratado poético intitulado *Do Sublime* – atribuído (ainda segundo muitos autores falsamente) a um retórico grego chamado Dionísio Longino ou simplesmente Longino (213?-273) – foi traduzido por Boileau em 1674 e exerceu fortíssima influência no classicismo francês[5]. Influência, aliás, muito interessante, pois essa "teoria do sublime", ao valorizar os signos da *elevação patética* – o sopro (*pneûma*) divino da criação que anima o poeta (XXXIII, 5), a paixão transbordante, que, sendo *naturalmente grande*, devia presidir ao ato criador ("O sublime é o eco da grandeza de alma", IX, 2), o risco e a audácia das ultrapassagens poéticas, da violência e da desmedida das imagens que desequilibram e geram o êxtase do ouvinte vai oferecer um contraponto de sedução ao racionalismo das normas neoclássicas e suas rígidas leis de

5. Longino. *Do Sublime*, 1996.

composição, preparando a concepção do gênio, do poema como fruto de um surto de inspiração que a mera técnica não pode explicar.

Mas a transição não é assim tão brusca, quando percebemos que o sublime, para Longino, embora não se reduza aos artifícios formais, ou seja, ao *estilo* sublime, é passível de ser *engendrado* pelas técnicas de composição poética (XXXIX, 4). O sublime é um dom natural, a grandeza é inata; mas é preciso que a alma seja "educada em direção à grandeza" (IX, 1). O sublime é um efeito sob o qual "nossa alma se eleva e, atingindo soberbos cumes, enche-se de alegria e exaltação, como se ela mesma tivesse gerado o que ouviu" (VII, 2).

"Como se ela mesma tivesse gerado": nossa alma reconheceria o sublime, por ser ele "universal" e "eterno". "Em suma, eis a regra: é seguramente e verdadeiramente sublime o que agrada sempre e a todos"(VII,4).

O que tem a teoria do sublime a dizer sobre a comédia? Na verdade, de modo direto, muito pouco. Uma única referência "elogiosa" vem no contexto que ressalta o vigor das hipérboles quando associadas à potência da paixão e do risco, o que quase pode funcionar *apesar* da comicidade. "Pois, como não paro de dizer, a resolução e a panacéia de toda a audácia de expressão residem nas ações próximas do êxtase e da paixão. Donde vem também que as audácias cômicas, mesmo se caem no inverossímil, são críveis, graças ao riso". Apresenta o exemplo: "Ele tinha um cantinho de terra menor do que uma carta". E conclui: "Pois o riso é uma paixão no prazer" (XXXVIII, 5). Na hierarquia de Longino, o "prazeroso" é um degrau abaixo do sublime.

Mas pode-se também aqui ler nas margens: a *Odisséia* seria inferior à *Ilíada*, uma espécie de "epílogo" do "sopro" criador de Homero, e isto porque nessa obra o poeta decai para a "comédia de costumes". Longino identifica o "declínio da paixão", a senilidade que atinge até mesmo os grandes, com o momento em que a ação heróica cede lugar ao *ethos*, à pintura de caracteres, como na descrição da vida na casa de Ulisses. Longino vê com desagrado os homens criados como "porquinhos chorosos" pela feiticeira Circe e outras passagens menos nobres da *Odisséia*. Elas seriam o sinal de perda da "grandeza natural" de Homero (IX, 14).

Outras margens: como a "natureza" sublime parece ser algo ao mesmo tempo inato e cultivado, ela só "acontece" àqueles cujos pensamentos têm "altura" e "peso"; o candidato ao sublime não deve, pois, dedicar seus cuidados a "preocupações vis e próprias de escravos" (IX,3-4); por simetria semântica, já adivinhamos que as preocupações dos escravos são "baixas" e "levianas" ou superficiais. O *ethos*, a descrição de caracteres, a psicologia, está *aquém da paixão*, pois sinaliza o seu refluxo, seu apequenamento ao deter-se em traços "não essenciais", instalando uma "errância" lá onde o sublime exigiria concentração da força patética (IX, 13).

Não basta, pois, que o assunto seja nobre (como a descrição de uma tempestade por Heródoto ou da expedição persa ao Egito, por Teopompo); não deve o poeta deixar as alturas e "degringolar à baixeza" citando "odres, condimentos e sacos", assim produzindo "uma visão de cozinha" (XLIII, 3). Pois o pathos está para o sublime como o ethos está para o prazeroso (XXIX, 2).

Nenhum lugar, portanto, para a comédia, com sua forte vocação, segundo Cícero, para "espelho dos costumes" (*speculum consuetudinis*). Com efeito, todas as referências de Longino em seu tratado do sublime são trágicas ou épicas. E assim, por um dos mais fortes procedimentos de exclusão, o silêncio, a comédia é precipitada dos altos píncaros do discurso sublime.

É significativo que em 1674, mesmo ano de publicação da sua *Art Poétique*, Boileau editasse sua tradução do tratado poético atribuído a Longino. Afinal, a teoria do sublime oferecia uma explicação sedutora da obra poética como manifestação fulgurante da "grandeza de alma" e, *ao mesmo tempo*, admitia a necessidade do aprendizado técnico, de regras de composição bem nítidas (as "fontes do sublime" de Longino) que permitissem dar forma e relevo ao êxtase natural do poeta inspirado; por outro lado, a recusa tanto do rebuscamento quanto da vulgaridade aproximaria a poética do sublime dos ideais de simplicidade e naturalidade do classicismo francês (Mas seria o próprio elemento indefinível, imponderável e misterioso do sublime que acabaria por implodir a poética racionalista neoclássica, e encaminhar o gosto estético para a rebeldia romântica, para o elogio do gênio livre e bárbaro, para o culto a Shakespeare.).

É apenas com Boileau que será declarado abertamente o repúdio ao cômico em geral, e ao baixo cômico em particular. Nem sequer Molière escapa à reprovação, pois teria mais arte se fosse "menos amigo do povo", se não tivesse abandonado "o tom agradável e fino para adotar o bufo" e se não tivesse "aliado, sem vergonha, Tabarin a Terêncio"(v. 394-99)[6]. Não seria função do cômico "ir, numa praça pública, encantar o populacho, com palavras sujas e baixas". A descrição da boa ou "alta" comédia é um esforço de adequação dos procedimentos da comicidade à razão, ao decoro, à naturalidade e à verossimilhança.

> Seus atores devem brincar nobremente; que o nó bem formado da comédia se desate com naturalidade; que a ação, indo para onde a razão a guia, jamais se perca numa cena inútil; que seu estilo humilde e doce se eleve oportunamente; que suas palavras sempre ricas em expressões felizes, sejam repletas de paixões finamente manejadas, e as cenas sempre ligadas umas às outras. Abstenham-se de divertir às custas do bom-senso: não se deve jamais afastar-se da natureza. Em Terêncio, considerem com admiração, com que ar um

6. N. Boileau-Despréaux, *A Arte Poética*. Tabarin (1584-1633), cujo nome verdadeiro era Jean Salomon, foi um famoso autor de farsas muito aplaudidas na época.

pai vem repreender a imprudência de um filho enamorado; com que ar este apaixonado escuta as lições e corre à casa da amada para esquecer as cantilenas. Não é um retrato, uma imagem semelhante; é um apaixonado, um filho, um pai verdadeiros. (v. 405- 420)

Aqui principiamos a contemplar a nítida distância que separa a visão da poética neoclássica das postulações anteriores sobre o cômico. Começam a desenhar-se as exigências de "altura" e "profundidade", que pesariam sobre o gênero nos séculos seguintes, de início ainda disfarçadas em apelos à elegância, ao "bom-senso" e à instrução do espectador. As lições de Boileau sobre os limites ideais da comicidade tomam como modelo o seu desenvolvimento a partir da Comédia Nova, de Menandro, ou seja, o ponto em que o comediógrafo deixa de tratar das questões relativas à vida da *polis* e vai concentrar-se nos temas da vida privada, nos conflitos sentimentais ou familiares – exatamente a "comédia de costumes" que teria posição inferior na teoria do sublime. O elogio a Menandro é um elogio do comedimento: "Através dos versos de Menandro, a comédia aprendeu a rir sem acidez; soube instruir e repreender, sem fel e sem veneno; e agradou, sem ferir" (v. 349-51).

Esse "novo espelho" que o comediógrafo da Néa apresentava a seu público, permitindo à sociedade divertir-se em segurança, só teria sido possível porque o teatro "perdeu seu antigo furor" (v. 348-349)[7]. A sátira política da Comédia Antiga não tem lugar no mundo dessa arte poética talhada para os salões de Luís XIV. Aristófanes seria o próprio signo desse "furor" que necessitava ser domado, o representante do "grego zombador", que "destilou o veneno de seus dardos maledicentes" contra a sabedoria de Sócrates (*As Nuvens*) e a arte de

7. Como se sabe, a Comédia Antiga, representada por nove das onze comédias de Aristófanes que chegaram até nós, de *Os Acarnenses* (425 a.C.) até *As Rãs* (405 a.C.), caracterizava-se pela predileção por temas *políticos* (relativos à vida da *polis*) pondo em discussão desde problemas administrativos até religião e moral, em linguagem popular, licenciosa, freqüentemente pornográfica; mantendo uma estrutura semelhante à da tragédia, com o coro tendo papel relevante, misturava a liberdade da fantasia e mesmo do absurdo com a sátira feroz, demolidora, dirigida a figuras públicas. Nas duas últimas comédias de Aristófanes, *A Revolução das Mulheres* (392 a.C.) e *Pluto* (388 a.C.), encenadas já no recesso da democracia, sob a censura do governo dos Trinta Tiranos, a liberdade satírica retrocede, preparando a transição para a Comédia Nova ou Néa. O principal representante dessa nova comicidade é Menandro (343/2 a 292/1 a.C.) que se presume tenha sido autor de mais de cem comédias, embora seu único texto conhecido integralmente, descoberto e publicado em 1958, seja *O Misantropo* (*Dyscolos*). Nota-se a mudança desde os temas, relativos ao indivíduo em sua vida particular, como conflitos sentimentais em família, intrigas envolvendo amor e dinheiro, paixões contrariadas por desigualdade social, até a linguagem que se torna comedida, cotidiana. Como na expressão popularizada por Luís Fernando Veríssimo, trata-se da passagem da Comédia da Vida Pública à Comédia da Vida Privada. Com pouco apelo à fantasia e mais "realismo" a Nova grega criou tipos resistentes, que depois retomados pela comédia latina passariam ao estoque tradicional do cômico, como o velho mal-humorado e rabujento, o criado esperto e alcoviteiro, o parasita, o soldado fanfarrão etc.

Eurípides (*As Rãs*) expondo-os a "as vaias de um desprezível amontoado de pessoas" (v. 338-345).

Animado por seu repúdio à crítica feroz e à permissividade da sátira política antiga, o esteta neoclássico chega a rejubilar-se com a censura do governo dos Trinta Tiranos, que proibiu, a partir de 404 a.C., a representação e a referência a personagens reais: "Deteve-se, enfim, o curso da liberdade: o magistrado foi buscar o socorro das leis, e tornando, por meio de um edito, os poetas mais sábios, proibiu que indicassem os nomes e os rostos das pessoas visadas" (v. 345-349).

Talvez Boileau sonhasse com um novo edito censório que pudesse "tornar mais sábios" os Turlupim, os Gros-Guillaume, os Gaultier-Garguille – enfim, os aplaudidíssimos cômicos de sua época, graças aos quais, para sua tristeza, "o Parnaso falou a linguagem dos mercados" (v.84-85). Em *A Arte Poética*, de Boileau, já estamos longe da aspiração ao sublime que orienta o tratado de Longino. Não mais se trata do poeta compartilhar com seu público a "elevação da alma" (que exige mesmo a violência do êxtase, do desequilíbrio, da *phantasía*), mas sim de cultivar o comedimento, a elegância de maneiras, a graça e equilíbrio da expressão, a racionalidade e verossimilhança das ações. Uma comédia *cortesã*, enfim.

A indicação de Menandro e Terêncio como modelos da comicidade natural, verossímil e sutil, em vez dos "grosseiros" Aristófanes e Plauto, aponta um caminho de apreciação e aconselhamento crítico que vai da poética neoclássica ao Romantismo, marcado pela valorização de uma comédia que se mantenha *equidistante* do alto trágico e do baixo farsesco. Nessa direção, vemos surgir uma forma que preserva a "pintura dos costumes", mas livrando-a gradualmente dos elementos populares, até conduzi-la ao chamado "drama burguês". Compare-se o elogio de Boileau a Menandro e Terêncio com o que é feito a José de Alencar por Machado de Assis: "Verso e Reverso não era ainda a alta comédia, mas era a comédia elegante; era a sociedade polida que entrava no teatro, pela mão de um homem que reunia em si a fidalguia do talento e a fina cortesia do salão.[...] A alta comédia apareceu logo depois, com *O Demônio Familiar*"[8].

Machado de Assis louva essa "cortesia" cultivada por Alencar como um grande avanço para o gosto e a sensibilidade do teatro brasileiro, pois, se reconhece talento e vigorosa "veia cômica" na nossa comédia de costumes inaugurada por Martins Pena, lamenta que ela esteja *ainda* excessivamente vinculada às tradições da farsa portuguesa. Nesse "ainda" está centrada uma espécie de rito de passagem aos olhos do crítico. É como se houvesse uma seqüência natural de progresso e melhoria das formas cômicas, na qual a farsa – essa criança

8. M. de Assis, *Obra Completa*, p. 872.

mal-educada – tivesse que amadurecer e refinar-se até atingir a altura da "comédia elegante".

E é importante flagrar esse gesto na avaliação de um grande crítico como Machado de Assis, pois isso demonstra que não se trata de um caso de falência interpretativa (o próprio Alencar perseguia confessadamente essa "melhoria" dramatúrgica[9]), mas de um critério de valor aplicado à comédia desde o século XVII e que não cessou, até hoje, de influenciar a nossa apreciação de uma forma dramática, que tem como elemento *constitutivo* de seu efeito catártico a exposição do que é "baixo" e superficial nas ações humanas.

O "BAIXO" COMO PRINCÍPIO

Uma visão, ainda que panorâmica, da maioria das avaliações críticas permite observar que existem dois processos usuais de "salvar" uma comédia, reconhecendo seu valor artístico, que consistem justamente em conferir-lhe *altura* e *profundidade.* Sobre o primeiro modo, já vimos como se produz a exigência de uma alta comédia, de uma comédia cortesã, a partir do século XVII, ou de uma "comédia elegante". Sabe-se que é um lugar-comum na crítica de Molière o louvor de uma comédia que, enfim, havia chegado à "altura" da tragédia.

> Eis aqui, senhor, o que penso da comédia do *Misantropo Apaixonado*, que considero tanto mais admirável quanto seu herói é divertido sem ser ridículo em demasia e faz rir a gente de bem sem dizer gracejos ocos e baixos como nos acostumamos a ver nas peças cômicas. *Esta natureza parece-me mais capaz de divertir, apesar de, com ela, o riso ser menos alto*. E creio que ainda nos diverte mais, que nos prende, e que *continuamente nos faz rir na alma*[10].

Grifei uma parcela desse elogio que parece indicar uma alternância muito significativa: se a comédia se eleva, o riso é "menos alto". E ainda: essa alta comédia é diferente porque "nos faz rir na alma", o que também sugere a possibilidade de um riso superior ao "riso do corpo".

9. "A primeira idéia que tive de escrever para o teatro foi-me inspirada por um fato bem pequeno, e aliás bem comezinho na cena brasileira. Estava no Ginásio e representava-se uma pequena farsa, que não primava pela moralidade e pela decência da linguagem; entretanto o público aplaudia e as senhoras riam-se, porque o riso é contagioso; porque há certas ocasiões em que ele vem aos lábios, embora o espírito e o pudor se revoltem contra a causa que o provoca. Esse reparo causou-me um desgosto, como lhe deve ter causado muitas vezes (dirige-se o dramaturgo a Francisco Otaviano), vendo uma senhora enrubescer nos nossos teatros, por ouvir uma graça livre, e um dito grosseiro; disse comigo: 'Não será possível fazer rir, sem fazer corar?'." Citado por S. Magaldi, em *Panorama doTeatro Brasileiro*, p. 100.

10. Jean Donneau de Vizé, *Lettre sur la comédie du Misanthrope*, 1667, citado por L. M. Cintra, Prefácio, em Molière, *O Misantropo.*

Veja-se ainda como Sainte-Beuve, sobre a mesma peça, chega a louvar uma *comédia* que subiu tanto, tanto, até se encontrar no ponto mais alto e mais afastado do... cômico!

Alceste aparece. Alceste, quer dizer, o que há de mais sério, de mais nobre, de mais elevado no cômico, o ponto em que o ridículo toca a coragem, a virtude. Um ponto acima e o cômico cessa e tem-se uma personagem puramente generosa, quase heróica e trágica[11].

Assim, *O Misantropo* seria uma obra-prima da dramaturgia porque *quase beira o trágico* e isso *apesar* de ser uma comédia. Na mesma linha, Sábato Magaldi chega a estender esse tipo de elogio ao todo da dramaturgia de Molière, criando uma estranha formulação crítica ao observar que "as obras-primas do gênio da comédia não são peças cômicas, e testemunham antes uma inequívoca visão trágica"[12]. As citações poderiam multiplicar-se por várias páginas, pois parece haver uma tendência generalizada considerando a "subida" em direção ao trágico como o mérito possível de um... comediógrafo.

Toda a polêmica em torno de *O Misantropo* como comédia "diferente" é emblemática dessa atitude de repúdio em relação ao baixo cômico, a partir do século XVII, e é previsível que Boileau lamente que seu autor tenha feito *concessão à farsa* em *As Artimanhas de Escapino*. No entanto, como bem mostrou Célia Berrettini, a farsa é uma espécie de matriz de todo o teatro de Molière[13], que foi bem nutrido pelos cômicos de feira, pelos histriões andarilhos, pelos *fabliaux,* antes de respirar a atmosfera refinada do salão de Celimène.

Na verdade, a despeito de Boileau e outros defensores do "brinquedo nobre", os grandes artistas da comédia sempre se mantiveram fiéis ao baixo cômico, e admitir essa evidência é condição necessária para iniciar qualquer estudo do efeito catártico no gênero. E não basta, quando se considera a ótica da recepção, explicar essa tenacidade de certos temas, situações e personagens – bem como o prazer que proporcionam a espectadores de diferentes épocas e culturas –, recorrendo às influências, aos empréstimos voluntários ou não, à retomada e recriação de elementos pertencentes a um repertório comum, pois, como observa agudamente Charles Mauron, "os autores se copiam, mas não os públicos"[14].

O segundo modo de salvar a comédia, ou a segunda operação de *reconhecimento artístico*, é tentar descobrir o que há de *profundo* sob

11. Charles Augustin Sainte-Beuve, Portraits hitteraires IV, citado por L. M. Cintra, op. cit. p. 14.

12. V. Areas, *Iniciação à Comédia*, p. 58.

13. "Com farsas iniciou sua carreira teatral, e com uma farsa encerrou-a". C. Berrentini, *Duas Farsas: O Embrião do Teatro de Molière*, p. 127.

14. C. Mauron, *Psychocritique du Genre Comique*, p. 2.

a máscara da bufonaria e da "aparente" irresponsabilidade do jogo cômico. Os críticos recomendam e os artistas *prometem*, para escapar ao rótulo de "comédia digestiva", não buscar apenas o riso pelo riso, mas sim uma "reflexão" e melhor ainda se esta for "sobre a condição humana". Não podendo aceitar como valor artístico a *superficialidade* do olhar cômico, passam a procurar algo que estaria por trás do véu dos seus procedimentos, e já se pode adivinhar que esse algo oculto e precioso é algum sentido grave, sério, trágico.

Ora, recusar a exterioridade mesma da forma cômica, essa planície onde estão expostas à luz do sol as fraturas da crosta social, essa *platitude* reveladora, e pedir à comédia que seja *profunda* é impor uma exigência que lhe é estranha estruturalmente, no sentido de sua constituição como forma artística. Louvar o mérito de um comediógrafo exclusivamente pelo teor de *tragicidade oculta* em sua obra – procedimento usual na crítica de teatro e cinema – é algo assim como elogiar as plumas de um cão. Seria mesmo divertido parafrasear Aristóteles e transportar para o juízo da comédia sua afirmação dirigida à tragédia, ou seja, que "dela não há que extrair toda a espécie de prazeres, mas tão só o que lhe é próprio" (*Poética,* XIV, 75).

Parece-me, ao contrário, que uma das características marcantes do gênero cômico é trazer o lúdico à flor da pele, é a explicitação constante de seus meios, a opacidade dos procedimentos, a denúncia constante não só dos disfarces da platéia, mas das próprias máscaras que o dramaturgo utiliza para apontar esses disfarces. A técnica cômica está baseada numa recusa da ocultação, da ilusão verista, mesmo nas formas mais realistas da comédia, como em *O Inspetor Geral*, de Gógol. Entre o comediógrafo e seu público há sempre uma espécie de pacto segundo o qual se aceita tacitamente a burla da verossimilhança.

Esse "brinquedo que imita a vida", na expressão de Bergson, se exibe integralmente como artefato, jogo, e por isso o espaço cômico é o pior lugar para cobrir de véus qualquer significação profunda e misteriosa.

Ao advogar os princípios do *baixo* e *superficial* como constitutivos da comédia, não esqueço a amplitude e diversidade das manifestações do gênero, que transitam por vários níveis de elaboração dramatúrgica: do xingamento direto à sutil ironia, da caricatura a um certo grau de caracterização psicológica, de cenas cotidianas a temas mitológicos. É preciso, apenas, aceitar o fato de que a avaliação crítica da comédia esteve submetida, por um tempo demasiado longo, a *valores* que estão conformados à ótica da tragédia e dos demais gêneros sérios. É preciso, por uma vez, dizer que a comédia (ou o que existe de comicidade numa comédia) não irá *subir* ou *aprofundar-se* para atingir algum tipo de validação estética, pois esta não é sua via de ação.

Nessa direção, adquire relevo especial o trabalho de Mikhail Bakhtin, *A Cultura Popular na Idade Média e no Renascimento*. Essa obra é referência fecunda para qualquer reflexão atual sobre a questão do cômico, mas por ora quero ressaltar apenas dois aspectos desse trabalho que vêm ao encontro das reflexões acima desenvolvidas. O primeiro, e também o mais importante, é que o estudo de Bakhtin sobre a obra rabelaisiana e seu contexto histórico tem o mérito de restabelecer, sobre as bases do realismo grotesco, o *rebaixamento* em sua legitimidade de *princípio artístico*.

Elementos do "baixo corporal", referentes à área do sexual e do excrementício, dominam as imagens da cultura cômica popular medieval (sob a forma de ritos e cultos cômicos, paródias de cerimônias sacras, desfiles de anões, gigantes, demônios fálicos, vocabulário grosseiro e obsceno) e penetram na "alta" literatura do Renascimento, notadamente em Boccaccio, Cervantes e Shakespeare. Essa tradição milenar do baixo cômico ressalta, no estudo de Bakhtin, em sua *positividade* e *universalidade*, como expressão genuína de uma dada concepção de mundo, suficientemente criativa e vigorosa para produzir obras de efetivo valor *poético*.

O procedimento padrão dessa cultura cômica é a *degradação*, o "puxar para baixo" tudo o que a cultura oficial institui como sublime, sério, elevado, espiritual, ideal e abstrato. Mas o gesto de rebaixamento, adverte Bakhtin, não tem aí o aspecto exclusivo de sátira demolidora e reativa; o baixo, nessa tradição cômica, tem sentido verdadeiramente topográfico, forçando uma *inversão* do alto celeste e de seu correspondente corporal.

> Degradar significa entrar em comunhão com a vida da parte inferior do corpo, a do ventre e dos órgãos genitais, e portanto com atos como o coito, a concepção, a gravidez, o parto, a absorção de alimentos e a satisfação das necessidades naturais. A degradação cava o túmulo corporal para dar lugar a um *novo* nascimento. E por isso não tem somente um valor destrutivo, negativo, mas também um positivo, regenerador: *é ambivalente*, ao mesmo tempo negação e afirmação. Precipita-se não apenas para o baixo, para o nada, a destruição absoluta, mas também para o baixo produtivo, no qual se realizam a concepção e o renascimento, e onde tudo cresce profusamente. O realismo grotesco não conhece outro baixo; o baixo é a terra que dá vida, e o seio corporal; o baixo é sempre o *começo*[15].

Se observarmos a questão pelo ângulo da dramaturgia, veremos que não apenas a sexualidade genital, diferenciada, mas sobretudo o campo das fantasias anais-excrementícias entram na literatura e no teatro ocidental pela porta da comédia. Na cena inicial de *A Paz*, dois escravos amassam bolos de estrume para alimentar um escaravelho, e todo o partido tirado por Aristófanes dessa insistência no "baixo" é justificada muito debilmente pelo enredo: Trigeu, um lavrador, teve a idéia de subir ao céu montado nesse inseto sagrado, que só se alimen-

15. M. Bakhtin, *A Cultura Popular na Idade Média e no Renascimento,* p. 19. Grifos do autor.

ta de fezes, para perguntar aos deuses como pôr um fim às guerras fratricidas que afligiam a Grécia.

SEGUNDO ESCRAVO: Pelo amor dos deuses, limpadores de latrinas! Me socorram se não quiserem que eu morra sufocado!

PRIMEIRO ESCRAVO: Mais! Mais! Peça a um pederasta! O escaravelho disse que gosta bem espremido.

SEGUNDO ESCRAVO: Pronto. Ao menos fico livre da suspeita de comer a massa do bolo enquanto preparo ele.

PRIMEIRO ESCRAVO: Que fedor! Mais! Mais! Mais! Não pare de espremer!

SEGUNDO ESCRAVO: Não posso mais! Já não consigo suportar esse fedor de latrina!

PRIMEIRO ESCRAVO: Vou entrar e levo a latrina comigo. (O primeiro escravo entra com o escaravelho.)

SEGUNDO ESCRAVO: Leve ela para o inferno e vá com ela! (Dirigindo-se aos espectadores) Me diga, quem souber, onde eu posso comprar um nariz sem buracos. Não conheço trabalho mais horroroso que esse de espremer comida para um escaravelho. Um porco ou um cachorro engolem sem luxinhos os nossos excrementos, mas esse bicho aí se faz de dengoso e não quer comer nada a não ser que eu tenha passado o dia todo amassando os bocados, como se fosse uma mulherzinha muito delicada! Mas vamos ver se ele já parou de comer; vamos abrir a porta só um pouquinho para ele não notar a minha presença. (O segundo escravo entreabre a porta) Coma, empanturre-se de comida até estourar! Com que gana esse bicho maldito devora a comida! [...] Bicho feio, fedorento e guloso! A que deus é ele consagrado? Não tenho certeza, mas penso que não há de ser a Afrodite nem às Graças.

PRIMEIRO ESCRAVO: A que deus, então?

SEGUNDO ESCRAVO: Só se for a Zeus merdejante.

PRIMEIRO ESCRAVO: Você ainda não ouviu algum espectador, algum rapazola convencido, perguntar: 'Que negócio é esse? Para que esse escaravelho?' E um vizinho dele responde: 'Se não me engano, aquele político sujo anda metido nisso; dizem que ele comia imundície' [...].

TRIGEU (sem ser visto): Ah! Zeus! Que é que você pretende fazer com os atenienses? Você não se incomoda de estar despovoando nossas cidades?

O "merdejante", explica o tradutor, é um trocadilho em grego com o epíteto "trovejante" aplicado a Zeus. O "político sujo", já sabemos, é Cleon, a quem Aristófanes em outros textos freqüentemente se refere como o responsável por ter levado os atenienses à guerra com Esparta.

Assim a comédia, desde sua origem, pode misturar excrementos, crenças religiosas e preocupação com o futuro político dos cidadãos. E isso não está restrito à liberdade absoluta da comédia antiga. Haverá, é certo, um refinamento dos temas e da linguagem a partir de Menandro – ao menos pelo que se pode saber de um único texto integral e fragmentos de outras peças – e na Comédia Nova o centro das emoções *sobe* para os conflitos familiares envolvendo amor e dinheiro.

Mas as imagens corporais retornam com força em Plauto, em torno de dois temas obsessivos: comida e prostituição. Enquanto desfilam escravos e parasitas, cuja única ambição é o próximo jantar, jovens enamorados disputam o amor de uma meretriz, em geral uma jovem explorada por um rico rufião, ou pela própria família, como em *Asinaria.*

O segundo ponto do estudo de Bakhtin que tem interesse no momento é sua afirmação de que a arte que se nutre desse riso grotesco, protéico e revitalizador, passa por uma profunda transformação a partir da segunda metade do século XVII. Gradativamente separado das fontes cômicas populares, o riso grotesco teria sofrido uma redução e empobrecimento, perdendo pouco a pouco seu caráter positivo, utópico e regenerador, sua alegria fundamental, para conservar apenas o traço da *ironia* e do *sarcasmo*, até chegar a assumir a estranha forma de um *grotesco subjetivo* (é quase impossível reunir os dois termos). Nas imagens grotescas do romantismo, por exemplo, Bakhtin aponta um enfraquecimento do princípio cômico que resulta na visão de um mundo sombrio, terrífico, maligno, estranho e hostil. Reduzidas a um pesadelo individual, as imagens materiais e corporais perdem sua dimensão festiva, regeneradora, ambivalente (morte/vida) e transformam-se em "vida inferior", inspirando terror e inquietação[16].

Retomemos agora tudo o que de início foi dito em relação às poéticas oficiais e ao surgimento de uma hierarquia de gêneros, em detrimento do cômico, a partir da estética neoclássica. É também nos textos teóricos, nos juízos críticos e filosóficos surgidos a partir do século XVII que Bakhtin localiza uma mudança de paradigma na avaliação da comicidade e do riso.

Se da Comédia Antiga até o Renascimento o riso era considerado como "dom de Deus" e privilégio do homem (Aristóteles), remédio do corpo e do espírito (Hipócrates) e principalmente como concepção de mundo, *diferente* da visão séria, mas não *inferior* a ela, nos séculos XVII e seguintes, o domínio da comicidade é reservado a abrigar os vícios de seres inferiores e o riso será visto como algo ora frívolo ora diabólico, no máximo justificado como "castigo útil" aos desvios da norma social (como se verá na teoria de Bergson).

Muitos estudiosos têm criticado as teses de Bakhtin, principalmente quanto à oposição entre uma cultura oficial, séria e amedrontadora (cultura dos *agelastoi*, ou daqueles que nunca riem) e uma cultura popular, centrada, ou melhor, descentrada no riso e na carnavalização. Aaron Gurevich, por exemplo, estranha que Bakhtin não mencione o papel do cristianismo na cultura popular da Europa medieval e renascentista, que "parece existir isenta de qualquer conteúdo religioso ou sem qualquer ligação com a religião"[17].

Outros observam que a Contra-Reforma não teve o sucesso pretendido no controle da moralidade pública, com o teimoso reaparecimento das festividades profanas, e menos ainda na tarefa de reprimir a hilaridade popular, sob o argumento teológico de que Cristo jamais

16. Cf. M. Bakthin, op. cit., p. 34.

17. A. Gurevich, Bakhtin e Sua Teoria do Carnaval, em J. Bremer e H. Roodenburg (orgs.), *Uma História Cultural do Humor*, p. 85.

rira. Assim, sobre a repressão da licenciosidade associada ao cômico, pretendida pela Contra-Reforma, muitos historiadores sustentam que "o movimento realmente jamais criou raízes e, ao contrário, provocou resistências ativa e passiva, representadas pela gula ao comer e beber ou pela linguagem corporal provocativa"[18].

É também verdade que a tese de Bakhtin sobre o cômico grotesco, estando estreitamente relacionada a outra questão igualmente ampla, a da cultura popular, não pode ser estendida a todas as formas da comédia. A síntese que tentei apresentar é suficiente apenas para assinalar uma saudável mudança de perspectiva na avaliação da "baixeza" cômica, a possibilidade de um outro olhar, de uma ótica não comprometida com os valores consagrados do sublime, alto e profundo.

Compare-se, por exemplo, a noção bakhtiniana do baixo terreno e corporal como reflorescimento, renascimento, com a que se encontra no *Tratado do Sublime* (não sem razão traduzido por Boileau no contexto da poética neoclássica), segundo o qual deve o poeta "imitar a natureza que fabricou o homem e que não colocou, em nós, as partes inomináveis na testa, nem as excreções de toda a massa do corpo, mas escondeu-as o quanto pôde e, segundo Xenofonte, desviou os esgotos para o mais longe possível, sem aviltar de alguma forma a beleza do conjunto do ser vivo". (XLIII, 5)

Creio que já se vai tornando evidente o que *está em jogo* nessa topografia ideal, que reservou à comédia um estranhíssimo *locus*, inferior, subjacente, subliminar, sub-reptício e ao mesmo tempo epidérmico, superficial, supérfluo. Seguindo as mais diferentes trajetórias de investigação, no meio do caminho topamos com esse obstáculo incontornável: o cômico reivindica e reinstala incessantemente a fisicalidade, a materialidade, a espessura da vida. Tal insistência só pode trazer desconforto a qualquer ética ou estética idealista, e esse parece ser um ponto sobre o qual não há mesmo acordo possível.

Esse aspecto é de extrema importância para a compreensão de um certo pacto subjacente ao efeito da catarse cômica, pois na medida em que o espectador esteja mais ou menos imerso numa cultura que desqualifique os aspectos materiais e corporais da existência, em nome de valores éticos, religiosos, sociais, políticos, disso dependerá sua disponibilidade para obter prazer da comédia – esse domínio onde a carna(va)lidade da vida irrompe sem cessar.

Freud adverte que um chiste obsceno, por exemplo, só desempenha bem o seu papel numa sociedade civilizada, em que a enunciação direta de uma pornografia não pode ser tolerada. Numa sociedade orientada por valores ascéticos (ânsia de "fuga para o alto", de afastamento do corpo e da terra, do contingente, do circunstancial, do prosaico), seja de

18. Johan Verberckmoes, O Cômico e a Contra-Reforma na Holanda Espanhola, em J. Bremer e H. Roodenburg (orgs.), op. cit, p. 116.

modo explícito ou sob os mil disfarces do "bom-gosto" e do "bom-senso", a arte da comédia, que lembra a todo instante o que se deseja ser esquecido ou *neutralizado*, só pode ser validada se a investimos de um *fim superior*, pedagógico ou mesmo punitivo: *castigat ridendo mores*.

DO MITO À IRONIA

Quem se ponha a recapitular as várias tendências da dramaturgia do século XX, pode ser tentado a dizer que o drama realista-naturalista, herança do século anterior – com suas *análises* sociopsicológicas, suas *demonstrações* de causas ambientais ou psíquicas para conflitos interpessoais, suas personagens *examinadas* quase como casos clínicos – foi a última tentativa da arte burguesa de elaborar uma imagem séria da sociedade que a produziu – imagem essa, mesmo assim, já então irresistivelmente contaminada pela ironia, como se vê em Ibsen e, principalmente, em Tchékhov.

A partir daí, torna-se cada vez mais difícil aplicar as distinções clássicas, às multifacetadas produções de uma dramaturgia que teima em ignorar os limites ideais entre o sublime e o ridículo.

Sem se restringir ao gênero dramático, essa é a tese defendida por um crítico do porte de Northrop Frye: do ponto de vista a partir do qual o leitor ou espectador contempla a ação que lhe é apresentada, ao longo dos últimos quinze séculos, toda a ficção ocidental teria *descido*, no sentido de uma perda de poder do herói (uma espécie de gradativa *des-heroização*), desde as façanhas de protagonistas míticos e sobre-humanos, até as ridículas desventuras de pobres-diabos entregues ao acaso de um devir insensato, sem controle sequer sobre seus próprios pequenos atos.

Frye propõe um esquema gradativo e contínuo, compreendendo "cinco épocas da literatura ocidental", em que a posição do herói em relação ao público vai sendo gradativamente "rebaixada", e adverte que sua classificação não é moral e sim baseada "na força de ação do herói, que pode ser maior do que a nossa, menor ou mais ou menos a mesma". Quer seja em *condição* ou *grau de poder* o herói pode ser visto pela audiência como superior (modos "mítico", "romanesco" e "imitativo elevado"), igual (modo "imitativo baixo") ou inferior (modo "irônico") a seu próprio mundo[19].

MODO MÍTICO

(o herói é um ser divino, de *condição* superior)

MODO ROMANESCO

(o herói é superior em *grau* e ingressa num mundo encantado, realizando ações *maravilhosas*)

19. N. Frye, *Anatomia da Crítica*, p. 39-41.

MODO IMITATIVO ELEVADO

(o herói é superior em *grau*, um líder, um governante, mas sujeito às leis naturais e às normas sociais)

MODO IMITATIVO BAIXO

(o "herói" é um de nós, colocado no mesmo nível da audiência, e suas ações implicam certo grau de realismo e probabilidade)

MODO IRÔNICO

(o "herói" é inferior em poder ou inteligência e é visto "de cima" pelo leitor/espectador)

Essa gradação já se encontra sugerida na *Poética* (e é dela que parte Frye), onde embora sem ênfase Aristóteles menciona também a imitação de homens *iguais* à realidade. Mas a descrição de Frye abre um interessante leque de possibilidades, ao não associar esses níveis a formas literárias definidas e sim ao tipo de relação com a audiência; *superior* e *inferior* denotariam aí simplesmente o poder conferido ao "herói" pela maior ou menor força de sua ação.

Desse ponto de vista, numa autêntica tragédia moderna como *Esperando Godot,* de Beckett, as personagens pertencem *ao nível mais baixo*, pois o que caracteriza sua posição no mundo e o que através dela o autor tematiza é a impotência, a inércia, já que o primeiro efeito do absurdo é *imobilizar*, retirar a perspectiva e a lógica de uma ação.

Sem examinar por ora outras conseqüências teóricas e críticas dessa descrição (que será retomada no capítulo 5, ao se tratar da contribuição de Frye à compreensão da sátira e da ironia), creio que ela se mostra produtiva exatamente por permitir adotar uma ótica diferente das obsessões topográficas, que perseguem a avaliação da comédia como forma artística. E isso graças a um deslocamento muito simples. Os termos *trágico* e *cômico* são usados pelo autor como designações de "ficções nas quais o herói se isola de sua sociedade, e ficções nas quais ele se incorpora nela", tomados não como referência a formas dramáticas, mas a "aspectos do enredo em geral"[20].

Desse modo, Frye cria um diagrama em que tanto as formas da ficção trágica quanto as da ficção cômica *atravessam* as cinco fases históricas mencionadas, percorrendo-as verticalmente, do mítico ao irônico. Seja no sentido cômico ou trágico da ação, o que se move sempre para baixo através dos cinco degraus estabelecidos com base na "altura" do olhar da platéia, o que "desce" ou "decresce" de modo inexorável (historicamente falando) é o poder do herói, que de ser divino chega a ser quase sub-humano, representado como autômato, marionete de "forças inescrutáveis" ou simplesmente jogado no palco de um mundo vazio.

Apesar de falar em "descida" da posição do herói, do ponto de vista das expectativas da platéia, Frye adverte que historicamente "os

20. Idem, p. 42.

cinco modos caminham num círculo". Ao atingir o extremo da ironia, a ficção tenderia a reorientar-se em direção ao mítico. Descendendo do realismo e da observação imparcial, a ironia pode, no entanto, fundir-se estranhamente à visão mítica: no modo trágico, Frye aponta a obra de Kafka e a combinação mítico-irônica no tratamento do homem comum; no modo cômico, e numa vertente mais popular, a ficção científica toma o lugar das histórias policiais, e ao apresentar uma mistura de descrença no convívio humano nesse planeta e utopia de civilizações "mais adiantadas", cria um retorno aparentemente insólito ao romanesco e ao mito[21].

Os comediógrafos contemporâneos só fizeram confirmar a visão do heroísmo "descendente" e chegaram a tematizá-la em muitas de suas obras. Um excelente exemplo de teoria "implícita" sobre a comédia nos é dado pelo dramaturgo polonês Slawomir Mrozek em *Tango*. Como em várias de suas peças curtas (*Em Alto Mar*, *Striptease, Noite Encantada*), nesse texto Mrozek ocupa-se com a paródia dos discursos de poder, desnudando as estratégias de dominação ocultas sob as belas palavras.

Mas em *Tango* de 1965 – sua primeira peça longa, em três atos –, além de aprofundar sua sátira aos ideais burgueses, pintando a convivência de três gerações num mesmo espaço familiar de decadência e caos, o autor reafirma explicitamente sua convicção de que o mundo contemporâneo não pode ser expresso pelo modo trágico. Arthur – versão caricata do hamletiano filho inconformado – revolta-se com seus pais "modernos" por eles terem quebrado todas as normas e valores tradicionais, sem deixar nada contra o que ele possa se revoltar. Sedento de experimentar alguma forma de Ordem, de Lei, Arthur pretende "reconstruir o mundo" à custa de um "golpe de Estado" doméstico, trazendo de volta os velhos valores.

Na cena que importa para o momento, Arthur obriga seu pai a encarar o fato de que a mãe dorme com o mordomo, fazendo um esforço desesperado para extrair dele uma reação à moda antiga, cumprindo o papel clássico de marido traído.

> ARTHUR: Então na realidade você não sabe? [...]
> STOMIL: Não, eu não sei de nada.
> ARTHUR: Você está mentindo. Você sabe muito bem.
> STOMIL: Eu vou repetir: eu não sei. Eu não quero saber [...]
> ARTHUR: Mas é verdade! Eles dormem juntos!
> STOMIL: Eu disse que iríamos supor que é verdade. E o que é que tem? Nada.
> ARTHUR: Então você insiste em tratar a coisa toda como uma hipótese abstrata?
> STOMIL: Por que não? Eu sou um homem moderno. No plano intelectual, a gente pode enfrentar qualquer hipótese, por mais engraçada que possa parecer [...]. Portanto, fale livremente. Acredito que podemos discutir este negócio sem qualquer melindre. Agora, qual a sua opinião?

21. Idem, p. 48 e 54.

ARTHUR: Minha opinião? Eu não tenho nenhuma opinião e me recuso a tratar o assunto como se fosse um exercício teórico. Isto não é um problema filosófico. É a verdade nua e crua. Será que você não enxerga? É a vida. Eles botaram chifres em você! Longos chifres! E ficar discutindo não vai fazer eles desaparecerem!

STOMIL: Chifres! Chifres! É uma imagem primitiva, não um instrumento de análise. (*nervoso*) Não vamos descer a esse nível.

ARTHUR: Papai, você é corno! [...]

STOMIL: Não acredito.

ARTHUR: [...] Quer que eu prove? Abra a porta. (*Indica a porta esquerda ao fundo*)

STOMIL: Não!

ARTHUR: Está com medo? [...] Um herói de pijamas! Um Agamenon de bolso!

STOMIL: Eu vou lhe mostrar. Você diz que eles estão lá dentro?

[...] (Arthur imita os chifres e ri de modo sardônico)

STOMIL: [...] Está bem, então! Lá vou eu!

ARTHUR: (*parando-o*) Um instante. [...] É melhor você levar isto. (*Pega o revólver que Stomil tinha deixado em cima do catafalco no Primeiro Ato e dá a seu pai*)

STOMIL: O que é isto?

ARTHUR: Você não pode entrar aí de mãos vazias. (*pausa*)

STOMIL: (*calmamente*) Agora eu estou entendendo você [...]. Você quer uma tragédia!

ARTHUR: (*recuando*) Uma tragédia? Como? [...]

STOMIL: (*Atirando o revólver na mesa*) Você quer que eu o mate? E depois a mate? E depois me mate? Certo? [...]

ARTHUR: Papai, você sabe que eu nunca...

STOMIL: [...] Agora vamos ter uma conversinha. Você quer trazer de volta os velhos valores. Para quê? Bem, não importa. É problema seu. Eu deixei que você falasse, ouvi tudo que você tinha para dizer, mas agora você está indo longe demais. Que inteligência diabólica! Então, você precisa de uma tragédia! A tragédia foi sempre a expressão mais perfeita de uma sociedade com valores estabelecidos. Desta forma, você precisava de uma tragédia e pensou em me arrastar a ela. Em vez da forma artística – que necessita de tempo e esforço – você queria a coisa em si. Ora, não tem importância se alguém morrer, não importa se o próprio pai vai para a prisão! Não, o que importa pra você é a sua idéia. Você quer saber o que eu penso de você? Você é um formalista. Um formalista vulgar. É isso que você é. Seu pai e sua mãe não significam nada para você. Podemos todos cair mortos, contanto que vença a forma [...]. Fanático! [...]

ARTHUR: Diga o que quiser. Eu sou assim e pronto.

STOMIL: Mas, supondo que você tivesse conseguido que eu o matasse e fosse condenado à prisão perpétua, o que isso adiantaria para você?

ARTHUR: Algo se teria realizado. Algo trágico. Você tem razão. A tragédia é uma forma tão vasta e poderosa que a realidade não pode escapar de suas garras.

STOMIL: Pobre coitado. Você realmente acredita nisso? Você não compreende que a tragédia não é mais possível? A realidade corrói todas as formas, inclusive a tragédia. Vamos supor que eu realmente o matasse. Que vantagem haveria nisso?

ARTHUR: Seria algo irrevogável, poderoso, clássico.

STOMIL: Nem mesmo por um instante. Seria uma farsa. Em nossos dias, somente a farsa é possível. Um cadáver não mudaria nada. Por que não enfrentar os fatos? Pra falar a verdade, a farsa pode ser uma coisa muito boa, também.

ARTHUR: Pra mim, não.

STOMIL: Meu deus! Como você é teimoso! [22]

22. S. Mrozek, *Tango, A Play in Three Acts*, p. 56-61.

No contexto do humor cáustico de Mrozek, não apenas Stomil, esse pai-criança, mas toda a família, com exceção do filho revoltado, aceita a fatalidade farsesca de suas vidas com alegre conformação, com irresponsável leveza ou cínico realismo. Já o dramaturgo Friedrich Dürrenmatt faz um severo julgamento dessa impossibilidade de uma visão trágica:

> A tragédia pressupõe culpa, sofrimento, julgamento, *insight*, responsabilidade. Na balbúrdia do nosso século, nesta última dança da raça branca, ninguém é culpado e ninguém é mais responsável... Todo mundo é realmente dispensável... Essa é nossa falta de sorte, não nossa culpa: culpa agora só existe como uma realização pessoal, à semelhança de um ato religioso. *Estamos todos condenados à comédia*[23].

Ainda mais amargo é o comentário de Yeats, assistindo à estréia de *Ubu Rei*, na conturbada e memorável noite de 10 de dezembro de 1896, que segundo muitos críticos deve ser considerada o marco inicial do teatro do século XX. Diante da sátira mitológico-grotesca de Alfred Jarry, que lançava em face do público a caricatura brutal de um ser humano mesquinho, imbecil e glutão, meio monstro, meio marionete, rejeitando decididamente qualquer sutileza ou resquício de verossimilhança, o poeta reage à experiência chocante (no sentido salutar de um escândalo estético) com uma precisa e melancólica intuição dos caminhos que o drama iria trilhar nas décadas seguintes:

> Os atores devem parecer bonecos, brinquedos, marionetes, e quando estão todos pulando como sapos de madeira percebo que o personagem principal, que é uma espécie de Rei, carrega à guisa de cetro uma escova do tipo com que se limpam os sanitários. Sentindo-nos compelidos a apoiar o partido mais vital, gritamos em favor da peça, porém naquela noite no Hotel Corneille *eu estava muito triste, pois mais uma vez a comédia, a objetividade, haviam demonstrado seu crescente poderio*. Digo-me a mim mesmo: "Depois de Stéphane Mallarmé, depois de Paul Verlaine, depois de Gustave Moreau, depois de Puvis de Chavanes, depois de nosso próprio verso, depois de toda nossa cor sutil e ritmo nervoso, depois das pálidas tonalidades de Conder, o que será possível? Depois de nós, o Deus Selvagem"[24].

A certeza de Stomil, o pai jovial e inconseqüente de Mrozek, de que "em nossos dias, só a farsa é possível" reaparece em Gerd Bornheim numa perspectiva séria, sob o viés de uma interpelação à crise de fundamentos estéticos do teatro contemporâneo. O autor encaminha a questão por uma via bem diversa da trilhada por Frye, considerando não a contaminação do trágico pela ironia, mas a perda da "profunda unidade de linguagem" que caracterizava o teatro, no mínimo até Stanislávski e Tchékhov.

Na ausência de "valores universais estáveis que comandam o espetáculo", e com o desgaste de certos pressupostos da dramaturgia e

23. Citado por V. Areas, op. cit., p. 75. Grifos meus.
24. Citado por M. Esslin, *O Teatro do Absurdo*, p. 308.

da encenação – coerência do mundo apresentado em cena, unidade psico-fisiológica da personagem – o teatro não pode mais "dizer a verdade do seu tempo" nem promover "aquela experiência de unidade, o pertencimento profundo entre o homem e o seu mundo". Certas montagens da tragédia grega, por exemplo, parecem ao autor apenas uma conservação, sob a forma de museu, daquilo que ela não pode mais ser: "fez-se ruína, traste, vestígio, indício". Isso porque nos faltaria "o substrato mesmo da tragédia, aquilo que lhe dá vida, o mundo de crenças e valores que consegue inseri-la numa paisagem concreta"[25].

Mas qual seria a função, para compreender o tipo de catarse próprio da comédia, de ressaltar essa crescente dominância das formas cômicas na dramaturgia contemporânea?

Acontece que o que se pode chamar de tendências dominantes não são as formas canônicas da tradição cômica (sátira social, comédia de costumes, comédia romanesca, comédia de intriga, de caracteres etc.), mas um certo *gesto* e um certo *olhar*, próprios da ótica da comicidade, que instauram toda a sorte de hibridizações, de misturas, de fusões, de inversões, de contaminação entre procedimentos antes circunscritos a produções dramatúrgicas bem distintas.

Esse contágio renovador das formas dramáticas parece-me convidar a uma mudança de perspectiva na apreciação da comédia e do seu modo de ação sobre o público, reavaliando, sobretudo, o que está em jogo nos valores de altura, baixeza, superficialidade e profundidade, que durante séculos forjaram os paradigmas críticos e teóricos aplicados à arte em geral e também à dramaturgia.

O DIREITO À BESTEIRA E A CULPA DE RIR "POR NADA"

Em abril de 2000 estreou no Teatro do Leblon, sob a direção de Aluísio Abreu, a peça *That's Besteirol*. O material de divulgação explicava ser o espetáculo uma homenagem a "o gênero teatral nascido no Rio na década de 1980 e que completa 20 anos de existência"; com duração de noventa minutos, a montagem reunia textos de Miguel Falabella (*Avenida Pôr-do-Sol* e *A Sauna*), Mauro Rasi (*A Vedete que Não Era Leviana* e *Uirapuancy*) e Vicente Pereira (*Detetive Santos*), três dos principais autores que mantiveram o interesse do público por essa linha de teatro cômico.

Em torno desse "gênero" e à época do seu suposto "nascimento" desenvolveu-se uma discussão através da imprensa cujos melhores momentos são tanto ou mais divertidos que as próprias realizações do besteirol.

25. Cf. G. Bornheim, Caminhos do Teatro Contemporâneo, em *Teatro: A Cena Dividida*, p. 91-120.

Alguns críticos, como Sábato Magaldi, foram taxativos em seu repúdio ao "gênero":

> Acostumando-me, no decorrer dos anos, a aceitar minhas limitações, confesso que tenho pelo besteirol indisfarçável horror. Por mais que ensaístas respeitáveis lhe atribuam uma categoria artística, acho-o apenas o produto de melancólica alienação, cuja responsabilidade deve caber, em grande parte, aos tristes tempos da ditadura. Não há nele o saudável *non-sense* do absurdo nem outro ingrediente apreciável, mas apenas a algaravia que beira a debilidade mental. É preciso reconhecer que se está mostrando cada vez mais escassa a lamentável perda de tempo do besteirol[26].

Na contracorrente dessas opiniões, outra parte da crítica passou a referir-se, provocativamente, a um "rir sem culpa", usando a expressão em defesa do teatro besteirol. A propósito da *tournée* nacional de *A Bofetada*, em 1990 (comédia-farsa baiana cujo principal atrativo era um elenco de excelentes atores travestidos e que se manteria em cartaz por dezesseis anos) a historiadora e dramaturga Ana Maria Franco resumiu bem o clima dessa polêmica, e o lugar aí ocupado pela Companhia Baiana de Patifaria:

> *A Bofetada* acabou lançando um novo gênero teatral no sul do país, o *besteirol sem culpa*, em que, segundo os críticos paulistas, o elenco faz qualquer coisa para arrancar o riso da platéia. Marcando pontos na intriga provinciana entre o Rio de Janeiro – produtor do besteirol com culpa – e São Paulo – apreciador de ambos – os patifes conseguiram lotar os teatros que ocuparam nos dois Estados, foram citados por novelas globais, participaram de programas nacionais conceituados, e receberam críticas entusiasmadas[27].

Confirmando a descrição, Nélson de Sá, crítico da *Folha de São Paulo*, mostra-se um dos entusiastas tanto da *particularidade* quanto da *inconseqüência* dessa forma cômica.

> *A Bofetada* não tem pretensão fora do riso. Não é o que se acostumou a ver em São Paulo, e não é o que se chamaria teatro de primeira linha. Mas a peça recupera e atualiza o besteirol, que já se pensava ser um gênero restrito ao período da censura pesada. Dá prazer de assistir e isso anda raro no teatro brasileiro. *A Bofetada* mostra que ainda é possível rir sem culpa[28].

Bem ao gosto dos anos de 1990, "gêneros" são inventados a cada novo espetáculo ou a cada nova *tournée*. Ao público pouco importa que essa forma de comédia seja ou não nova; ela diverte, e é tudo. Mas é estranho que os críticos se refiram ao besteirol como a um recém-nascido. Há exceções, é claro, sempre, e Macksen Luiz observa que os "patifes"

26. S. Magaldi, *Panorama do Teatro Brasileiro*, p. 322.
27. A. M. Franco, *O Teatro na Bahia através da Imprensa – Século xx*, p. 354. Grifos da autora.
28. Idem, Ibidem

travestidos são "engraçadíssimos e absolutamente fiéis à melhor tradição circense e dos blocos dos sujos dos carnavais"[29].

Para deixar claro meu objetivo na rememoração desses eventos, digo que o importante aqui não é a consideração do besteirol, já tomado como forma de espetáculo, e sim da *besteira* pura e simples, do seu papel na comédia e do que sua aceitação ou rejeição pode nos ensinar sobre a catarse cômica.

No que diz respeito às discussões sobre o *valor artístico*, não compreendo bem por que se deva tomar o besteirol por algo mais nem menos do que aquilo que ele assume ser. Uma variedade de comédia ligeira, feita para um público urbano, retomando e recriando, ora com mais ora com menos eficácia inventiva, elementos antigos e mesmo arcaicos da tradição cômica: sobre uma estrutura geral de farsa, um pouco de grotesco caricatural, outro tanto de *vaudeville*, uma pitada de sátira e farto tempero de *gags* e *lazzi*, podendo tal mistura ser tanto genial quanto cansativa. Nos temas, a atualização vem sobretudo das referências jocosas à cultura de massa (mesmo o refinado *Ventriloquist,* de Gerald Thomas, zomba de Paulo Coelho).

Falei em referência jocosa, não necessariamente *crítica.* Assistindo a um debate com o público após o espetáculo *Recital da Novíssima Poesia Baiana* (também apelidado de "besteirol" e em cartaz por mais de doze anos, com apresentações em Salvador e várias cidades brasileiras), observei a dificuldade de os espectadores aceitarem que o uso cômico das letras da *axé-music* ao longo da peça não constituía um repúdio do grupo a esse movimento musical. Os espectadores elogiavam a "crítica" ou "denúncia" das "besteiras" contidas nos textos, por mais que o diretor Paulo Dourado e os atores insistissem que pretendiam apenas *brincar* com as possibilidades teatrais e cênico-interpretativas que as letras ofereciam, dissociadas do contagiante ritmo musical.

Eis o que realmente parece incomodar a boa parte de críticos e espectadores. Ausência de crítica, ausência de absurdo. O que resta? A questão que interessa ao processo catártico deve ser discutida nessa direção. Por que, de uma parte, o horror do crítico? Por que, de outra, a necessidade de defender um riso "sem culpa"? Note-se que Sábato Magaldi julgaria válido "o saudável *nonsense* do absurdo". À primeira vista, parece haver nessa expressão um pleonasmo; mas, ao contrário, é exatamente isso que o crítico aceitaria: o não-sentido "do absurdo", ou seja, do "teatro de absurdo", pois se trataria aí do uso de imagens desconexas e relações ilógicas para criar um sentido, mesmo que fosse a denúncia do não-sentido do mundo (Que esse "mundo" fosse apenas o perímetro de uma sociedade burguesa desencantada com suas próprias "vitórias", no balanço do pós-guer-

29. Idem, ibidem.

ra, foi o que muitos críticos tiveram o cuidado de ressaltar, apoiados nos próprios textos aparentemente sem-sentido. A primeira réplica de *Esperando Godot*, escrita por Beckett horas após a explosão da bomba em Hiroshima, é "Nada a fazer"[30]).

Várias interpretações bem conhecidas das peças de Ionesco, Beckett, Adamov, Genet, Arrabal, Pinter, Boris Vian, e tantos outros, incumbiram-se de mostrar como o uso de uma linguagem em estado de desintegração e de personagens destituídas de motivações compreensíveis, segundo nossos parâmetros de normalidade, são *ainda* (e nesse *ainda* está inscrita uma história que começa no naturalismo) uma expressão de revolta contra a perda de certezas absolutas, contra um mundo privado de um princípio coordenador, universalmente partilhado, a partir do trágico evento da "morte de Deus".

Essa, pelo menos, é a opinião de Martin Esslin, que cunhou a expressão "teatro do absurdo" e se propôs a dar-lhe uma história, afirmando que essa forma artística, à primeira vista sem precedentes, era uma retomada de elementos muito antigos da tradição teatral, embora rearticulados de modo insólito aos olhos dos espectadores dos anos de 1950. Numa minuciosa "história do nonsense" Esslin traça uma linha que vai do *mimus hallucinatur* da Antiguidade grega até o cinema dos Irmãos Marx e Chaplin, apontando a presença dessas "loucuras" nos dramaturgos do absurdo, embora com a importante ressalva de que em suas obras tais traços combinavam-se para "dar expressão a preocupações inteiramente contemporâneas"[31].

Em suma: assim dotado de um passado e de um futuro, de uma história e de uma perspectiva, o teatro do absurdo *fazia sentido*, ele o produzia na exata medida em que expunha o automatismo, a mecanização dos gestos cotidianos, o esvaziamento de palavras e ações, em que parodiava as convenções burguesas e satirizava o pensamento cientificista. Nada de semelhante se pode dizer da besteira do "teatro besteirol", e nisso o crítico casmurro tem toda razão.

Mas do ponto de vista catártico-receptivo, vale a questão: por que a besteira cômica (já que existem todas as que não o são, é claro) é um *sucesso* – no duplo sentido de *triunfo* e *acontecimento*?

Quem possua uma explicação definitiva para a vitória da besteira, contra todas as exigências críticas de um "riso reflexivo", de um motivo "mais alto" para a hilaridade, pode se considerar dono de um achado precioso, e sair gritando *heureka* a plenos pulmões. Se existe algo que desafia nosso pensamento, não é a piada inteligente ou o chiste genial, é exatamente a *besteira cômica*. Mas não podemos recusar o efeito que ela tem sobre nós, espectadores, desde que não estejamos escudados pela exigência de uma função ou de um objetivo para o

30. S. Beckett, *Esperando Godot*, p. 35.
31. M. Esslin, op. cit., p. 277-344.

riso. Por que um certo revirar de olhos, um certo andar, uma careta, uma torção da frase, um encontro jocoso de palavras têm tanto poder sobre nós, se sabemos que seu *valor*, fora dos limites momentâneos desse efeito, é *irrisório*?

A explicação mais conhecida é a que Freud apresenta em seu estudo sobre os chistes, ao dizer que o prazer no *nonsense* tem origem "na sensação de liberdade que experimentamos ao abandonar a camisa de força da lógica". E uma vez que um longo processo educacional restringe na criança e no jovem todo uso da linguagem que não esteja de acordo com o pensamento lógico e a distinção entre verdadeiro e falso, "a rebelião contra a compulsão da lógica e da realidade é profunda e duradoura"[32].

Mas Freud também adverte enfaticamente que nem todo mero *nonsense* é um chiste, que algo é necessário para "converter" um comentário aparentemente sem sentido num dito de espírito; esse algo é o fingimento engenhoso de emitir um comentário supostamente vazio, absurdo, com o propósito de *denunciar* um sentido que até então permanecia velado, inacessível. Frases estúpidas e cheias de pomposo vazio, por vezes consagradas à veneração durante séculos, podem ser implodidas por um único *flash* de malícia espirituosa[33]. Como na análise freudiana o alvo não é o mero *nonsense* e sim o chiste "por absurdo", a besteira pura e simples, portanto, continua sem pai.

Outra perspectiva, bem diversa, de aproximação desse fenômeno inquietante, pode vir da "religião ateológica" de Georges Bataille. Deixando claro seu tributo a Nietzsche, e ao valor do riso na filosofia do autor de *A Gaia Ciência*, Bataille aproxima a vertigem do riso de outras experiências extremas, em que o pensamento é *siderado* e dá uma espécie de salto sobre si mesmo – como o êxtase místico, a poesia, o erotismo, o sacrifício, a morte. Em sua filosofia, o delírio do riso é ao mesmo tempo naufrágio e ultrapassagem do pensamento, e inseparável de um sentimento trágico. O riso, para Bataille, ao mesmo tempo em que se revela a "questão-chave" da filosofia que, uma vez explicada, tudo mais explicaria, é justamente a experiência que conduz ao não-saber, ao não-conhecimento, ao *nada*. "Quando você ri, você se percebe cúmplice de uma destruição daquilo que você é, você se confunde com esse vento de vida destruidora que conduz tudo sem compaixão até seu fim[34].

Pode parecer que pela via tragicômica de Bataille caminhamos para longe da besteira pura e simples, e nos aproximamos de algo "profundo" ou "misterioso". Mas eu gostaria de chamar atenção para o raro vislumbre que aí se oferece para a não-identificação entre o

32. S. Freud, *Os Chistes e Sua Relação com o Inconsciente*, p. 148.
33. Idem, p. 75.
34. G. Bataille, *A Experiência Interior*, p. 102.

efeito cômico e algum tipo de crítica ou denúncia, algum *projeto*, para a abertura a um prazer que não advém necessariamente da reflexão, e sim da percepção momentânea de uma espécie de "buraco negro", de um vazio, de um não-objeto.

Esse vislumbre é precioso quando sabemos que o espectador ri da besteira cômica sentindo-se culpado, pois permanece rodeado por um discurso de bom-gosto e bom-senso que exige que uma comédia seja séria, ou seja, que nos faça rir em função de algum objetivo nobre, seja de ordem moral, social, política, intelectual. Reafirmando o propósito do discurso analítico de aproximar-se da besteira, Lacan escreve: "Seguramente ele chega mais perto, pois, nos outros discursos, a besteira é aquilo de que a gente foge. Os discursos visam sempre à menor besteira, à besteira sublime, pois *sublime* quer dizer o ponto mais elevado do que está em baixo"[35].

"Sublime quer dizer o ponto mais elevado do que está embaixo". Mas… e se houvesse um sublime *da besteira*? Por que algumas nos fazem rir, e outras não? Em que ponto é que isso nos toca, e causando tanto incômodo que precisamos justificá-lo sempre, investindo-o de *fins superiores*, como diria Nietzsche? Em que é que a besteira nos ameaça, para que o pensamento crítico dela tenha *horror*? Pois existe um terror da besteira, como se o espectador bem-pensante assim bem-pensasse: "Então é *nisso* que vamos agora nos *afundar*?" – o que dá à besteira uma dimensão ameaçadora, tenebrosa, abissal.

A primeira peça de Milan Kundera foi uma versão teatral do romance de Denis Diderot, *Jacques le fataliste*, que por sua vez foi fortemente influenciado por *Tristram Shandy*, de Lawrence Sterne. Em prefácio a *Jacques e seu Amo*, sua própria "variação" (nome que o autor prefere a "adaptação") sobre o romance de Diderot, Kundera cita o "elogio" de um crítico norte-americano a Sterne: *"Tristram Shandy, although it is a comedy, is a serious work, and it is serious throughout"*[36].

O comentário de Kundera a esse comovente esforço do crítico é um síntese do que eu gostaria de dizer sobre a insistência de "salvar" a comédia, mesmo que a discussão aí esteja conduzida no terreno do romance, ou melhor, do romance-jogo, principal qualidade apontada pelo autor no *Tristram Shandy* :

> Meu Deus, expliquem-me o que é uma comédia séria e o que é a comédia que não o é? A frase citada é vazia de sentido, mas trai perfeitamente o pânico que se apossa da crítica literária diante de tudo que não parece sério […]. Mas o que é "ser sério"?

35. J. Lacan, *O Seminário*, p. 23. E na página 33: "O sujeito não é aquele que pensa. O sujeito é, propriamente, aquele que engajamos, não, como dizemos a ele para encantá-lo, a dizer tudo – não se pode dizer tudo – mas a dizer besteiras, e isso é tudo".

36. "*Tristram Shandy*, embora seja uma comédia, é uma obra séria, e inteiramente séria". M. Kundera, *Jacques e Seu Amo,* p. 10.

É sério aquele que acredita no que quer fazer os outros acreditarem. Justamente, não é esse o caso de *Tristram Shandy*; essa obra, para fazer mais uma alusão ao crítico norte-americano, é não-séria *throughout,* inteiramente; ela não nos faz acreditar em nada: nem na verdade dos seus personagens, nem na verdade do seu autor, nem na verdade do romance enquanto gênero literário: *tudo* é questionado, *tudo* é posto em dúvida, *tudo* é jogo, *tudo* é divertimento (sem ter vergonha de divertir) e com *todas as conseqüências* que isso implica para a forma do romance[37].

O aspecto lúdico aí valorizado como uma conquista de Sterne para o romance (que seria um "impulso perdido" na história posterior do gênero, para Kundera, que não deve ter lido *Memórias Póstumas de Brás Cubas*), é uma característica das mais comuns na dramaturgia cômica, desde sua origem.

A comédia nasce rindo de si mesma. "Devo ou não, meu amo, dizer uma daquelas minhas habituais graçolas, que sempre provocam o riso nos espectadores?", pergunta Xântias a Dioniso, na primeira fala de *As Rãs*[38]. A frase não é apenas pretexto para Aristófanes ridicularizar os dramaturgos rivais (os Frínicos, os Lícis, os Amípsias), é o comediógrafo *instalando* seu espectador, dizendo-lhe: "Isto é um jogo. Podemos falar de qualquer coisa, entrar e sair da história, a única regra é o seu divertimento". Na parábase de *A Paz*, autor zomba de sua própria calvície, enquanto faz propaganda de sua obra e pede votos ao público[39].

Todas as besteiras antigas estão devidamente consagradas pelo aval do tempo, e rios de tinta correram sobre elas, quase sempre para apontar um propósito moralizante, a crítica a comportamentos, idéias ou instituições, a pintura dos costumes ou a missão de resgate da linguagem popular, como meios de validação das obras cômicas. Poder-se-ia organizar uma verdadeira enciclopédia do besteirol, de Aristófanes até Miguel Falabella ou Almodóvar (do mesmo modo que se compilam as grandes frases de Shakespeare), composta não de chistes sagazes ou tiradas irônicas, mas de toda sorte de gracejos, tolices, xingamentos, trocadilhos, disfarces toscos etc.

Em Shakespeare a besteira é quase sempre marginal, pois a comédia romanesca destaca a trama aventurosa e conduz a um acordo entre comicidade e lirismo; mas *Medida por Medida* ficaria bem mais pobre (pelo "metro" do efeito cômico) se dela retirássemos a estupidez de um Bernardino, que se declara sem condições de comparecer ao próprio enforcamento, por ter bebido toda a noite anterior (e Pompeu, que lhe retruca essa preciosa besteira: "Oh! Melhor ainda!

37. Idem., p. 11. Grifos do autor.

38. Aristófanes; Eurípedes, *O Ciclope, As Rãs e As Vespas*, p. 90.

39. "Convido também os carecas a concorrer para a minha vitória. Se eu for o vencedor, cada um deles poderá dizer nos banquetes e nas bebedeiras: leve este prato para o careca!". Aristófanes; Menandro, *A Paz; O Misantropo*, p. 53.

Quem bebe a noite inteira e é enforcado de manhã cedo, dorme muito melhor todo o dia seguinte". Ato IV, cena 3)[40].

Quando falo da besteira pura e simples, enquadrada no plano desse "brinquedo adulto" que é a comédia, não esqueço que ela ultrapassa em muito as tagarelices de uma criança, e que não é fácil entregar-se ao jogo, driblando a censura interna e externa. Lembro também que o domínio do cômico é um *campo de combate*: um espaço para todo tipo de inversão de valores, de palavras e idéias arrancadas de seu contexto normal ou respeitável, de conceitos e crenças arrastados na lama da bufonaria. Não há "polícia" discursiva que possa impedir as "fugas" cômicas, os resvalamentos ou, pior, esvaziamentos de sentidos prévios. É claro que isso vale para toda linguagem não-mumificada, e o que se pode lamentar no besteirol ou em qualquer outra forma de teatro, cômico ou não, é o cansaço e a insipidez das fórmulas desgastadas. Mas o inusitado pode vir, por vezes, não do rumo à sutileza e à sofisticação, e sim do recurso inesperado ao grotesco e ao baixo cômico, à farsa, pois.

Quando o teatro cômico é radicalmente fiel à sua "besteira", pode às vezes criar abalos inimagináveis nos hábitos receptivos do público. Nada nos impede de ver *Ubu Rei* como um grande besteirol "patafísico". Essa aproximação nem é tentativa de dar dignidade estética ao besteirol (isso talvez o destruisse) nem de minimizar o saudável escândalo da peça de Alfred Jarry. No cenário do teatro europeu, em 1897, a figura grotesca de Père Ubu apresentava um forte potencial "regressivo" contrastado com o nível de elaboração do humor teatral já atingido por um Bernard Shaw. Jogava-se, à face de uma platéia cujo gosto dramatúrgico se refinara, uma espécie de "cena primitiva", desenho tosco e grotesco, arremedo do que deveria ser uma "peça de teatro".

Cinqüenta e três anos mais tarde, Ionesco falaria em "técnicas de choque" referindo-se às trivialidades, ninharias, conversas de loucos, frases desconexas e fórmulas vazias dos seus diálogos, acreditando que "nada é tão surpreendente quanto o banal"[41] (Hoje, em cartaz há meio século, *A Cantora Careca* já é uma respeitável senhora, um clássico moderno. Ou seja: tudo pode se tornar banal, até a banalidade "chocante".).

No Brasil, a crítica que se produziu sobre a linha marcante da comédia de costumes – segundo Décio de Almeida Prado, "a única tradição teatral brasileira"[42] – acostumou-nos a pensar no comediógrafo como uma mistura de moralista e historiador. A respeito dos méritos de Martins Pena, dizem-nos que ele "fixa os costumes brasileiros", que ele pinta "o painel histórico da vida do país, na primeira metade

40. W. Shakspeare, *Medida por Medida*, *Obra Completa*, v. II, p. 184.
41. Citado por M. Esslin, op. cit., p. 129.
42. D. de A. Prado, *História Concisa do Teatro Brasileiro*, p. 117.

do século XIX", que ele "invectiva as profissões indignas e os tipos humanos inescrupulosos, denunciando inclusive o tráfico ilícito de negros, na sociedade escravocrata brasileira" e ainda que "excepcionalmente, investiga os vícios que seriam comuns à natureza humana"[43].

Raro, raríssimo, é que se diga qual o gosto das besteiras, dos saltos livres, das cambalhotas inventivas que seu público saboreava.

Em *O Juiz de Paz na Roça*, Inácio José faz uma petição contra um negro que "teve o atrevimento de dar uma umbigada em sua mulher, na encruzilhada do Pau-Grande, que quase a fez abortar, da qual umbigada fez cair a dita sua mulher de pernas para o ar"[44]. O juiz acalma os reclamantes: "Está bem senhora, sossegue. Sr. Inácio José, deixe-se dessas asneiras, dar embigadas não é crime classificado no código". Mas ameaça o negro: "Sr. Gregório, faça o favor de não dar mais embigadas na senhora; quando não, arrumo-lhe com a lei às costas e meto-o na cadeia"[45].

Iná Camargo Costa, atenta aos valores aí em jogo (o sentido da umbigada para um negro e para um branco), mas também, felizmente, às estratégias cômicas, ressalta que "o flagrante da contradição entre as declarações do juiz deve ser computado entre os méritos da elaboração artística, mais que à simples observação de costumes"[46]. Já Bárbara Heliodora, atenta às normas da dramática rigorosa, afirma que "a cena da audiência do juiz de paz é tão gratuita dramaticamente como preciosa como documentário da época"[47]. Ora, a cena conquanto possa ser uma coisa e outra, é sobretudo *uma deliciosa besteira*, e o último aspecto devia contar sobremodo para o prazer do público do século XIX, que não estaria, como hoje estamos, tão interessado num documentário do seu cotidiano.

Pois assim como há em nossa produção dramatúrgica a marca da descrição cômica de costumes, há em nossa crítica teatral o veio racionalista que se inquieta com o cômico sem finalidade, o rir por nada, numa espécie de *horror vacui*. Mas não foi sem o recurso a muitas e muitas besteiras, gaiatices e molecagens que se compôs a linha, sempre elogiada como ético-descritiva, que vai de Martins Pena a Dias Gomes, passando por Joaquim Manoel de Macedo, França Júnior, Artur Azevedo e Silveira Sampaio.

Para os que acreditam que "hoje" o teatro *resvalou* ou *descambou* para o besteirol, e que isso representa um dano irreversível para o "riso reflexivo", vale lembrar o desgosto de Machado de Assis, em 1873, ao perceber que o palco carioca não obedecia à seqüência européia "oficial" ou "séria" (realismo, depois naturalismo) e que em vez de de-

43. S. Magaldi, op. cit., p. 42-62.
44. L. C. Martins Pena, *O Juiz de Paz na Roça*, em *Comédias*, p. 27.
45. Idem, p.28.
46. I. C. Costa, *Sinta o Drama*, p. 141.
47. B. Heliodora, A Evolução de Martins Pena, *Dionysos* n. 13, p. 33.

senvolver o empenho de Alencar por uma comédia realista-elegante, preferia multiplicar a herança de Martins Pena, misturando-a à linha francesa irreverente e maliciosa da opereta-bufa, da revista e da *féerie*: "Hoje, que o gosto do público tocou o último grau de decadência e perversão, nenhuma esperança teria quem se sentisse com vocação para compor obras severas de arte. Quem lhas receberia, se o que domina é a cantiga burlesca, ou obscena, o cancan, a mágica aparatosa, tudo que fala aos sentimentos e instintos inferiores?"[48].

É claro que, assim como saboreamos descansar dos rigores do pensamento lógico *na* besteira, podemos também querer descansar *da* besteira, no momento em que ela se torna obrigatória, hegemônica. Mas isso em nome ainda de um prazer mais efetivo que podemos obter como espectadores, e não pela culpa de estarmos "perdendo tempo" com uma distração inócua, ou seja, "sem finalidade". Do ponto de vista das atividades práticas ou sérias por meio das quais agimos sobre o mundo, qualquer ficção é um convite a nos entregarmos "de graça" à voragem de Cronos. Giovanni Boccaccio faz esse alerta malicioso a seu próprio leitor, tanto mais irônico por se encontrar no exato final das cem novelas do *Decamerão:*

> Acredito que surgirá alguém que afirme que, entre tais novelas, surgem algumas excessivamente longas. Respondo sempre, a isto, que a pessoa que tem outras coisas a fazer pratica uma loucura ao pôr-se a ler tais novelas, quer elas sejam breves ou não. Mesmo tendo já transcorrido muito tempo, desde que principiei a escrevê-las, até este instante em que atinjo o final do meu trabalho, jamais me deixou o espírito o fato de que eu oferecia o fruto do meu trabalho às pessoas ociosas, e não às outras; àquele que lê para gastar seu tempo, nada pode ser longo, sempre que essa coisa ajude-o a fazer aquilo que ele deseja. As coisas breves mais indicadas são para os estudantes, que se esforçam, não para gastar o tempo, e sim para o passar de maneira útil[49].

A FORÇA CÔMICA

> *Jamais encontraremos o sentido de alguma coisa (fenômeno humano, biológico e até mesmo físico) se não sabemos qual é a força que se apropria da coisa, que a explora, que dela se apodera ou nela se exprime*[50].

Quando em 1997 foi conferido ao comediógrafo, diretor e ator Dario Fo o Prêmio Nobel de Literatura, a imprensa italiana foi agitada pela ala mais conservadora de intelectuais, que se mostrou indignada com essa premiação "indigesta", com a concessão de tal mérito a um "saltimbanco", um "bufão"; *L'Osservatore Romano*, jornal do Vaticano, lamentou que depois de ter agraciado autores como Pirandello e Quasímodo, a

48. D. de Almeida Prado, op. cit., p. 86.
49. G. Boccaccio, *Decamerão*, p. 581.
50. G. Deleuze, *Nietzsche e a Filosofia*, p. 3.

Academia da Suécia tenha premiado um *giullare*[51]. Mas o uso de tais palavras com intenção de insulto é muito antigo, óbvio e previsível; o que importa é recolher, da torrente polêmica, aquilo que *precisou ser lembrado* aos leitores de hoje pelos autores que vieram em defesa do comediógrafo e comediante italiano.

O sociólogo italiano Antonio Negri invocou Maquiavel (*A Mandrágora*), Ruzante (*A Mosqueta*) e François Rabelais para rememorar a existência daquela tradição cômica ferozmente crítica e paródica, marcada por temática libertária e transgressão linguística, à qual pertenceria o teatro de Fo, "uma tradição 'outra' que sempre se opôs ao poder e a qualquer manifestação áulica da cultura"[52]. Pode-se acrescentar à oportuna lembrança de Negri, que não apenas a linha da sátira transgressora e iconoclasta é uma tradição marginal, pois, do ponto de vista de uma história do teatro e da dramaturgia centrada nos gêneros "sérios" do drama, quase todas as manifestações da comicidade compõem uma tradição "outra".

Também para refrescar a memória dos leitores que acompanhavam o desenrolar da polêmica, o diretor e cenógrafo Gianni Ratto, além de recordar os célebres autores citados por Negri, vinculou a obra satírica de Dario Fo à tradição popular da *Commedia dell'Arte*

> uma das mais importantes faces da cultura italiana. Nascida na rua, viva de uma vitalidade crua, exuberante, de uma comicidade às vezes até escatológica, violentamente antiacadêmica, generosamente contestatória, ataca sem piedade médicos, militares, prelados, nobres e católicos, banqueiros e negociantes, hipócritas e carolas. Ela mesma é a continuação e a consolidação da farsa medieval que, por sua vez, enraíza-se na *atellana* latina. Poderia passar impune numa sociedade violentamente classista, ancorada no poder econômico e numa "religião" hipócrita e capitalista?[53]

É interessante notar que todas essas justificativas e validações, essas réplicas e recursos ao aval do tempo, nesse caso tomaram dimensão internacional devido ao prestígio da premiação, mas fazem parte do dia-a-dia profissional e do sempre ardiloso diálogo dos artistas da comédia com os "formadores de opinião". Nos roteiros de jornal que divulgam a programação de espetáculos, constata-se, permanentemente, que mais da metade das peças de teatro em cartaz podem ser classificadas como comédia. O público realimenta generosamente essa oferta; mas os críticos olham de soslaio; na maioria das vezes, condenam a preferência popular como sintoma de uma recepção pouco exigente e em raríssimas ocasiões tomam esse *gestus* de eleição como signo ou "sintoma" que esteja a nos dizer algo sobre o corpo social.

51. Bobo da corte, bufão.
52. *Folha de S. Paulo*, 28 de dezembro de 1997, Mais!, p. 5-14.
53. *Folha de S. Paulo*, 09 de novembro de 1997, Mais!, p. 5-10.

Caberia indagar, como Molière respondendo a seus críticos *de dentro* da ação cômica, na cena 5 de *O Improviso de Versailles* (comédia-polêmica ou metacomédia, cuja ação é o ensaio de uma peça que será daí a instantes apresentada ao rei) se "quando se ataca uma peça que teve êxito, não é antes atacar o julgamento dos que a aprovaram do que a arte daquele que a fez?".

Se é verdade que a comédia parece atrair a estima da maioria do público (embora não haja até o momento qualquer estudo exaustivo a respeito, a única evidência sendo o retorno financeiro das bilheterias) tal preferência é inversamente proporcional ao prestígio que tem obtido junto aos críticos e teóricos do drama e do teatro. A existência desse divórcio entre os fruidores e os estudiosos do cômico não é objeto apenas de especulação acadêmica ou assunto que interesse a meia dúzia de pesquisadores; seja na imprensa diária, em cadernos culturais, em entrevistas de atores e diretores, em textos de divulgação de filmes e espetáculos teatrais, a questão é cíclica, constante, periódica, insistente. Ela tem conseqüências concretas, gera efeitos diretos sobre o todo da vida cultural e sobre a prática profissional dos artistas.

Os autores de comédia – comediógrafos e comediantes – quando chamados a se pronunciar *fora* da arte que produzem, reduzem ou reproduzem (conforme o caso), adotam em geral uma atitude ambígua; ora queixam-se do "preconceito dos críticos" e do elitismo dos responsáveis pela concessão de subvenções e patrocínios oficiais[54]; ora justificam (num discurso entre culpado e constrangido) a preferência do público com argumentos que vão do desemprego à "crise do fim do milênio", e a clássica "fuga dos dramas e conflitos da sociedade contemporânea". Mas explicar que o espectador "foge" para a comédia, exclusivamente buscando compensação para qualquer carência ou desencanto próprio do "nosso tempo", é renunciar a compreender porque o fazia na Atenas de Aristófanes, na Roma de Plauto, na Paris de Molière, no Rio de Martins Pena e Arthur Azevedo, no Recife de Ariano Suassuna.

Para se tentar compreender o processo catártico na comédia, parece-me importante registrar essas vicissitudes do circuito de produção-recepção-avaliação do efeito cômico, essa história de culpas e desculpas, de exclusões e ambíguas valorações. Meu interesse, aqui, está menos na exclusão em si mesma, em discutir sua justiça ou validade, e bem mais em surpreendê-la como sintoma, como signo de algo sobre o qual ela não cessa de falar, como toda exclusão. Isto

54. Uma série de entrevistas com atores, empresários, críticos e dramaturgos, realizada em 1946, revela que o consenso oficial do Serviço Nacional de Teatro era o de não patrocinar o teatro de revista e só muito raramente alguma companhia de comédia com prestígio político junto ao Estado Novo. Cf. V. H. A. Pereira, *A Musa Carrancuda*.

porque suspeito que não se pode separar a estima do fruidor e a ojeriza da crítica, pois são apenas duas reações diversas *ao mesmo efeito*. Creio que estaremos mais próximos de compreender o modo de ação da comicidade se levarmos em conta, *a um só tempo,* a atração e a repulsa que provoca, pois parece ser a mesma coisa que está em jogo em ambas.

No final de *O Banquete*, Platão conta que enquanto Sócrates tenta obrigar seus interlocutores a reconhecerem que é a mesma a arte de escrever comédias ou tragédias, Aristófanes *dorme*. Essa cena, como qualquer outra, pode ser lida de vários modos. Por um lado, há o propósito de enaltecer a comédia, colocando-a à altura da arte trágica. Mas, vindo de quem vem o elogio, do mesmo filósofo que aconselha manter toda a arte dramática bem longe de sua República ideal, por considerá-la nociva à moral dos cidadãos, devemos desconfiar e deslocar o foco do panegírico para o sono do comediógrafo. Então a arte de escrever comédias exclui a reflexão sobre a comicidade? Aquele cujo ofício é fazer rir boceja diante da teoria? Seja como for, a cena ilustra bem o impasse que produz o modo de ação do cômico.

Não importa que o discurso de Sócrates seja pró-comédia; ele já está minado, insidiosamente, pelo fato de que *alguém dorme ao escutá-lo.* O leitor deve decidir sua adesão; se julga uma fala de Sócrates digna de ser ouvida com admiração, só pode censurar o sono de Aristófanes, e nem o vinho nem a longa noite de deliciosos debates podem servir de desculpa; se adere à liberdade e às razões do corpo sonolento, irá aplaudir quem é livre, tolo ou criança o bastante para dormir em face de tanta sapiência. Para criticar, tomando distância, ou para compartilhar o efeito do gesto cômico, é forçoso fazer uma escolha, tomar um partido. A cena parece sugerir essa disjunção perversa, inquietante: seremos sonâmbulos ridentes ou sábios em constante vigília?

Numa área majoritária dos estudos críticos e teóricos, dedicada à defesa do "bom-gosto" e de uma "evolução" do riso bárbaro até uma comédia elegante, parece ter se tornado crônica a idéia de que quanto mais afastada do corpo, da terra, da materialidade, das "visões de cozinha", maior o valor artístico de uma comédia. Essa hierarquia não se estabeleceu apenas entre os limites do trágico e do cômico, como marca superior e inferior nos diferentes *graus* de excelência dos gêneros dramáticos. Bem mais significativa foi (e continua sendo) a hierarquia instalada internamente, no domínio das próprias formas da comicidade.

Como representante do extremo oposto ao baixo cômico, uma larga e insistente tradição tem valorizado certo modo de enunciação que agrada por ser leve, agudo, sutil e inteligente: o *humor*. Esse é um dos termos de mais difícil definição no léxico da comicidade. Por apresentar um aspecto pontual, de *flash,* por surgir da súbita iluminação do *espírito* (*wit*, *Witz*, *esprit*), o humor tende a aparecer, no contexto de uma seqüência de diálogos, em geral mesclado e dissolvido em outras espécies de estratégias cômicas. A maioria dos escritos que tratam do humor deixam-nos a impressão de um fenômeno nebuloso, de difícil definição, mas ainda assim, como *avaliação crítica*, a palavra tem um peso consensual; é algo que, de antemão, garante um valor positivo ao comediógrafo, aliás, perdão, ao *humorista*, que também se encontra num patamar superior da hierarquia cômica. Comte-Sponville, defendendo a superioridade ética do humor sobre a ironia, lamenta: "Nossos humoristas, como se diz, ou como eles se dizem, muitas vezes não passam de ironistas, de satiristas"[55].

"O humor é o cômico que perdeu peso corpóreo", diz Ítalo Calvino em seu elogio da leveza, lançando uma luz indireta e preciosa sobre a questão, mas sem esquecer que a "dimensão da carnalidade humana" é que faz "a grandeza de Boccaccio e Rabelais"[56]. O humor, entendido como uma variante da espirituosidade, da atividade requintada de jogar com palavras e idéias, visando o riso *inteligente* do espectador, atrai todo o mérito crítico devido a sua *idealidade*, ou seja, ao seu (suposto) afastamento das exigências do corpo. Veja-se nesse sentido a observação de Bergson quanto ao cuidado dos tragediógrafos em neutralizar o corpo de suas personagens; já que são os movimentos da *alma* que devem estar sob a luz, todo desvio de atenção para o peso da matéria corre o risco de "infiltração cômica". Daí "os heróis de tragédia não beberem, não comerem, não se agasalharem. Inclusive, na medida do possível, nunca se sentam. Sentar-se no meio de uma fala seria lembrar que se tem corpo"[57].

Ora, esse corpo tornado quase *transparente*, veículo diáfano de preciosos conteúdos morais, intelectuais, espirituais, é a imagem dramatúrgica mais afastada da *matéria cômica*, da espessa corporalidade dos agentes cômicos. É portanto compreensível que Bakhtin, em sua defesa da vitalidade do baixo cômico popular, considere o humor como um "riso reduzido", já que se trata da vertente mais intelectiva e menos "espessa" do largo espectro da comicidade.

Quando nos deslocamos para a perspectiva da comédia, de uma certa concepção de mundo que nossos comediógrafos têm apresentado ao público, reiteradamente, ao longo de vinte e cinco séculos, o ridículo parece estar exatamente na atitude de afastar-se do plano terreno, das preocupações cotidianas, dos aspectos concretos da existência, da vida em sua urgência física e corporal.

Em *As Nuvens* (423 a.C.), Aristófanes faz de Sócrates uma figura risível aos olhos do público desde o momento em que o filósofo surge

55. A. Comte-Sponville, *Pequeno Tratado das Grandes Virtudes*, p. 231.
56. I. Calvino, *Seis Propostas para o Próximo Milênio*, p. 32.
57. H. Bergson, *O Riso*, p. 32.

em cena *suspenso no ar* e não pisando o chão, como qualquer mortal comum e... sensato.

ESTREPSÍADES: Ora vejam só! Quem é esse homem dependurado num cesto, lá em cima?

DISCÍPULO: "Ele", em pessoa!

ESTREPSÍADES: "Ele" quem?

DISCÍPULO: Sócrates.

ESTREPSÍADES: Sócrates!? – Vá chamá-lo para mim, e bem alto.

DISCÍPULO: Não, chame-o você; eu não tenho tempo. (*O discípulo desaparece.*)

ESTREPSÍADES: Sócrates! Socratesinho!

SÓCRATES: (*do alto*) Por que me chama, ó efêmero?

ESTREPSÍADES: Em primeiro lugar, eu lhe peço, explique-me o que está fazendo aí.

SÓCRATES: Ando pelos ares e de cima olho o Sol.

ESTREPSÍADES: Ah, então você olha os deuses aí de cima, do alto de uma peneira, e não daqui da terra, se é que se pode...

SÓCRATES: *Pois nunca teria encontrado, de modo exato, as coisas celestes se não tivesse suspendido a inteligência e não tivesse misturado o pensamento sutil com o ar, seu semelhante. Se, estando no chão, observasse de baixo o que está em cima, jamais o encontraria.* Pois de fato a terra, com violência, atrai para si a seiva do pensamento. Padece desse mesmo mal até o agrião.

ESTREPSÍADES: (*muito espantado*) Que diz? O pensamento puxa a seiva para o agrião? Então venha, meu Socratesinho, desça aqui para ensinar-me aquilo que vim procurar[58].

Ao apresentar essa paródia bufa de um *deus ex-machina*, corrompendo, distorcendo e exagerando as propostas éticas e pedagógicas dos sofistas, com os quais confunde Sócrates (o que muito irritava Boileau), o comediógrafo atinge seu intento de *desqualifica*r a investigação filosófica como elucubração "aérea", inútil, extravagante, porque desligada da vida que se agita *embaixo*. Dentro da lógica cômica, é Estrepsíades, com seus objetivos práticos de "caloteiro" (aprender as sutilezas retóricas dos sofistas para "enrolar" seus credores), que é moldado para atrair a simpatia do público ateniense, pois seu propósito, embora eticamente condenável, é *compreensível* ao rés-do-chão.

Esse camponês grosseiro que solta flatos na cara da platéia, pouco dotado de inteligência, é uma poderosa criação como *herói cômico,* pois sua ação vem de baixo, tem como meta a pura e simples sobrevivência – manter-se na superfície – e é bastante *funcional* como antagonista de um filósofo caricaturado como um ser que "mora nas nuvens".

Não é sem razão que a figura do sábio distraído, tropeçando no mínimo caco de realidade, tornou-se um alvo fácil do riso e veio a fixar-se como tipo no painel da comédia, pois tal personagem tem *contra ele*, dentro da ética cômica, o grave defeito de alhear-se do chão, da terra, do corpo. Nietzsche, ao escarnecer do ascetismo dos filósofos,

58. Aristófanes, *As Nuvens*, 107-108. Grifo meus.

vai o mais longe possível: um filósofo *casado* só pode ser personagem de comédia, e mesmo Sócrates teria se casado "por ironia".

Parece-me importante, repito, saber o que *está em jogo* na apreciação (atribuição de valor) e na fruição (obtenção de prazer) da comédia, como tarefa própria da teoria do drama, sobretudo diante da constatação de que a produção dramática dos últimos cem anos só fez aproximar-se dos temas e procedimentos cômicos, embora, é claro, com novos e surpreendentes resultados.

Martin Esslin, na obra fundamental em que cunhou o termo "teatro de absurdo", empenhou-se em demonstrar como a dramaturgia de Ionesco, Beckett, Genet, Adamov, Arrabal e outros autores da segunda metade do século XX retomou elementos das mais antigas tradições cômicas teatrais – paródias, palhaçadas, cenas de loucura, de *nonsense*[59].

Ao recombinar, porém, tais elementos de modo insólito e surpreendente, esses autores produziram um *deslocamento* das fronteiras *afetivas* tradicionais e dos hábitos receptivos; essa dramaturgia estranha aos olhos do público dos anos de 1950 e 60 produziu obras bem distantes das formas cômicas divertidas e confortadoras, obras às quais já não sabemos se qualificarmos de *cômicas* ou *trágicas*, pois aí não se oferece mais *reintegração* ou *transcendência*, e sim a imagem de um mundo amargo, desencantado e vazio de sentido. A partir daí será cada vez mais difícil preservar as distinções clássicas e traçar limites seguros entre o sublime e o ridículo.

Se é assim, que sentido pode ter ainda hoje a aplicação do termo "comédia" a um grupo qualquer de textos dramáticos? Que traços distintivos resistiriam diante do "contágio" ocorrido entre diferentes formas dramáticas?

Três critérios têm sido usados tradicionalmente para opor a tragédia à comédia: primeiro, a maior ou menor "elevação" (como posição social ou grau de excelência ética) das personagens e de seus interesses ou objetivos; segundo, o tipo de desenlace da trama (passagem final para a "boa ou má fortuna"); terceiro, a natureza das reações que o dramaturgo se propõe a provocar no seu público.

O primeiro critério ou "medida" diz respeito claramente ao *objeto imitado*: a personagem como representação de seres "superiores" ou "inferiores"(aqui as aspas servem para manter a flutuação do sentido atribuído a essa hierarquia); instaurado por Aristóteles, sua vigência atravessa todas as poéticas clássicas e persiste até fins do século XVIII, quando a defesa feita por Diderot e Lessing de um "drama burguês" (povoado por personagens "médios", imersos em situações cotidianas) já torna essa distinção pouco tranqüila. A partir daí, torna-se cada vez mais complicado relacionar ao *status* moral ou social da personagem,

59. M. Esslin, op. cit..

a direção tomada pela obra, e, à medida que nos aproximamos do drama contemporâneo, é necessário cada vez mais considerar todo tipo de simbiose entre os elementos de caracterização dos agentes trágicos e cômicos, com seus "altos" e "baixos", de modo que esse critério empalideceu até tornar-se quase indistinto, irrelevante.

O segundo critério, que identifica os tipos opostos de desenlace adequados ao sentido cômico ou trágico da ação, embora teórica e idealmente mais válido por ater-se à estruturação da intriga, também é pouco confiável diante da realidade das obras, e mesmo quando aplicado à dramaturgia clássica, nunca deixou de ser colocado em questão. Entre outros autores que se detiveram diante do impasse, Albin Lesky mostrou que, se excluirmos a possibilidade de um "final feliz" após a queda trágica e de uma reconciliação do herói com a Ordem que ele transgrediu, teríamos de negar o nome de tragédia até mesmo à *Oréstia*, de Ésquilo![60]

Quanto a comédias que, ao invés de festa e casamentos, terminam em perda, malogro e decepção, seria ocioso multiplicar os exemplos. Mesmo num autor clássico do gênero, como Molière, além do citadíssimo *Misantropo* – com sua melancólica resolução –, não deveríamos considerar como "verdadeiro final" de *Tartufo* o triunfo do impostor e a decepção de Orgonte que constam da primeira versão? Toda a parte "acrescida" ao final, com uma providencial punição surgindo "do nada" e o servil elogio à justiça do Príncipe, é um remendo espúrio: não pertence ao Molière-comediógrafo e sim ao Molière-súdito, disposto a tudo para conseguir a liberação do seu texto.

Diante da fragilidade dos dois primeiros critérios, não há como discordar de Charles Mauron quando afirma que apenas o tipo de recepção pretendida permanece determinante como critério distintivo entre a tragédia e a comédia[61]. A natureza da reação que o autor se propõe a excitar no seu público é um critério que permanece revelador, e está submetido aos objetivos da catarse cômica.

Quer operando com personagens de baixa ou elevada condição ética ou social (virtudes e poderes), quer conduzindo a ação para um final feliz ou decepcionante, o que o comediógrafo visa conquistar é a participação no espectador num jogo cujo objetivo é o de deixar cair o maior número possível de máscaras. Seja *elevando-se* o centro de gravidade da farsa mais grotesca a um fino epigrama de Oscar Wilde ou Machado de Assis, ou *pesando-se* o teor crítico e reflexivo, desde a aérea comédia romanesca até a sátira irônica, parece existir um traço comum que diz respeito não ao "objeto imitado" (como nas poéticas clássicas), mas sim a um *certo modo de ação*.

60. Cf. A. Lesky, *A Tragédia Grega*, p. 28. Ver também, G. A. Bornheim, *O Sentido e a Máscara*, p. 74.

61. Cf. *Psychocritique du Genre Comique*.

Esse jeito de exercer-se a ação cômica não prescinde da trajetória pelo baixo, pela materialidade, pelo corpo. Mas "o baixo" não é tanto *aquilo que se representa* (vícios, desvios, falhas, referência a "partes inomináveis" etc.) quanto o ângulo de onde parte a visão. O olhar cômico desconfia das "altitudes" e produz um gesto de *rebaixamento*, no sentido de que *puxa para baixo* tudo que caia no seu ângulo de visão.

Tudo o que está no alto é visto "de baixo". Podemos ver assim a ação cômica, não como o "retrato" do que *é* inferior na ética dos comportamentos ou na posição de poder das personagens, mas como um movimento irresistível em que tudo *descamba*, pois *está sendo* atraído para baixo pela força desse olhar que a tudo desestabiliza, que percebe e instala rachaduras, que faz estalar as cascas, os vernizes, os brasões.

Tomemos a primeira cena de *O Casamento de Fígaro*, um caso exemplar das estratégias de *entrada* no mundo cômico. O cenário representa o quarto do castelo "presenteado" pelo todo-poderoso Conde Almaviva a seus criados Fígaro e Suzanne, que estão para se casar. Fígaro, feliz, como bom e prático noivo, toma as medidas do assoalho para instalar a futura cama de casal – outro presente do generoso Conde. Suzanne, em frente ao espelho, experimenta uma grinalda de flores de laranjeira. Este quadro confortável de uma futura paz doméstica dura o tempo exato de oito réplicas. O desequilíbrio começa a instalar-se muito cedo, no ponto em que Suzanne recusa "o quarto mais cômodo do castelo"[62].

FÍGARO: Por quê?
SUZANNE: Eu não quero.
FÍGARO: Mas por quê?
SUZANNE: Não gosto dele.
FÍGARO: Diga uma razão.
SUZANNE: E se eu não quiser dizer?
[...]
FÍGARO: Você está recusando o quarto mais cômodo do castelo, e que fica entre os dois aposentos. De noite, se Madame precisar de você, ela toca de lá e... pimba! em dois passos você está com ela. Meu senhor quer alguma coisa? É só chamar do seu lado e... crau! eu estou pronto em três pulos.

SUZANNE: Bom demais! Mas quando ele tocar de manhã para dar a você uma tarefa bem demorada e bem longe... pimba! em dois passos ele está na minha porta e... crau! em três pulos ele...

FÍGARO: O que você quer dizer com isso?
SUZANNE: É melhor você me escutar com calma.
FÍGARO: Ah, mas o que está acontecendo?
SUZANNE: Acontece, meu caro, que o Senhor Conde Almaviva está cansado de perseguir as beldades da vizinhança e resolveu voltar-se para o castelo, mas não para a mulher dele. É na *sua* mulher que ele botou os olhos, entende? – e é para isso que ele conta com este quarto.

62. P. A. C. de Beaumarchais, *Le Mariage de Figaro*, *Théâtre*.

Obrigada a tirar a inocência de seu noivo, Suzanne instala o ângulo pelo qual veremos a partir daí o Conde. Antes mesmo de sua entrada em cena ele está fatalmente enquadrado por um foco *que sobe do quarto dos criados e que o puxa para baixo*, para o plano de uma platéia já então constituída por muitos Fígaros e Suzannes. Exposto ao rebaixamento, a um rebaixamento não apenas ético, mas estrutural, e até mesmo *arquitetônico* (o castelo visto a partir do quarto dos criados) o Conde só poderá ser alvo da burla e do ridículo.

Fígaro e Suzzane, os burladores, já estão justificados *do início*, por esse movimento de descida a que foi submetido o patrão conquistador. O fato de que esse Dom Juan seja um aristocrata só faz aumentar a *distância* e a *amplitude* do rebaixamento. O espectador vibrará com a vingança de Fígaro, pois, já foi devidamente convidado a instalar-se num ângulo de visão do mundo aristocrático, que fica bem abaixo dos seus salões.

Creio que estaremos mais próximos de compreender o modo como a comédia age sobre seu público se começarmos por abandonar, mesmo que por um momento e por hipótese, a idéia de superioridade e inferioridade do "objeto imitado". A comicidade poderá então ser vista não como *representação* daquilo que "está embaixo", mas como uma *força* que "puxa para baixo", que instala a crise, que divide, faz rachar, estalar a *superfície* de toda imagem solene, fechada em sua gravidade, polida, monolítica.

A comicidade entendida como *força*, no sentido nietzschiano do termo, em sua relação com outras forças, agindo em meio a uma pluralidade de forças, contra as quais trava incessante combate, tem como impulso único apropriar-se de um aspecto do real e *dominá-lo* segundo suas próprias leis[63].

A degradação é, por certo, um traço consensual que percorre diferentes teorias do cômico. Entretanto, esse gesto foi constantemente investido de um *fim superior*, educativo, moral, como um modo de validar o perigoso poder de desestabilização do olhar cômico, contra o qual nada parece estar suficientemente protegido. Porém, podemos imaginar que o único objetivo da força cômica, enquanto força, é exercer-se, manifestar-se, e que para isso não cessou de colocar em movimento, em circulação, novas e novas formas dramáticas, sempre cambiáveis, sempre em mutação segundo o desgaste provocado pelo atrito com outras forças, em cada tempo e espaço.

Bakhtin sugere um motivo grave e risível para o que chamarei de *desejo de rebaixamento* que excita o espectador da comédia. "Cansa

63. "Este mundo: uma monstruosidade de força, sem início, sem fim, uma firme, brônzea grandeza de força, que não se torna maior, nem menor, que não se consome, mas apenas se transmuda [...] como força por toda parte, como jogo de forças e ondas de força ao mesmo tempo um e múltiplo, aqui acumulando-se e ao mesmo tempo ali minguando, um mar de forças tempestuando e ondulando em si próprias, eternamente mudando". F. Nietzsche, *Obras Incompletas*, p. 397.

olhar para cima, é necessário baixar os olhos. Quanto mais poderosa e duradoura for a dominação das coisas elevadas, maior satisfação provocam o seu destronamento e rebaixamento"[64]. Embora não seja a única, nem a decisiva em todas as variantes da comicidade, essa fonte de prazer está intimamente ligada ao modo de ação da *força cômica*. Colhido em seu domínio, submetido ao seu poder, quanto mais algo *teima em permanecer no alto*, tanto maior o alívio de vê-lo cair, de preferência, com as pernas para o ar...

64. M. Bakhtin, *A Cultura Popular na Idade Média e no Renascimento*, p. 267.

3. O Diverso Território do Cômico e Seu Domínio Teórico

CRÍTICA E VERTIGEM

O Conserto, o Concerto e o Jocus

Diante da profusão de teorias e modelos que tentam explicar as causas, os processos e os porquês da comicidade e do riso, sempre me vem à mente uma determinada cena *cômica*. Ela é também uma cena propriamente *dramática,* já que contém o elemento irredutível de um combate de forças, um *ágon*. De tão clássica, poderia receber um título, um batismo: o conserto improvável. Uma personagem (dona-de-casa nervosa, marido inábil ou o azarado gato da dupla Tom&Jerry) defronta-se com uma inocente torneira que goteja. Após municiar-se com um arsenal de alicates, chaves, torqueses, o herói se atira ao combate contra o fio d'água. Desatarraxa, examina com a superioridade de quem possui raciocínio e ferramentas. E eis que o inimigo, pouco a pouco, revela sua natureza traiçoeira, resvalante, impalpável. Ele se multiplica, primeiro em muitos fios, depois em pequenos jatos, que crescem, esguicham e finalmente pipocam, explodem, inundando o branco cenário da cozinha, transformado em campo de batalha.

No combate hidráulico, a Hydra liberta-se de seu suposto acondicionamento em canos e trajetos e expõe suas tantas cabeças, setenta vezes sete, furiosas. E eis o herói jogado ao chão, encharcado de vergonha, inundado de espanto, contemplando em passivo desespero seu inútil arsenal. E então compreende, olhando aparvalhado uma chavede-fenda: como poderiam esses rijos, precisos e metálicos instrumentos domar o corpo dútil, líquido, sinuoso, sub-reptício?

De tão clássica, repito, essa cena está até mesmo prefigurada nas situações cômicas descritas por Bergson com base nos brinquedos infantis. É uma variante do "boneco de mola": uma força que busca crescer, expandir-se, saltar, contra uma força que a comprime. A qualquer descuido da força compressora, o boneco salta, a água jorra; a qualquer cochilo do teórico, surge uma certa modalidade do cômico que escapa à descrição. As variáveis estão presentes não apenas na série histórica da comédia, mas no quadro de suas manifestações em uma mesma época. O cômico se desloca como essas partículas subatômicas que geram incerteza nas mentes mais exatas. Ele salta para órbitas inexploradas, escorre por entre os dedos, ele foge, ele *vaza*[1]. Esse é o seu trajeto *jocoso*, o seu *jocus*.

Mas usar essa cena hidráulica como metáfora para o esforço milenar dos (ai de nós!) "explicadores do cômico" não significa considerá-lo um trabalho de Sísifo. Não é verdade que voltemos sempre ao sopé da montanha. Não uso a imagem cômica para desqualificar os "consertadores" do desastre que a Hydra cômica parece causar ao pensamento *canalizado*, e sim para sublinhar a saudável disposição dos que se propuseram a enfrentar o seu vigor proteiforme. Pois as torneiras são provisoriamente consertadas, de algum modo, em alguns momentos, quando o jorro cômico é contido numa "teoria". Contanto que o "consertador" esteja disposto a fazer renúncias. Vários caminhos deverão ser lacrados, abandonados, escolhendo-se um novo trajeto para deixar fluir a corrente impetuosa em uma dada direção.

A depender das idiossincrasias do teórico de plantão, as soluções de trajeto serão diferentes, ditadas por diferentes vontades. Nos estudos sobre a comicidade e o riso ora se excluem ora se somam ou se reforçam linhas que partem de pontos aparentemente distantes. Há tantas interpretações quantas são as tendências do pensamento, em cada época, da fisiologia à estética, da filosofia à biogenética.

Sem atingir, pois, um "conserto" das ramificações cômicas (que seja também um *concerto* ou consenso final de opiniões), as várias teorias existentes cercaram o fenômeno, propuseram abordagens, caminhos, canalizações que às vezes se tocam, se cruzam para logo seguirem novas direções. Graças a elas estamos menos no escuro ou menos alagados de espanto do que antes. Pode-se mesmo notar, numa visão diacrônica desses estudos, que a partir de um determinado ponto certos traços começam a retornar, a fazer sua reentrada em cena com outro figurino. Alguns livros didáticos de dramaturgia já falam

1. "É por ele vazar (no sentido: tonel) que um discurso toma seu sentido, ou seja: por ser impossível calcular seus efeitos". J. Lacan, Introdução à Edição Alemã de um Primeiro Volume dos *Escritos*, *Revista Falo*.

em "leis que regem o universo fictício da comédia" e apontam aspectos como "incongruência", "distância" e "descontinuidade" como seus "traços pertinentes", em vez de apenas descrevê-la negativamente, como uma espécie de avesso da tragédia[2].

Assim, o fenômeno da comicidade no drama, como produção e recepção, já pode hoje ser examinado a partir de um feixe de características que, embora no conjunto não esgotem a proliferação das manifestações concretas, traçam um espaço, um *domínio* teórico de contornos não muito precisos, mas ao qual podem recorrer as atuais investigações. Se imaginarmos as várias teorias existentes sobre a comicidade, agrupadas segundo certas linhas de interpretação – teorias da superioridade/degradação, teorias do contraste/incongruência, teorias do excedente de energia, teorias cognitivas, afetivas, psicossociais e outras –, veremos destacar-se um reduzido número de autores que apresentam as contribuições mais fecundas, em cada uma das várias possíveis perspectivas, ao estudo do efeito cômico e da experiência catártica na comédia. Tratarei a seguir de dois desses autores.

O Mecânico Aplicado ao Vivo

A teoria de Henri Bergson – à qual me referi no primeiro capítulo, no contexto de uma discussão sobre o componente afetivo no efeito cômico – é talvez o mais conhecido dos estudos sobre a comicidade e o riso. Por isso mesmo é curioso que raras vezes tenham sido apontadas certas fragilidades de sua argumentação[3]. Visto que o tema do presente estudo não é o riso em geral, mas a catarse na comédia, vou me deter apenas naqueles aspectos da tese bergsoniana que interessam ao efeito catártico produzido pela dramaturgia cômica. Essa operação não é simples, pois Bergson utiliza a mesma explicação para dar conta do cômico espontâneo, flagrado em exemplos do cotidiano e para o cômico resultante da arte do comediógrafo.

Se a comédia, em todas as suas variantes, se conformasse à teoria de Bergson, o prazer que ela oferece teria de nascer sempre de uma espécie de gesto crítico ou mesmo *paródico* – se tomarmos a palavra *paródia* no seu sentido original de fala ou canto "ao lado"

2. G. Girard; R. Ouellert, *O Universo do Teatro*, p. 188-192.

3. Verena Alberti aponta com razão algumas incongruências nesse estudo: "A teoria de Bergson talvez seja a mais ambivalente de todas as teorias tradicionais sobre o riso. Ele constrói seu texto sustentando duas definições incompatíveis, conservando sempre a aparência de uma congruência científica [...]. Que a sociedade seja às vezes o vivo, às vezes o mecânico; que o mecânico seja às vezes o automatismo, às vezes uma essência profunda que vem da natureza das coisas; que aquele que ri possa se distrair e ser, ele mesmo, tomado pelo mecânico em vez de corrigi-lo – tudo isso não constitui problema na argumentação de Bergson". V. Alberti, *O Riso e o Risível na História do Pensamento*, p. 193.

ou "canto paralelo". E ao lado de que se entoaria o "canto" cômico? De algum tipo de forma, gesto, movimento, caráter, situação ou linguagem que sirva como *modelo*. Dessa imagem modelar, o cômico seria um reflexo negativo, um desvio, uma deformação. A percepção dessa cópia falsa faria nascer o riso, um gesto que teria como função apontar e corrigir os afastamentos, punir os desajustes pela exposição do ridículo.

Os modelos ideais ou *valores* que Bergson considera para medir tais desvios cômicos são, por um lado, a *vida* – ou melhor, o *vivo* (*vivant*) ou condição de *mobilidade* e *adaptabilidade* que caracteriza o ser vivo – e, por outro lado, a *sociedade*, ou seja, o traço de *sociabilidade* ou capacidade de responder às exigências do convívio humano. A partir dessa premissa, Bergson não mais separará o riso de um julgamento de valor: tudo que se afasta do vivo e do social será objeto de "correção" através do ridículo. Ora, tanto a vida quanto a sociedade exigiriam de nós, enquanto seres vivos, inteligentes e sociáveis, uma constante atenção: corpo elástico, mente criativa, caráter flexível. Mas isso nem sempre acontece. Quando o ser humano perde a capacidade de adaptação e de mudança constante que o deve caracterizar, o automatismo se instala em seus gestos, palavras, idéias. Para Bergson, é então que alguém se torna *cômico* aos olhos do grupo social, pois temos a impressão de estar, simultaneamente, diante de uma *pessoa* e de um *mecanismo*. Chega-se então à imagem central da comicidade segundo a interpretação bergsoniana: "o mecânico calcado no vivo"[4].

A "rigidez mecânica" surge como característica geral do cômico, pela fuga da realidade que pode produzir: esse é o traço dos "grandes desviados", como Dom Quixote, cuja "idéia fixa" termina por constituir-se num desvio sistemático, tanto mais cômico quanto mais organizado. O "vício cômico" deve permanecer *invisível* para o seu portador – e bem visível para todos os outros – e difere do vício trágico porque, embora constante, permanece *superficial* e pode ser "curado". Daí a convicção de Bergson de que o riso tem "um objetivo útil de aprimoramento moral"[5].

A fórmula do "mecânico aplicado ao vivo" serve de início para o exame da "comicidade das formas" e daí irá se expandir para níveis cada vez mais complexos: da comicidade dos gestos e movimentos à das situações e da linguagem, e finalmente para a comicidade de caráter, considerada por Bergson a mais alta expressão do cômico. Para

4. "Toda *rigidez* de caráter, do espírito e mesmo do corpo, será, pois, suspeita à sociedade, por constituir indício possível de uma atividade que adormece, e também de uma atividade que se isola, tendendo a se afastar do centro comum em torno do qual a sociedade gravita; em suma, indício de uma excentricidade. [...] Essa rigidez é o cômico, e a correção dela é o riso". H. Bergson, *O Riso*, p. 19.

5. Idem, p. 16.

compreender o que torna cômica uma fisionomia, Bergson sublinha a diferença entre o risível e o feio. Nem toda deformidade se torna objeto de riso, mas apenas aquela "que uma pessoa bem conformada consiga imitar", ou seja, aquela que constitui um "desvio fundamental" da "boa conformação"; as fisionomias cômicas seriam as que exibem o automatismo, a rigidez dos hábitos adquiridos, em lugar da *mobilidade* ou expressividade que se esperaria de um rosto humano. A comicidade da caricatura não seria obtida apenas pelo exagero: ela é a denúncia da "careta", da contorção, da rigidez. O oposto do cômico não seria a beleza, mas a *graça* ou *graciosidade*.

Já nesse ponto é o próprio Bergson que deixa transparecer uma "torção" da sua sedutora e "graciosa" idéia inicial. Ao falar da arte do caricaturista, afirma que ela consiste em perceber e exagerar "as revoltas profundas da matéria" que se adivinham "sob as harmonias superficiais da forma". Essas deformações irromperiam da própria natureza, se não fossem "reprimidas" por "uma força melhor", ou "uma força mais razoável".

E de onde viria essa força? Viria de "o esforço de uma alma que modela a matéria, alma infinitamente maleável, eternamente móvel, isenta da gravidade por não ser a terra que a atrai". Contra essa força, "a matéria resiste e se obstina" e "tudo faria para converter à sua própria inércia e degenerar em automatismo a atividade sempre desperta desse princípio superior". Ou seja: o *mecânico* deixa de ser um hábito adquirido superficialmente, e que portanto é possível corrigir, e passa a ser um princípio natural e material que precisa ser a todo instante reprimido e redirecionado; a qualquer cochilo da alma, ele exibiria suas rígidas feições. Ora, já que "a própria natureza não raro consegue o êxito do caricaturista", produzindo "caretas", seria o caso de se perguntar: onde está o modelo, e onde o desvio?[6]

Ao tratar do cômico dos gestos e movimentos, Bergson parte da seguinte "lei": "Atitudes, gestos e movimentos do corpo humano são risíveis na exata medida em que esse corpo nos leva a pensar num simples mecanismo". Essa visão do ser humano como "fantoche articulado" nos faria adivinhar uma espécie de engrenagem oculta. Ao invés de algo inteiramente "vivo", ou seja, mutável, irrepetível, surpreendente, revela-se o "automatismo instalado na vida" – que seria portanto um princípio mortal, enrijecedor, já que "não mudar seria deixar de viver"[7].

A genialidade dos grandes mímicos seria a de perceber a parte "imitável", ou seja, a parte de uma pessoa que se tornou estranha para ela mesma, repetindo-se de modo automático, fora de controle. Se o "vivo" é sinônimo de variabilidade constante, qualquer semelhança

6. Idem, p. 20-23.
7. Idem, p. 24.

deixa de ser mera coincidência, fazendo desconfiar de uma operação mecânica. Com essa explicação, Bergson considera "solucionado" o problema sugerido por Pascal em seus *Pensamentos*: "Dois rostos semelhantes, cada um dos quais por si não faz rir, juntos fazem rir por sua semelhança". Essa repetição do que deveria ser único se tornaria risível por nos fazer pensar num processo mecânico, como "duas reproduções de um mesmo clichê".

Freud considera "plausível" a explicação de Bergson, apenas para trazê-la de imediato à sua própria fórmula geral de "economia da despesa psíquica": a atenção que gastaríamos para apreender um novo rosto, como para captar qualquer novo dado da realidade, diante da imagem repetida torna-se desnecessária, e essa cota de energia inútil é liberada pelo riso[8].

A aparente confluência das teses de Bergson e Freud para esse ponto específico – o cômico da imitação ou comparação – faz com que mereça um exame mais atento. Transposta essa "lei" para o teatro, o efeito cômico de *Os Menecmos* (Os Gêmeos), de Plauto – ou de *A Comédia dos Erros*, de Shakespeare, onde temos a duplicação da duplicação – seria reduzido apenas ao caráter mecânico da repetição. Quanto a isso, Charles Mauron observa, com razão, que o riso provém de uma "diferença" entre a variação esperada (o novo rosto) e a repetição que a frustra, mas "não da repetição em si mesma"[9], e que o prazer em *Os Menecmos* ou *Anfitrião* deve ser buscado em outras fontes.

De fato, o mero automatismo obsessivo pode ser terrivelmente angustiante, e temos fartos exemplos disso na exploração, pelo teatro do absurdo, das imagens de insensatez mecânica flagradas nos gestos cotidianos, numa espécie de vida "por contágio", como em *O Rinoceronte*, de Ionesco. Tais repetições não criam o tipo tradicional de alívio cômico, e sim uma atmosfera de pesadelo, embora vista pela ótica da ironia. A contaminação pela "rinocerontite" nada tem de engraçada: é uma imagem do horror totalitário alimentado – justamente – pela mecanização dos comportamentos, pela epidemia de uma adesão que a todos iguala numa mesma manada de autômatos.

Bergson acredita que o efeito cômico será multiplicado se ao invés de apenas dois personagens semelhantes em cena, como os gêmeos de Plauto, tivermos "o maior número possível", repetindo os mesmos gestos e atitudes, como numa multidão de marionetes[10].

8. S. Freud, *Os Chistes e Sua Relação com o Inconsciente*, p. 237. Aqui a explicação econômica de Freud concorda também com as teorias da "expectativa frustrada", como as de Kant e Spencer. É bem conhecida a frase de Kant: "O riso advém de uma espera que dá subitamente em nada". Ver, a respeito desses e outros estudos sobre o riso anteriores a Freud e Bergson, V. Alberti, op. cit.

9. C. Mauron, *Psychocritique du Genre Comique*, p. 104.

10. H. Bergson, op. cit., p. 26.

Ora, isso não se verifica, como se sabe, em uma enorme quantidade de peças e filmes que investem nas imagens de reprodução mecânica de "seres em série" para criar um clima aterrorizante, explorando um tipo de angústia bem moderna: a paranóia diante da possibilidade de uma civilização de robôs (tema avivado recentemente pela polêmica em torno da clonagem de pessoas). Tudo indica que, para se atingir o efeito cômico, a repetição de réplicas, cenas, tipos e situações deva estar associada a outros elementos da composição dramática. Dentre esses elementos associados, há no mínimo o pré-requisito de que, aos olhos do espectador, a *repetição* resulte controlável, reconhecível, graças à ausência de qualquer perigo "real" para as personagens.

Não se pode, pois, afirmar como uma "lei" para "o teatro bufo em geral" que : "É cômico todo arranjo de atos e acontecimentos que nos dê, inseridas uma na outra, a ilusão de vida e a sensação nítida de uma montagem mecânica" [11].

Também em relação a esse riso que *certamente* nasceria da reprodução mecânica de uma imagem, Jacques Lacan escreve:

> A teoria bergsoniana esquece um dado elementar: o riso atinge a tudo que é imitação, dublagem, fenômeno do duplo, máscara e desmascaramento. Se nos aproximarmos de uma criança com o rosto coberto com uma máscara, rirá de maneira tensa. Se nos aproximarmos ainda mais, manifestará alguma angústia. Se tirarmos a máscara, ela rirá; mas se debaixo da máscara levarmos outra, já não rirá de modo nenhum[12].

Há uma peça de Harold Pinter – *The Lover* (1963), escrita originalmente para a televisão – em que podemos notar o desenvolvimento dramatúrgico da situação sugerida por Lacan. No cenário de uma sala burguesa, em que poderia ter início qualquer comédia de *boulevard,* o marido, de saída para o trabalho, pergunta educadamente à esposa se ela hoje receberá o amante. A mulher responde que sim, e pede-lhe que volte para casa mais tarde. O marido sai, a mulher troca de roupa – e de personagem, tornando-se "a amante sensual" – e dispõe o ambiente para o encontro: cortinas fechadas, diminuição da luz etc. Quando a campainha toca e ela abre a porta para "o amante", o público vê que este é o próprio marido. Até aqui, a peça oferece um tipo convencional de desmascaramento, seguido de alívio cômico. O espectador, de início intrigado (pois palco e platéia comungam um código de conduta segundo o qual a gentileza do marido é no mínimo estranha), pode reinstalar-se confortavelmente na poltrona, pois trata-se afinal de um casal encenando suas fantasias sexuais. Ou seja: pensamos encontrar um rosto conhecido sob a máscara.

Mas, no segundo ato, as cenas de fantasia e de retorno à realidade vão-se superpondo e mesclando de tal modo que o efeito de reconhe-

11. Idem, p. 42.
12. J. Lacan, *O Seminário*, livro 5, p. 20.

cimento decai para dar lugar a uma sensação desconcertante. Quando o marido tenta quebrar o círculo vicioso da ilusão que gera potência sexual, que por sua vez gera a única comunicação possível entre eles, e por sua vez gera agressividade e afastamento, desfazendo-se na cena ilusória, quando a esposa apela pateticamente pela continuação do jogo, já não sabemos se isso também faz parte do seu show particular. Já então somos incapazes de determinar qualquer fronteira entre o cotidiano do casal e suas fantasias, pois sob as máscaras só existem novas máscaras, e o efeito que daí resulta é nos sentirmos diante de uma experiência ameaçadora, perigosamente estranha, em tudo diversa do reconhecimento cômico tradicional[13].

O destaque que venho fazendo, não tanto das incongruências – que podem ser bem estimulantes – mas sim do aspecto de "rigidez" na teoria de Bergson, não descarta para mim o interesse desse estudo para a dramaturgia cômica, sobretudo na parte referente aos *processos de produção* das situações cômicas: "repetição, inversão e interferência de séries"[14].

Esses processos estão presentes em muitas comédias, e destacá-los pode enriquecer a nossa compreensão de um grande número de cenas cômicas. O problema está em que a construção da comicidade parece exigir que essas técnicas estejam articuladas a uma série de outras condições – tratamento da linguagem, da caracterização etc. – para que o efeito se produza. Em outras palavras: toda a vez que se tenta transformar em lei um determinado procedimento usual da comédia, ele escorrega do esquema teórico, pois vamos reencontrá-lo em outras configurações dramáticas não-cômicas.

É bem verdade que Bergson adverte que "a repetição de uma expressão não é risível por si mesma", mas isso apenas para amarrar esse processo à fórmula geral do "mecânico aplicado ao vivo": a repetição se tornaria cômica ao *denunciar* a rigidez e o automatismo no mundo humano. Ao descrever a comédia como "brinquedo que imita a vida", Bergson propõe como modelo das situações cômicas certos brinquedos infantis – o "boneco de mola", "o fantoche a cordões" e a "bola de neve"– e esta é uma das mais preciosas intuições do seu estudo. A comédia imitaria o "mecanismo" dessas situações, em cenas que exploram: a. a luta entre uma força de expansão e outra de constrição; b. a manipulação das palavras e atitudes de uma personagem por outra; c. uma ação detonando uma cadeia de reações, que tomam proporções cada vez maiores.

Mas em vez de ressaltar o aspecto lúdico, o prazer de brincar com o suspense e a surpresa desses jogos de forças, Bergson logo em

13. H. Pinter, *The Lover*, em G. Wellwarth, *The Theater of Protest and Paradox*, p. 223-242.

14. H. Bergson, op. cit., p. 51.

seguida aprisiona sua bela intuição, reduzindo o deleite do espectador com tais cenas a uma função *crítica*: esses dispositivos mecânicos, aplicados à vida, exprimiriam "uma imperfeição individual ou coletiva que exige imediata correção. O riso é essa própria correção. O riso é certo gesto social, que ressalta e reprime certo desvio especial dos homens e dos acontecimentos"[15].

Por essa ótica, o prazer cômico dependeria, pois, de uma comparação – entre um modelo e seu desvio – resultando num efeito de *degradação*: a personagem ou a situação cômica é obtida quando uma certa força *decai* – seja a *vivacidade*, deixando surgir o rígido ou mecânico, seja a *sociabilidade*, dando lugar ao excêntrico ou desajustado.

Ora, é claro que os desvios só podem ser medidos pelos padrões partilhados pelos espectadores. O marido bobo que não percebe a mulher ser cantada em sua presença seria um desvio de quê? Da atitude daquele que deveria ser ágil, lúcido e esperto o bastante para reagir de imediato? Como então explicar que ao lado do marido "bobo" tenha também se desenvolvido como um tipo cômico fixo o marido (ou o pai, ou a esposa, ou qualquer um que se julgue dono de alguém) possesso, furioso, fixo em cada detalhe, enfezado por seu ciúme? Para Bergson, a explicação seria simples: ambos – o lerdo e o irascível – são exemplos de alguém transformado em fantoche de si mesmo, *inconsciente* de seu alheamento ou sua ira; para a sociedade que ri, seriam também extremos do comportamento *zeloso* considerado normal ou sociável. A norma aqui partilhada pelo público seria: todo marido deve *zelar* pela intangibilidade de sua esposa, mantendo a perspicácia e o bom-senso. Só a existência de uma tal regra de convívio permitiria àquele que ri "medir" os desvios ridículos.

Creio que um excesso desse tipo seria suficiente apenas para manter o interesse de uma breve cena farsesca. Qualquer composição cômica com um mínimo de complexidade apelará não apenas ao senso crítico do espectador, mas a certos alvos afetivos. Visto que Molière é a principal referência na análise de Bergson, podemos testar a hipótese do "desvio mecânico" em *Escola de Mulheres*.

Desde a primeira cena, Arnolfo deixa clara sua obsessão – o medo de ser "corneado" – e as cuidadosas precauções que tomou para garantir-se um casamento seguro: providenciou para que fosse criada e educada, desde os quatro anos de idade, num convento afastado, a filha de uma camponesa pobre, para desse modo preservá-la de qualquer contato com as coisas do mundo. Quando se inicia a ação da peça, Arnolfo prepara-se para o casamento, plenamente convicto de que "a moça com quem caso possui tal inocência que minha testa

15. Idem, p. 50.

jamais sofrerá o agravo de um desenho novo". "Caso com uma tola para não bancar o tolo" – assim resume Arnolfo o seu *projeto* [16].

Pela fórmula de Bergson, riríamos desse personagem por perceber nele tanto a rigidez de uma idéia fixa quanto o desvio das normas sociais: é um velho que quer o amor de uma jovem, sendo o quadro complicado eticamente por uma coloração incestuosa – trata-se praticamente de uma filha, dadas as circunstâncias de sua criação. Mas observa-se que Molière faz com que Arnolfo, desde o início, explique detalhada e lucidamente suas providências, ditadas por seu conhecimento dos truques "que as mulheres usam para encobrir o sol". Quando a situação foge ao seu controle – com a intervenção *fatal* de um jovem na vida de sua "tola" Inês – Arnolfo analisa cada virada do jogo e reage atentamente a cada nova ameaça. (Tudo isso é preparado, dramaturgicamente, por uma troca de identidade, que o transforma em confidente do próprio rival) Em suma: seu "vício" nada tem de inconsciente ou automático.

Minha impressão é que o efeito cômico se prepara a partir daí, da descrição de um plano tão meticuloso para formar uma esposa "de extrema ignorância". A aposta do comediógrafo é que exista no espectador uma espécie de *saber*, que implica também um *querer,* algo que lhe diz que esse *projeto* – garantir que alguém não será tocado, contra todos os ataques externos e, pior, contra a própria vontade do alvo do desejo – é algo que está, irremediavelmente, destinado ao fracasso. Sabe-se o quanto todos os utopistas, os construtores de sociedades ideais foram presa fácil da sátira. Quando qualquer Quixote nos diz como fará para salvar todas as donzelas em perigo e matar todos os gigantes maus, começamos a rir, sentindo-nos muito espertos, como se pensássemos de antemão "isso não vai dar certo".

Mas isso não significa que o público *necessariamente condene tal* projeto. Molière sabia que a fantasia de Arnolfo não era *estranha* ao seu espectador; que ele podia perfeitamente compreendê-la e compartilhá-la, e mesmo sentir *inveja* de alguém capaz de levar tão longe sua obsessão. (Que leitor não sente uma ponta de tristeza quando Dom Quixote se despede de seus delírios e se prepara para morrer como um pobre velho sensato?) Ao mesmo tempo, temos *simpatia* pela inocência ambígua de Inês e torcemos para que as peripécias da trama – o destino "de brinquedo" da comédia – favoreçam os jovens enamorados.

Se é verdade que a comicidade é uma arma que dispara em todas as direções, os alvos das simpatias e ojerizas serão também sempre móveis, explorando as expectativas da época, o pacto com as pulsões agressivas e libidinais de cada platéia. O adultério (que Charles Mauron considera o único acréscimo moderno às obsessões cômicas)

16. Molière, *Escola de Mulheres*, p. 10.

fez sucesso por mais de dois séculos como fonte de situações risíveis, mas hoje, pelo menos em sua versão mais simplória, só obtém do público um riso fraco, tolerante, subsistindo como motivo central apenas em um ou outro quadro cômico de televisão e na exploração comercial de um teatro "digestivo".

Ao final do seu ensaio, Bergson dedica seis páginas – do total de 105 que compõem o texto – ao exame do *absurdo* cômico, explicando que essa questão precisou ser desprezada até então pelo seu intento de "apurar a causa profunda da comicidade". Discordando dos autores que vêem a presença do absurdo em todo tipo de comicidade, Bergson precisa que o absurdo cômico é de um "gênero particularíssimo" e diz respeito à "estranha lógica" de personagens que modelam o mundo segundo sua própria idéia fixa, ao invés de ajustarem-se à realidade. Disso resulta, em sua análise, que a *causa* do cômico continue sendo o automatismo e a rigidez, sendo o absurdo um "efeito especialíssimo" da aplicação desse mesmo princípio. Buscando compreender esse efeito, Bergson chega ao seguinte "teorema": "O absurdo cômico é da mesma natureza que o dos sonhos"[17].

A partir dessa associação, uma "lógica estranha" se insinua no próprio ensaio. Para compartilhar a lógica peculiar da personagem cômica, nosso impulso seria o de "desligar" da tensão intelectual e repousar "da fadiga de pensar" e "da fadiga de viver". "Já não mais se procura ajustar-se e reajustar-se sem cessar à sociedade da qual se é membro. Descuida-se da atenção que se deveria prestar à vida. Fica-se mais parecido a um desviado"[18].

Parece claro que essa linha de interpretação nos leva para longe da crítica e da função social de corrigir desvios. O próprio autor observa que "encarada deste último ponto de vista, a comicidade nos surgiria sob forma um tanto diferente da que lhe atribuímos". Mas essa porta entreaberta a uma luz tão promissora é logo fechada, pois Bergson adverte que essa descontração, esse relaxamento das regras do pensamento "sério" dura não mais que um instante. E o ensaio se fecha com seu *leitmotif*: "O riso é, antes de tudo, um castigo" que "exerce uma função proveitosa" e "tem por função intimidar humilhando"[19].

Uma idéia fixa, já diz o narrador de *Memórias Póstumas de Brás Cubas*, é pior do que um cisco no olho[20]. Com sua própria idéia fixa da função social e corretiva do riso, Bergson não se permitiu demorar na consideração de que o prazer do cômico pode vir de múltiplas

17. H. Bergson, op. cit., p. 95.
18. Idem, p. 98-99.
19. Idem, p. 100.
20. J. M. Machado de Assis, *Memórias Póstumas de Brás Cubas*, p. 16.

fontes. Não é verdade (como querem todas as teorias do efeito cômico como "superioridade e degradação", entre as quais se inclui o estudo de Bergson) que a catarse cômica tenha origem apenas no exercício crítico, expondo caracteres, idéias ou comportamentos ao veto social.

Por vezes, o prazer cômico pode ser propiciado pela intervenção sobre um elemento *recalcado* de um sistema supostamente sério, fazendo-o saltar. Aristófanes flagra a idéia fixa de Platão sobre uma sociedade ideal e distorce-a, pela ótica da comédia, apenas fazendo pressão sobre o aspecto sexual silenciado. Em *A Revolução das Mulheres* (*Eclesiazusas*), não contentes em substituir os homens na administração pública e eliminar a pobreza pela comunidade dos bens, as revolucionárias estendem um "dispositivo democrático" aos direitos sexuais: os homens deverão escolher as feias e velhas antes das jovens e bonitas, assim como "as mulheres não poderão ir com os altos e simpáticos antes de terem resolvido o problema dos baixinhos e mal-acabados"[21].

Cômico Imitativo e Cômico Absoluto

O ensaio de Baudelaire intitulado "De l'essence du rire et généralement du comique dans les arts plastiques" e publicado quase meio século antes do estudo de Bergson tem sido apontado como um dos textos precursores na proposição do grotesco como categoria estética[22]. As observações do poeta sobre a caricatura e o riso suscitado pelo grotesco abriram perspectivas de compreensão para uma ampla região da comicidade que só seria revisitada de modo significativo por Bakhtin em seu estudo sobre Rabelais, embora sobre trilhas bem diversas do ideário romântico-satanista[23].

Logo de início, Baudelaire cuida de informar que não vai escrever nem um "tratado" nem uma "história geral da caricatura", e que suas reflexões devem ser vistas como "um artigo de filósofo e de artista"; mas poucas páginas adiante, ao resumir suas proposições, afirma que elas constituem "uma espécie de teoria do riso". O artigo nasce de sua per-

21. Aristófanes, *A Greve do Sexo (Lisístrata); A Revolução das Mulheres*, p. 119.

22. C. Baudelaire, "De l'essence du rire et généralement du comique dans les arts plastiques". In: *Oeuvres complètes* II, Paris: Gallimard, 1976. Esse ensaio foi publicado três vezes, em 1855, 1857 e 1868, com várias modificações feitas entre uma versão e outra. O texto adotado pela edição citada é o de 1868, segundo nota explicativa na página 1342. Sobre o caráter inovador da visão baudelaireana sobre o grotesco e sua posição em relação a outros estudos, ver nota na página 1345 da mesma edição.

23. "Ao contrário do grotesco da Idade Média e do Renascimento, diretamente relacionado com a cultura popular e imbuído do seu caráter universal e público, o grotesco romântico é um grotesco de *câmara*, uma espécie de carnaval que o indivíduo representa na solidão, com a consciência aguda do seu isolamento. [...] No grotesco romântico o riso se atenua, e toma a forma de humor, ironia ou sarcasmo. Deixa de ser jocoso e alegre. O aspecto *regenerador* e positivo do riso reduz-se ao mínimo". M. Bakhtin, *A Cultura Popular na Idade Média e no Renascimento*, p. 33.

plexidade diante de um duplo fenômeno: por um lado, a caricatura pode ser uma autêntica obra de arte; assim, embora destinada a "representar, para o homem, sua própria feiúra moral e física", ela conteria "o elemento misterioso, durável, eterno" do belo; por outro lado, coisa igualmente misteriosa seria que esse "espetáculo lamentável" consiga excitar em nós uma "hilaridade imortal e incorrigível". É esse enigma que até então, aos olhos do poeta, "nenhuma filosofia analisou a fundo"[24].

"O Sábio não ri senão tremendo". Esta frase de Bossuet se tornaria para Baudelaire uma obsessão, desde que o problema do riso ocupou seu espírito. Por "*sage*" aí devemos entender "santo", ou seja, "aquele que é animado pelo espírito do Senhor". Interrogando essa proposição, Baudelaire acaba retomando um tema caro às discussões sobre o riso na teologia medieval: Jesus Cristo, ou seja, o modelo do humano, jamais teria rido, embora em sua vida terrestre dispusesse de todas as nossas fraquezas, entre elas a faculdade do riso ou *risibilitas*.

Baudelaire sublinha a contradição aí sugerida entre o caráter do sábio (ou santo) e o caráter do riso. O Verbo Encarnado, ou seja, o Sábio por excelência, conheceu a cólera e as lágrimas, mas jamais riu. O cômico, pois, não tem existência "aos olhos d'Aquele que tudo sabe e tudo pode". Ou ainda: "o cômico desaparece do ponto de vista da ciência e do poder absolutos". E também, pode-se adiantar, do ponto de vista da beatitude ou felicidade absoluta. Tanto o riso quanto as lágrimas são fenômenos que sobrevêm à Queda, ambos são "igualmente filhos do sofrimento": no paraíso terrestre, reina apenas a alegria una e simples, o *gaudium spirituale*. É apenas como ser *decaído* que o homem aprende a "morder com o riso " e "seduzir com as lágrimas"[25].

Baudelaire finge concordar com a máxima cristã, mas apenas para inverter os seus valores: sendo *satânico*, o riso é "profundamente humano". Para apontar a origem demoníaca da comicidade, o poeta vale-se de uma imagem cruel, em que repercutem traços da Justine sadiana[26]: supõe uma alma de pureza e ingenuidade absolutas, saída de um idílico cenário natural, que *cai* na turbulenta Paris e vê-se diante de uma caricatura: "uma caricatura bem apetitosa para nós, cheia de fel e de rancor, como as sabe fazer uma civilização perspicaz e entediada". Essa alma pura, acostumada às coisas simples, diante dessa obra ambígua, que reúne a violência dos traços à velada mordacidade da idéia, estremecerá de medo, sem compreender seu sentido ou sua utilidade. Claro, se essa alma virginal permanecer em Paris, em breve aprenderá a rir disso[27].

24. C. Baudelaire, op. cit., p. 525-32.

25. Idem, p. 527.

26. Além de ser também uma caricatura do cândido romance *Paul et Virginie*, surgido em 1787. Note-se que no mesmo ano Sade escreve *Justine ou As Desgraças da Virtude*, embora o livro só venha a ser publicado em 1791.

27. C. Baudelaire, op. cit., p. 529.

A partir da idéia de que o cômico é "um dos mais claros signos satânicos do homem", Baudelaire inscreve-se no que julga "acordo unânime" dos estudiosos: *a causa do riso está num sentimento de superioridade*. Observa que os loucos "dos hospitais" têm um sentimento de superioridade bem desenvolvido: "Eu praticamente não conheço loucos de humildade". Para aprender a rir, a alma ingênua deverá baixar alguns degraus de sua pureza para ter idéia da própria superioridade.

Retomando sem novidade um motivo clássico nas teorias do riso, o poeta sublinha o orgulho vão, a vaidade débil que está na origem desse fenômeno da "fraqueza se rejubilando com a fraqueza", e pergunta-se: o que pode existir de prazeroso no espetáculo de alguém que tropeça e cai para que um semelhante ria de modo súbito, irresistível? A explicação apresentada também nada tem de original: há naquele que ri um orgulho inconsciente, a lhe dizer, como a voz de um Tentador, que com ele aquilo absolutamente não ocorreria.

Baudelaire admite, embora como "caso raro", que exista um homem capaz de rir de sua própria queda – tal homem teria que ser um filósofo, "um homem que conquistou, por hábito, a força de se desdobrar rapidamente e de assistir como espectador desinteressado aos fenômenos do seu *eu*". Essa, infelizmente, é uma intuição abandonada depressa demais pelo poeta, e que só seria tratada em toda sua dimensão por Freud, ao definir a diferença do *humor* em relação aos chistes e ao cômico em geral. Mas Baudelaire parece mais interessado em ver no riso seu aspecto vertiginoso, abissal: o riso é signo de uma contradição essencialmente humana, expressão ao mesmo tempo, "de uma grandeza infinita e de uma miséria infinita"[28].

Retomando a asserção aristotélica do riso como "o próprio do homem" – marca da condição humana como superior aos seres irracionais e inferior ao mundo divino – Baudelaire vai projetá-la historicamente numa distinção ideal entre "nações primitivas" e "nações civilizadas", sendo que só as segundas conheceriam o cômico, seja por ascenderem intelectualmente "aos picos nebulosos da inteligência", seja por se debruçarem "sobre as fornalhas tenebrosas da metafísica!" Fenômeno contraditório (como expressão que é do humano), o cômico reuniria o elemento angélico e o diabólico, lado a lado. Se a civilização é condição para a comicidade (na medida em que faz nascer a crença na superioridade humana), a idade moderna possuiria mais elementos cômicos que a Antiguidade.

A comicidade em Aristófanes e Plauto teria algo de selvagem, e dela só poderíamos nos aproximar por um esforço de compreensão "regressivo", que resultaria numa espécie de *pastiche*. As figuras grotescas da mitologia grega – seus Hércules, seus Príapos, seus falos prodigiosos dotados de asas – seriam coisas "cheias de seriedade",

28. Idem, p. 532.

das quais só se pode rir depois da vinda de Jesus, mas "com Platão e Sêneca ajudando"[29].

Antigos ou modernos, porém, os seres humanos teriam no riso a expressão de um sentimento *duplo*, contraditório, e que por isso faz explodir o corpo em convulsão; já a verdadeira alegria é *una*, e o riso da criança, que é semelhante à "alegria de respirar" é completamente diferente "do riso do homem que assiste a uma comédia ou olha uma caricatura"[30].

Por uma via assim tortuosa e bela, Baudelaire chega à sua distinção entre um *cômico significativo* ou *imitativo* e um *cômico grotesco* ou *absoluto*. O primeiro caso seria o mais banal e o que conta também com menos simpatia do poeta: a comicidade depende de uma *comparação* que gera o sentimento de superioridade do ser humano sobre a fraqueza ou infelicidade do seu semelhante; o segundo caso é o do riso violento, excessivo, irresistível, a que somos levados diante de criações fabulosas, da imagem de seres que não se enquadram em nossos padrões lógicos, e cuja mera existência violenta nossas regras de bom-senso.

Do ponto de vista artístico, haveria no cômico grotesco "um grau a mais", pois aí se trata de uma verdadeira *criação* e não apenas de imitação. No grotesco, a causa do riso é ainda o orgulho humano, a sensação de superioridade, porém "não mais do homem sobre o homem, mas do homem sobre a natureza". A distinção se torna mais clara quando Baudelaire aproxima o grotesco do cômico "inocente", com modelo em Rabelais, e o significativo do cômico "de costumes", associado à obra de Molière.

Se a predileção do poeta vai claramente para o cômico grotesco, associado a uma idéia mítica de natureza como "vida inocente", existe a ressalva : o termo "absoluto" serve apenas de contraste para "imitativo"; o cômico grotesco seria o máximo permitido à humanidade *decaída* aproximar-se da pura alegria (*joie*); seu efeito, sendo "de espécie una" e "puramente estético", não é captado pela análise crítica, e sim por lampejos de intuição que produzem um riso súbito. Já o cômico significativo extrairia seu efeito da faculdade de raciocínio; seu princípio é a duplicidade – "arte e idéia moral" – e o riso que provoca vem da capacidade de perceber e analisar um contraste de elementos. "Exagerando e levando aos últimos limites as conseqüências do cômico significativo, obtém-se o cômico feroz, assim como a expressão sinonímica do cômico inocente, com um grau a mais, é o cômico absoluto"[31].

Baudelaire adverte, em seus exemplos dos dois tipos de comicidade, que eles se matizam em subgêneros e se distribuem também segundo "os climas e as diversas atitudes nacionais", o que o leva a observações que além de serem muito divertidas aclaram nosso

29. Idem, p. 533.
30. Idem, p. 534.
31. Idem, p. 537.

entendimento de sua tipologia um tanto mística. Assim, a França, por ser um país "onde a arte visa natural e diretamente a utilidade", teria uma clara vocação para o cômico significativo, sendo Molière sua melhor expressão nesse gênero; porém, sendo também um traço da "paixão francesa" o afastar-se de qualquer extremo, e "evitar o excessivo, o absoluto e o profundo", esse tipo de comicidade jamais aí atingiria o grau de "cômico feroz"; pela mesma razão, Rabelais, mestre do grotesco, não alcança a inocência e a alegria do cômico absoluto, por conservar, em meio às maiores fantasias, "algo de útil e de razoável". Com Voltaire, nenhuma esperança de inocência: seu cômico, sendo "essencialmente francês" é, portanto, "inteiramente significativo".

Os melhores exemplos de cômico absoluto viriam da Alemanha, onde "tudo é grave, profundo, excessivo". A Itália, "alegre, barulhenta e despreocupada", transbordaria de cômico inocente. Na Espanha, as fantasias mais grotescas conteriam sempre algo de sombrio[32].

Embora o poeta siga uma trajetória extremamente pessoal para fazer a distinção entre esses dois tipos de comicidade, creio que é possível perceber aproximações entre eles e modelos bem conhecidos. Apesar de seu rótulo precário, o cômico "significativo" assemelha-se à concepção do cômico "corretivo" de Bergson: o riso que provoca no espectador vem da percepção *crítica* de um contraste entre um modelo e seu desvio; sua expressão dramática e teatral, preferencialmente, é a comédia chamada (um pouco vaga e pleonasticamente) "de costumes", em que o público ri de comportamentos facilmente reconhecíveis no âmbito de uma sociedade.

Mas podemos identificar esse aspecto crítico-imitativo também na comédia "de idéias", como em Bernard Shaw (*A Profissão da Senhora Warren*), na comédia satírica em geral e ainda na comédia "de humores" de Ben Johnson (*Every Man Out of His Humour*, 1599), uma espécie de "avó" das posteriores comédias "de caráter".

Todas essas denominações tradicionais são geralmente insatisfatórias, misturando critérios de periodização histórica, características de forma dramática, escolha de temas e efeito sobre o espectador[33]. *As Nuvens*, de Aristófanes, embora com um firme pé na farsa, como toda a Comédia Antiga, não é já uma comédia de idéias, com sua sátira à filosofia de Sócrates?. Já o cômico grotesco pode ser reconhecido em vários tipos de comédia "burlesca", cujo nome provém das incessantes *burlas* e peripécias fantásticas em que se envolvem personagens extravagantes, e cujo tom predominante é a bufonaria.

32. Idem, p. 537-538.

33. Ver, a respeito, a relação apresentada por Vilma Arêas, que põe lado a lado, por exemplo, uma comédia "de intriga", uma comédia "burguesa" e uma comédia "lacrimejante". V. Arêas, *Iniciação à Comédia*, p. 121.

Hans Robert Jauss entende que a tipologia de Baudelaire, do ponto de vista estético-receptivo, expressa-se na conhecida diferença entre o signo negativo de um "rir de" e o signo positivo de um "rir com", projetada nos modelos do "herói não heróico" e do herói grotesco. No primeiro caso, provoca-se no espectador um sentimento de superioridade a partir da *degradação* do herói clássico. É uma forma de *comicidade por contraste*, visto que a personagem não é cômica por si mesma, mas pelo ideal heróico que ele nega ou ridiculariza. Já no cômico absoluto, ou criativo, não se trata mais de um riso nascido do contraste com um ideal, e sim da liberação e *afirmação* de instintos reprimidos, através do *herói grotesco.* Aí não se trata mais de *degradação,* e sim de *elevação* do baixo corporal, do sensual e do sexual, diluindo a distância entre o espectador e o herói cômico numa "comunidade de risos"[34].

O exemplo mais puro do cômico absoluto Baudelaire irá buscar em suas memórias de espectador de uma pantomima inglesa. O poeta enfatiza o choque que lhe causou esse tipo de comicidade, cujo "signo distintivo" era "a violência" e "a vertigem":

> O Pierrô inglês chegava como a tempestade, tombava como um pacote, e quando ele ria, seu riso fazia tremer a sala; este riso parecia um alegre trovão. Era um homem curto e grosso, tendo aumentada sua figura por uma roupa carregada de fitas, que faziam em torno de sua jubilante pessoa o papel das plumas e da penugem em torno dos pássaros, ou do pelo em torno dos angorás. Sobre seu rosto enfarinhado, ele tinha colado cruamente, sem gradação, sem transição, duas enormes placas de puro vermelho. A boca estava aumentada por um prolongamento simulado dos lábios em meio a duas faixas de carmim, de modo que, quando ele ria, a bocarra parecia correr até as orelhas[35].

Nota-se, na longa e minuciosa descrição que se segue do espetáculo, trazido como reminiscência (a pantomima foi apresentada em 1842, portanto treze anos antes da primeira versão do artigo de Baudelaire), o poder de arrebatamento sobre seu singular espectador, que dele reteve "a vertigem da hipérbole". No final da pantomima, Pierrô é guilhotinado, e sua cabeça tomba e rola pelo chão; mas o tronco decapitado ergue-se, rouba sua própria cabeça ("como um presunto ou uma garrafa de vinho") e mete-a no bolso. Mas Baudelaire, ao terminar sua descrição, adverte-nos de que a vertigem não pode ser descrita. "Como a pena pode rivalizar com a pantomima?" A pantomima, sendo "a quintessência da comédia" desenrola-se num espaço além das palavras, "sobre a fronteira do maravilhoso", lá onde "respira-se a vertigem". E o que é a vertigem? "É o cômico absoluto"[36].

O ensaio de Baudelaire, geralmente tratado de modo marginal nos estudos sobre a comicidade e o riso, parece-me contribuir de modo deci-

34. H. R. Jauss, *Experiencia Estética e Hermenéutica Literária*, p. 295-303.
35. C. Baudelaire, op. cit., p. 539.
36. Idem, p. 540.

sivo para ampliar nossa compreensão da recepção cômica, ao apontar (e mais do que isso: testemunhar) um tipo de reação catártica que se coloca no pólo oposto ao do efeito sociocrítico e punitivo da teoria bergsoniana.

Visto que a comédia "significativa" ou *paródica* – no sentido amplo de *lateral* e *contrastante* a uma qualquer regra ou modelo – é sem a menor dúvida uma tendência hegemônica no teatro e na dramaturgia cômica, a ênfase de Baudelaire sobre o elemento grotesco (descontados os exageros de considerá-lo "l'apanage des artistes supérieurs qui ont en eux la réceptibilité suffisante de toute idée absolue"[37]) traz o contraponto de um aspecto geralmente esquecido na avaliação do efeito catártico na comédia.

Graças ao poeta, passamos a identificar não apenas o riso que *desce* de um espectador que se sente superior o bastante para obter prazer do contraste entre um modelo de atuação excêntrico e a norma partilhada pelo grupo social, descrição que é a base da teoria de Bergson (e repercute, como se verá, em grande parte da análise de Freud[38]).A esse riso *crítico*, Baudelaire (e também Bakhtin, por método e perspectiva inteiramente diversos) opõe a imagem de um riso *vertiginoso,* explosivo e ascendente: um riso que *sobe*, alegre, violenta e irresistivelmente, da liberação das funções corporais e dos poderes da imaginação e, ignorando-se a si mesmo[39], dissolve-se numa experiência coletiva, graças à vertigem do grotesco.

O INCONSCIENTE E SEU PODER DE *WITZ*[40]

O chiste é a mais social de todas as funções mentais que objetivam a produção de prazer.

O interesse de Freud sobre os chistes[41] havia sido despertado desde *A Interpretação dos Sonhos* (1900), ao verificar a grande ocorrência

37. O privilégio dos artistas superiores que possuem suficiente receptividade para toda a idéia absoluta

38. É preciso fazer essa aproximação com cuidado, pois em Freud, como se vê, sobretudo na distinção entre os chistes, o cômico e o humor, o prazer catártico na comicidade em geral depende tanto de elementos crítico-cognitivos quanto das pulsões afetivas.

39. "Un des signes très particuliers du comique absolu est de s'ignorer lui-même". (Um signo muito particular do cômico absoluto é o de ignorar-se a si mesmo.). C. Baudelaire, op.cit., p. 542.

40. O título é tomado de empréstimo a Jacques Derrida, que em polêmica com John Searle acusa a teoria dos *speech acts* de querer ingenuamente analisar enunciados "sérios", "normais" ou "plenos", desprezando a irrupção do inconsciente na linguagem, ou seja, não levando a sério "o seu poder de *Witz*". J. Derrida, *Limited Inc.*, p. 104.

41. De modo preliminar, pode-se definir "chiste" como dito ou frase espirituosa, que corresponde a *Witz* em alemão, a *joke* em inglês e *mot d'esprit* em francês, conforme a orientação seguida pelos tradutores do trabalho de Freud nessas línguas.

desses ditos espirituosos nos sonhos analisados, ou mais exatamente na "cena manifesta" dos sonhos. Mas só em 1905 publica um exame detalhado dos mecanismos de produção dos chistes, intrigado com a pouca atenção dada ao assunto até então, tanto pela estética quanto pela psicologia. Convencido do importante papel dos chistes em nossa vida mental, Freud observa que os poucos autores que os estudaram estavam interessados apenas na sua relação com o amplo problema da comicidade, tratando-os como "algo cômico" e sem chegar a identificar sua natureza específica.

De saída, Freud marca seu próprio e definido interesse na questão: visto acreditar que "há uma íntima conexão entre todos os eventos mentais"[42], conclui que uma descoberta psicológica num dado campo deverá lançar luz sobre os demais. De fato, pode-se dizer que existe na obra freudiana uma trifurcação de caminhos que levam ao inconsciente: pelas vias dos sonhos, dos atos falhos e dos chistes. O estudo dos chistes interessa-lhe, portanto, na sua estreita relação com os demais processos inconscientes, e visto que o sonho, como já havia afirmado, é a "via real" para atingi-los, passa a construir uma descrição dos procedimentos de produção dos chistes sobre o modelo do trabalho da "elaboração onírica"[43].

A leitura que aqui se faz do célebre ensaio de Freud tem também seu interesse específico: o de sua possível contribuição a um estudo da catarse na comédia, entendida como construção artística que utiliza determinados procedimentos, visando proporcionar determinadas reações no receptor.

O chiste, como qualquer objeto cultural, pode ser o alvo de várias óticas e semióticas. Todorov, por exemplo, embora partindo também da análise freudiana, optou por vê-lo na perspectiva retórica, como "um tipo de discurso"[44].

De minha parte, suponho encontrar, graças à observação do paciente exame feito por Freud de um amplo repertório de frases espirituosas, também uma via para a compreensão de certas peculiaridades da caracterização de personagens e situações, da construção do diálogo cômico e de seus efeitos sobre o leitor ou espectador.

Com razão, Freud mostra-se insatisfeito com o inventário das poucas características *próprias* dos chistes que se repetem nos estudos precedentes. Por um lado, a idéia de *jogo* – o chiste é "juízo lúdico"(Fischer), é "simplesmente jogar com as idéias"(Richter); do outro, o aspecto de *contraste* – o chiste é "contraste de idéias", é "juízo que produz contraste cômico", é "sentido no nonsense" e produz "desconcerto e esclarecimento" ; e, finalmente, a marca de *brevidade*

42. S. Freud, *Os Chistes e Sua Relação com o Inconsciente*, p. 28.
43. S. Freud, *A Interpretação dos Sonhos* II, p. 647.
44. T. Todorov, *Os Gêneros do Discurso*.

(Lipps), o chiste expressa-se com palavras "poucas demais" se examinado do ponto de vista lógico dos modos usuais do discurso. Essas características, embora relevantes e facilmente observáveis nos exemplos abundantes, mostram-se insuficientes para nos dizer o que *é* um chiste. Freud reclama da falta de *conexão* entre esses traços: o que tem a ver, por exemplo, a *brevidade* com o fato de ser um *juízo lúdico*? Um chiste deve apresentar todos esses aspectos ou apenas alguns deles?

Como "Se Faz" um Chiste

Iniciando sua investigação pela "técnica de produção" dos chistes, Freud toma uma fala famosa de uma personagem de Heine. Hirsch-Hyacinth, um pobre agente de loteria, gaba-se de ter sentado ao lado de um milionário, o Barão de Rothschild, e de ter sido tratado por ele "como um seu igual, bastante familionariamente". (EXEMPLO 1)[45]

Para descobrir *o que*, nesta fala, torna-a um chiste, Freud vale-se a princípio de uma "tradução" do comentário da personagem em "linguagem corrente": "Rothschild tratou-me como um igual, muito familiarmente, isto é, na medida em que isso é possível a um milionário". Diante da paráfrase, esvaziada de todo efeito cômico, é possível perceber que o chiste não era produzido pelo "pensamento expresso" na fala (na verdade uma observação bastante amarga de um homem pobre defrontado com a riqueza), mas tão somente por sua forma verbal[46].

A comparação entre a frase espirituosa e sua versão insípida, desdobrada em "palavras demais", vai revelar a Freud a técnica responsável por um primeiro grupo de chistes: a "condensação acompanhada de formação de substituto". Nesse caso ocorre uma *abreviação*, uma síntese de idéias até mesmo contrárias – "familiaridade" e "distância social" – resultando em uma palavra composta, nova, e incompreensível fora do contexto: familiarmente + milionário = "familionariamente" (*familiär* + *millionär* = *familionär*). É evidente que na tradução portuguesa a necessidade do acréscimo do sufixo adverbial (/- mente/) enfraquece o efeito espirituoso, rompendo a simetria original da soma dos vocábulos em alemão. É como se a própria língua oferecesse à imaginação do falante a idéia que dá origem ao chiste: duas palavras que possuem uma parte comum "embutida", que podem ser desmontadas e compactadas, jogando-se fora a parte não-significativa.

45. S. Freud, *Os Chistes...*, p. 29.

46. Deixemos de lado, por enquanto, a afirmativa freudiana de que um pensamento pode "ser expresso por várias formas linguísticas", e isso "com igual aptidão". Também a expressão "linguagem corrente", usada acima, é precária quando usada em oposição a "linguagem chistosa", pois implica dizer que a linguagem usual, cotidiana, é destituída de recursos espirituosos, o que é evidentemente falso.

A partir de nova seqüência de exemplos, Freud vai indicar uma variação da técnica de condensação verbal. Nesse subgrupo, cuja técnica propõe chamar de "condensação com leve modificação", o resultado exige apenas um grau mínimo de alteração dos termos compactados. Um exemplo dado em francês, e só em francês possível, é tão claro quanto saboroso: "Viajei com ele *tête-à-bête*" (EXEMPLO 2). Mais uma vez, ao desfazer o efeito de condensação, desaparece o chiste: "Viajei com X *tête-à-tête* e X é uma besta".

Outro dito, que como o anterior seria de autoria de um certo Senhor N. (pseudônimo de figura pública, notável criador de chistes) apresenta uma complicação dessa técnica ao recorrer à *alusão*: "A vaidade é um de seus quatro calcanhares de Aquiles". (EXEMPLO 3). Freud explica: este chiste condensa "X é eminente, é vaidoso e é burro". Mas, além disso, exige que o ouvinte conheça a expressão "calcanhar de Aquiles", o ponto fraco de alguém forte (ou assim considerado)[47].

Um outro grupo de chistes serve de material para a descrição de uma nova técnica, chamada "uso múltiplo do mesmo material". Neste caso, não há formação de um terceiro termo substituto, seja por surgimento de palavra composta, seja por leve modificação, como nos exemplos anteriores. Freud cita de memória um exemplo ouvido na juventude. Certo professor contara à sua turma que um jovem de cabelos avermelhados, parente de Jean-Jacques Rousseau, comportou-se mal num salão de Paris, e a anfitriã comentou para a pessoa que o apresentara: "Você me fez conhecer um jovem ruivo (*roux*) e idiota (*sot*), mas não um Rousseau". (EXEMPLO 4)[48].

Esse chiste,observa Freud, apela ainda para a identidade fônica (como no EXEMPLO 2), mas consiste no uso de uma mesma palavra de duas maneiras, pondo em jogo seu significado primeiro e banal, como um todo (Rousseau) e o significado novo e surpreendente de seus segmentos (*roux* + *sot*), de onde brota o efeito chistoso. A técnica da segmentação se esclarece com outro exemplo de "uso múltiplo" citado por Freud. Era piada comum nos círculos médicos, na época, que quando se perguntava a uma jovem se já tivera experiência de masturbação, ela respondia: "*O na, nie*!" (Oh, não, nunca!) (EXEMPLO 5). Mais uma vez, tem-se o jogo de usar um vocábulo seguido de sua fragmentação (sendo "*Onanie*" a palavra alemã para onanismo ou masturbação)[49].

47. S. Freud, *Os Chistes...*, p. 39. A alusão é um recurso importantíssimo à disposição dos fazedores de chistes, que será retomado e explorado mais adiante.

48. Idem, p. 45.

49.Idem, p. 46. Este chiste merece ser retomado adiante, do ponto de vista do seu *propósito*. Inventado como zombaria, ilustra o ato falho de uma paciente imaginária, mas servindo à tendência agressiva de *desmascaramento* por parte do seu autor, um médico.

Os exemplos 4 e 5 ilustram a primeira variante a. do "uso múltiplo", em que o mesmo material verbal é empregado como "um todo e suas partes". Freud sugere mais três possibilidades nessa técnica. Pode-se fazer uso do mesmo material verbal: b. "em ordem diferente", como no exemplo: "O Sr. e a Sra. X vivem em grande estilo. O marido ganhou muito dinheiro porque *deu pouco* (*sich etwas zurückgelegt*) e a esposa, como *deu um pouco* (*sich etwas zurückgelegt*), ganhou muito dinheiro*"*. (EXEMPLO 6)[50]; c. "com leve modificação", como no conhecido exemplo do italiano: "*Traduttore, traditore!*" (EXEMPLO 7); d. com sentido "pleno" e sentido "esvaziado" : "Um cego perguntou a um coxo: como você anda? O coxo respondeu: como você vê" (EXEMPLO 8)[51].

Vale observar que qualquer dos exemplos vistos nos grupos precedentes, bem como nos que se seguirão, poderiam ser substituídos, na maioria das vezes com grande vantagem, por diálogos de comédias, mesmo se procurados ao acaso. Freud se mantém, sempre que possível, nos exemplos cotidianos, surgidos em festas, reuniões sociais, produzidos por fazedores de chistes contumazes, ou piadistas conhecidos em sua época. No entanto, preferi manter, neste passo, a fidelidade ao repertório freudiano, de modo a expor com clareza o percurso de sua investigação. Mas o próprio Freud, como se verá, irá tomar inúmeros exemplos à dramaturgia, o que, aliás, é procedimento comum em várias de suas obras.

Um novo grupo de chistes ilustra a técnica do "duplo sentido" – que na verdade é uma extensão do "uso múltiplo" ou "jogo com palavras" e Freud propõe subdividi-lo, como o anterior, em quatro variantes.

a. "Duplo sentido de um nome e da *coisa* por ele denotada". Aqui Freud se utiliza de um exemplo da peça *Henrique IV*, de Shakespeare: "*Discharge thyself of our company, Pistol!"* ("*Descarrega-te* de nossa companhia, *Pistola!"* – EXEMPLO 9)[52].
b. "Duplo sentido jogando com significado literal e metafórico de uma palavra". O chiste citado por Freud é bastante elaborado, exigindo esclarecimento de alguns dados de contexto, por seu requintado recurso a uma dupla alusão. Hamlet, na célebre cena em que dá uma aula de teatro aos atores que visitam o castelo, afirma

50. Idem, p. 47.

51. Idem, p. 49. Observe-se que Bergson já considerava essa técnica como um dos recursos principais da "comicidade de palavras", usando as expressões "sentido próprio" e "sentido figurado" para o que Freud chama "sentido esvaziado" e "sentido pleno". "Poderíamos dizer que, em maioria, as palavras apresentam um sentido *físico* e um sentido *moral,* conforme as tomemos no sentido próprio ou no figurado [...] Obtém-se um efeito cômico quando se toma uma expressão no sentido próprio, enquanto era empregada no sentido figurado. H. Bergson, *op. cit.*, p. 62.

52. Idem., p.51. Cf. *Henrique IV*- Parte II, Ato II, cena 4.

que o objetivo da arte dramática é "apresentar/sustentar, por assim dizer, um espelho à/diante da natureza" (*To hold, as 'twere, the mirror up to nature*). O pai do dramaturgo Arthur Schnitzler foi o médico que inventou o laringoscópio (*Kehlkopfspiegel* = espelho da laringe). Um amigo do dramaturgo, também médico, dirigiu-lhe então o seguinte chiste "elogioso": " Não me surpreende que você tenha se tornado um grande escritor. Afinal, seu pai sustentou um espelho diante de seus contemporâneos" (EXEMPLO 10)[53].

c. "Duplo sentido propriamente dito, ou jogo de palavras". Na verdade, não temos aqui uma variante entre outras, mas sim a técnica que representa o "modelo puro" do uso múltiplo, e Freud refere-se a ela como "caso ideal": não há qualquer modificação da palavra em jogo, ela não é dividida nem mudada de categoria (de nome próprio para comum, de metafórico para literal etc.). Quando Napoleão III apoderou-se da Casa de Orléans, um jogo de palavras tornou-se corrente na época: "*C'est le premier vol de l'aigle*" ("Eis o primeiro vôo da águia"), com a palavra *vol* significando "vôo" e "roubo" (EXEMPLO 11).

Um outro exemplo desse "caso ideal", em que se mantém a integridade "física" da palavra, manipulando seus significados no contexto, mostra também as possibilidades de expansão da duplicidade de sentido, que pode *contaminar* não apenas uma palavra, mas toda uma frase (e também, como se sabe, todo um texto, toda uma obra, mas isso já nos levaria em outra direção). Um médico, preocupado com sua paciente, diz ao marido: "Não gosto da aparência dela". O marido concorda: "Eu também não gosto, e já há muito tempo" (EXEMPLO 12)[54].

A quarta variante dos chistes de duplo sentido apresentada por Freud não parece merecer referência à parte. Trata-se apenas do duplo sentido "propriamente dito", já visto nos exemplos 11 e 12, ao qual se acrescenta uma alusão. Ora, visto que a alusão é um recurso estilístico que parece combinar-se indiferentemente com várias técnicas – como nos exemplos 3 (quatro calcanhares de Aquiles) e 10 (espelho/laringoscópio) – não parece lógico o desdobramento de uma variante especial chamada "duplo sentido com alusão". O exemplo em questão é um comentário surgido à época do famoso caso Dreyfus: "Esta garota me lembra Dreyfus. O exército inteiro não acredita em sua inocência" (EXEMPLO 13).

Freud vê nesse chiste um caso de *double entendre*, em que ao lado do sentido usual da palavra (inocência = ausência de culpa) brota um significado sexual, sendo que as duas acepções lhe parecem tão

53. Idem, p. 52.
54. Idem, p. 53.

óbvias que "realmente seria difícil decidir qual dos sentidos (o sexual e o não sexual) é o mais usual e familiar"[55]. Mas Todorov observa, com razão, que a "hierarquia dos sentidos" tem papel fundamental na produção dos chistes, pois o efeito espirituoso depende de que a um sentido dado e evidente seja *imposto* um sentido novo, que domina a interpretação[56]. Seguindo esse raciocínio, e à vista dos chistes estudados, pode-se mesmo adiantar que nos casos de alusão, por exemplo, a referência a que se alude (o calcanhar de Aquiles, o espelho de Hamlet, a inocência de Dreyfus) funciona como uma espécie de trampolim para fazer saltar o sentido realmente pretendido.

Visto que uma característica geral de "tendência à economia" está presente em todas as técnicas examinadas até agora, Freud finalmente agrupa todos os casos de "uso múltiplo" e de "duplo sentido" sob o rótulo geral de *chistes de condensação*. Mas logo observa que a vantagem teórica dessa conclusão é ainda precária. Volta-se à questão inicial de que a *brevidade* é condição necessária para a produção do chiste, mas não suficiente. Pois, se todos os chistes resultam de algum tipo de condensação, não basta que tenhamos uma expressão abreviada de um pensamento para termos um chiste.

Deixando aberta essa questão, Freud vai examinar uma nova seqüência de chistes cujo traço comum é o fato de que seu efeito não pode ser creditado exclusivamente à expressão verbal de um pensamento, mas sim *ao próprio curso tomado pelo pensamento*, ou seja, por um desvio conceitual. Agrupam-se aqui os chistes produzidos por uma nova técnica: o deslocamento. Também eles podem ser divididos em três subgrupos, segundo os mecanismos conceituais em ação, agindo por "raciocício falho", "unificação" e "representação indireta"[57].

Entre os vários chistes muito populares, que falam da aversão dos judeus a tomar banho (chamados simplesmente "chistes de banho"), narrados por Freud, cito apenas um, que permite uma clara comparação com exemplos das técnicas anteriores. Dois judeus se encontram perto de uma casa de banhos. Um diz: "Você *tomou um banho*?". E o outro: "O quê? Está faltando um?" (EXEMPLO 14).

Este chiste poderia estar incluído no subgrupo de "uso múltiplo" – como no exemplo 8 – já que existe uso "pleno" e "vazio" da palavra *tomar*. Mas existe também um deslocamento conceitual, na

55. Idem, p. 56.

56. "A inocência jurídica, à qual se referem os termos vizinhos de "exército" e de "Dreyfus", é o sentido exposto (e banal); a inocência sexual (a virgindade) é o sentido realmente visado pelo chiste: é o sentido imposto. Quando Freud afirma que os dois sentidos da palavra "inocência" são igualmente correntes, pensa na palavra fora de qualquer contexto, tal como ela se encontra definida no dicionário: considera essa ambigüidade como se ela não fosse simbólica; mas a anedota forma um contexto para a palavra e impõe a prioridade de um de seus sentidos ao outro". T. Todorov, op. cit., p. 284.

57. S. Freud, *Os Chistes...*, p. 99.

resposta, retirando a ênfase de *banho,* que era o centro da pergunta, para *tomar* no seu sentido "pleno" de *pegar*[58].

Todavia os plenos poderes da técnica do deslocamento podem ser melhor saboreados num exemplo mais transparente de desvio conceitual. Um sujeito pobre toma emprestados 25 florins de um amigo rico. No mesmo dia, o rico encontra o pobre comendo maionese de salmão num restaurante. O rico repreende-o: "Como? Você me toma dinheiro emprestado e vem comer maionese de salmão?". O pobre retruca: "Não compreendo você. Se não tenho dinheiro, não posso comer maionese de salmão; se o tenho, você acha que não devo comer maionese de salmão. Então, quando eu vou comer maionese de salmão?" (EXEMPLO 15).

Nesse tipo de chiste, o efeito deriva precisamente da resposta que, embora mantenha uma forma perfeitamente lógica, produz um desconcerto momentâneo ao *deslocar* o sentido da repreensão. O *novo sentido* produzido aqui já não depende da substância fônica, do jogo com as semelhanças do material verbal; ele é produto exclusivo do "desvio do curso do pensamento"[59]. Esse desvio produz um efeito momentâneo de *nonsense,* o que leva Freud a denominá-los "chistes absurdos" ou, mais exatamente "chistes de raciocínio falho por absurdo", uma primeira variante da técnica de deslocamento.

No entanto é importante sublinhar, desde já: nem todo mero *nonsense* é um chiste. Há chiste exatamente quando *há sentido.* Essa premissa é importante, como se verá, para lidar com dificuldades futuras quanto a certas especificidades do efeito espirituoso.

A técnica do deslocamento parece depender de uma estrutura mínima de diálogo em que um comentário ou pergunta é seguido por uma réplica que "entorta" a trajetória do pensamento numa direção diferente da inicial. Um exemplo gêmeo da "maionese de salmão" serve para fixar o tipo de esquema observado por Freud: Um mendigo judeu (*Schnorrer*) pediu a um Barão que lhe financiasse uma viagem a Ostend, para tratar sua saúde com banhos de mar. O Barão replica: "Mas por que você tem que ir justamente a Ostend, a mais cara estação de banhos de mar?" E o mendigo: "Não considero nada caro demais quando se trata de minha saúde" (EXEMPLO 16)[60].

Outra marca característica dos chistes emerge nos casos em que é necessário enfrentar a questão da *interpretação* a ser dada pelo ouvinte, como se vê a seguir num exemplo simples do inventário freudiano, que por certo conhece inúmeras variações em nossa literatura oral e popular. Um vendedor elogia um cavalo de sela, exibindo-o para um freguês: "Se você partir nesse cavalo às quatro da manhã,

58. Idem, p. 66.
59. Idem.,p. 68.
60. Idem, p. 73.

estará em Pressburg às seis e meia". E o freguês: "E o que eu vou fazer em Pressburg às seis e meia da manhã?" (EXEMPLO 17)[61]. Pode-se desde já chamar atenção para a circunstância de que a resposta do freguês só deve ser considerada um chiste na condição de que este compreenda a intenção propagandística de "estar em Pressburg às seis e meia", na fala do vendedor, e opte deliberadamente por deslocar o seu sentido[62].

Observei há pouco que há chiste quando há sentido; é possível, mesmo provisoriamente, acrescentar: e quando há intenção. O mesmo se observa na segunda variante dos chistes de deslocamento "por raciocínio falho", chamada por Freud de "raciocínio 'sofístico', defeituoso": neste caso o efeito desconcertante vem de uma argumentação com fachada lógica que estabelece relações inusitadas, chegando, por uma via tortuosa, a "conclusões" surpreendentes. Vejamos uma das várias façanhas de agentes matrimoniais (*Schadchen*) citadas por Freud. Um noivo reclama que a noiva proposta pelo agente tem uma perna mais curta que a outra e manca. O agente: "Se você se casar com uma moça com as pernas normais, direitas, não pode ter certeza de que um dia ela não caia, quebre a perna e fique coxa para o resto da vida. Imagine o transtorno, a conta do médico! Com essa aqui, isso não vai acontecer. É fato consumado" (EXEMPLO 18)[63].

É importante ressaltar nesse exemplo, para que se possa considerá-lo um chiste, a *intenção expressa* do agente em convencer o noivo lançando mão de qualquer tipo de argumento. É o que também ocorre no exemplo seguinte. Um cavalheiro entrou numa confeitaria e pediu um bolo. Devolveu logo depois, pedindo um cálice de licor. Bebeu e foi saindo. O proprietário: "Você não pagou o licor". O freguês: "Mas eu lhe dei o bolo *em troca*". O proprietário: "Também não pagou o bolo". O freguês: "Mas eu não o comi" (EXEMPLO 19). Aqui, como no exemplo anterior, existe uma *argumentação* criando conexão inexistente entre "bolo" e "licor".

Sublinho a presença da argumentação e da intencionalidade porque esse será um traço importante para distinguir diálogos e situações cujo núcleo contém um chiste de outros tipos de histórias cômicas. É

61. Idem, p. 71.

62. É fácil perceber o que está em jogo na presença/ausência de intenção chistosa comparando o exemplo de Freud com uma popularíssima piada brasileira, anterior à construção da ponte Rio-Niterói. Um português é abordado na rua por alguém que lhe diz: "Corra, seu Manoel! Sua casa em Niterói está pegando fogo, sua mulher e seus filhos estão na rua, gritando, desesperados!" O português, aflito, toma a barca para Niterói e quando está em meio do caminho dá-se conta: "Mas o que é que eu estou fazendo aqui? Eu não sou casado, não moro em Niterói e nem me chamo Manoel!" Aqui a fonte da comicidade é a constatação do automatismo, da visão de alguém que age de modo mecânico, princípio fundamental do já citado estudo de Bergson sobre o riso. Não há nada aqui parecido com a "elaboração de um chiste", que exige, ao contrário, engenho e malícia.

63. *Os Chistes*..., p. 80.

o que ocorre num caso, à primeira vista bem semelhante ao da "noiva que manca" (ver exemplo 18), que traz dificuldades para Freud, dificuldades essas criadas por sua premissa de que os chistes são de natureza diversa do cômico. Trata-se de outro exemplo da ridícula saga dos agentes matrimoniais. O noivo, quando vê a noiva proposta, diz ao agente: "Por que você me trouxe aqui? Ela é feia, velha, vesga, tem maus dentes e olhos remelentos". E o agente: "Não precisa baixar a voz. Ela também é surda" (EXEMPLO 20).

Não vejo como considerar esse fecho anedótico como um chiste. Aqui, ao contrário dos exemplos 18 e 19, a réplica que fecha o diálogo vai exatamente *contra* a intenção consciente do emissor, é um comentário que "salta" em prejuízo dos seus propósitos. Ou seja, exatamente o contrário do que se entende por "elaboração" de um chiste.

Assim, a dificuldade que esse tipo de réplicas apresenta para a classificação de Freud é que se elas empregam também um "raciocínio falho", este é "automático". Não existe aí a argumentação falsamente coerente, não existe a *intenção expressa* de convencer o interlocutor, como nos exemplos precedentes. Aquele que deixa escapar a resposta surpreendente, nesse caso, é alguém que "se trai" por reagir de modo impensado, automático. Freud hesita (metodologicamente, é claro, em nome do rigor de sua análise) quanto a considerar tais casos de *réplicas automáticas* como chistes, porque sabe que "a denúncia do automatismo psíquico é uma das técnicas do cômico"[64]. Daí que continua, a essa altura, a se perguntar qual a característica *peculiar* dos chistes.

O fato de que Freud opta por examinar primeiro a *técnica* e só depois os *propósitos* dos chistes, faz com que ao longo de sua análise se misturem exemplos de chistes "genuínos" com outras variedades de comicidade. Mas é útil, em favor da clareza e da economia, já se estabelecer, aqui, as distinções possíveis à custa dos exemplos disponíveis. É o caso do exemplo que se segue, *que não constitui um chiste* por lhe faltar o elemento de intencionalidade. Um judeu diz a outro: "Tomo banho anualmente, quer precise ou não" (EXEMPLO 21).

Trata-se de mais um caso de automatismo, em que o efeito cômico provém justamente de uma personagem que não percebe o que diz, que ao gabar-se de seu asseio só faz ressaltar a ausência de higiene, e é sua inconsciência mesma do fato que resulta ridícula (o mesmo pode ser dito do exemplo 14, também um "caso de banho" com réplica automática, igualmente destituído de efeito espirituoso). Não se trata, portanto,

64. Idem, p. 83. É o que Bergson também aponta na situação cômica chamada "boneco de mola": idéias, frases e gestos de uma personagem que são reprimidos e de repente "saltam".

de um "chiste de representação pelo oposto", como quer Freud[65], mas sim do cômico involuntário ou mecânico estudado por Bergson. O que me parece, em suma, é que se deve sem hesitação excluir o automatismo das técnicas de produção do efeito espirituoso.

Os chistes de deslocamento apresentam ainda uma modalidade chamada "unificação". Trata-se de uma reação defensiva, do tipo "resposta pronta", em que o emissor do chiste busca "estabelecer uma inesperada unidade entre ataque e contra-ataque"[66]. Vejamos apenas dois dos exemplos elencados por Freud. Um poeta francês escreveu uma "Ode à Posteridade". Voltaire comentou: "Esse poema não alcançará o destinatário" (EXEMPLO 22). Um nobre viu um homem na multidão, muito parecido com ele, e perguntou: "Sua mãe esteve alguma vez a serviço do Palácio?". E o homem: "Não, Alteza, mas meu pai esteve"[67] (EXEMPLO 23).

Quando se têm em mente os procedimentos da dramaturgia, sabe-se que esse tipo de respostas, que podemos chamar de *réplicas de contra-ataque* é recurso já canonizado pelos grandes comediógrafos e parte intrínseca da caracterização de tipos específicos de agentes cômicos. Em geral, tem-se uma personagem que, diante do público, "puxa o tapete" de outra, devolvendo a ofensa, ou mera indiscrição, ou mesmo simples estupidez, com um rápido e preciso contragolpe. (Este tipo de "unificação" entre duas réplicas, que funciona como uma espécie de "efeito bumerangue", de "bater e voltar", como uma bola jogada contra a parede, bem que poderia integrar a lista de *brinquedos infantis* que Bergson aponta como modelos para as situações cômicas.).

A última técnica do deslocamento é chamada por Freud de "representação indireta", e logo veremos tratar-se de uma antiga figura retórica: a ironia. Um dos melhores exemplos refere-se a um homem que, quando jovem, parecia ter um grande futuro político, mas os tempos mudaram e as previsões não se realizaram. Disse então o nosso já conhecido Sr N. a respeito dessa personagem pública: "Ele tem um grande futuro por trás dele" (EXEMPLO 24).

Visto que um mesmo chiste pode se utilizar de várias técnicas ao mesmo tempo, esse caso apresenta, além da variante já conhecida como "condensação com leve modificação" (pela substituição, na frase, do previsível "à sua frente"), também uma representação indireta pelo oposto, ou seja, pela súbita unificação de idéias opostas: *futuro + por trás dele*. A estratégia da unificação, lembra Freud, pode operar com recursos muito simples e eficazes, como o uso da conjunção "e", que cria um vínculo indissolúvel, na imaginação do ouvinte, entre os

65. Idem, p. 90.
66. Idem, p. 86.
67. Idem, p. 86-87.

termos por ela conectados. Como na frase de Heine, citada por Freud, em que o poeta rememora a escola onde tivera de suportar "tanto Latim, expulsões e Geografia"[68].

Outro primoroso chiste de "representação pelo oposto" utiliza o viés da ironia para servir de escape ao perigo de confronto e punição. "Frederico, o Grande, ouviu falar de um pregador na Silésia que tinha a reputação de entrar em contato com os espíritos. Mandou buscar o homem e recebeu-o com a pergunta: 'Você pode conjurar os espíritos?' A resposta foi: 'Às ordens de Sua Majestade. Mas eles não vêm'"[69] (EXEMPLO 25).

Contudo, a ironia não é procedimento *exclusivo* da produção espirituosa, e está amiúde disseminada em diálogos "sérios" e mesmo trágicos. Evito fornecer exemplos a esta altura para não protelar o exame dos propósitos dos chistes segundo a análise freudiana. Além disso, a ironia, por ser um importante expediente formal e temático a serviço da comédia, será objeto de comentário mais detalhado no capítulo 5, relacionada às estratégias "vizinhas" do humor e da sátira.

A "representação indireta", adverte Freud, pode também utilizar-se da comparação com algo "similar ou conexo", como no exemplo que se segue. Dois ricos homens de negócios, conhecidos como inescrupulosos e querendo ser aceitos na boa sociedade, mandaram pintar seus retratos pelo mais famoso artista da cidade. Um crítico de arte, ao ver as telas exibidas lado a lado, e indicando o espaço vazio entre elas, pergunta: "Mas onde está o Salvador?" (EXEMPLO 26). Temos aqui, como no diálogo entre o Duque e o tintureiro, a recusa de um confronto direto, só que desta vez pela comparação com uma imagem assemelhada: o episódio bíblico de Jesus *entre* os dois ladrões. O riso que os participantes do sarau devem ter sido obrigados a conter ou, suponho, a liberar discretamente, não teria sequer aflorado se o crítico houvesse expressado *diretamente* seu julgamento dos anfitriões. Não há dúvida, pois, sobre a eficiência da frase espirituosa.

Mas eis que estamos de volta ao recurso da *alusão,* já presente numa variante dos chistes por condensação chamada por Freud de "duplo sentido com alusão". E pode-se repetir o que foi dito a respeito da ironia: a alusão também não é um recurso *próprio* ou *exclusivo* da formação dos chistes. Freud repete então a diferenciação já feita

68. Idem, p. 87. Observe-se que esse tipo de enumeração, irônica ou jocosa, é procedimento comum na poesia satírica, como a todo momento encontramos em Gregório de Matos: "Ilha de Itaparica, alvas areias,/ alegres praias, frescas, deleitosas,/ ricos polvos, lagostas deliciosas,/ farta de putas, rica de baleias". A dificuldade, uma vez mais, é que não se trata de recurso específico do chiste, sequer da comicidade em geral, pois é usado com a mesma freqüência na poesia lírica, com diferente efeito e objetivo, como no célebre verso de Drummond: "Perdi o bonde e a esperança".

69. Idem, p. 88.

entre "mero *nonsense*" e "chiste absurdo"; também "uma alusão em si não constitui um chiste"[70].

O que se observa em relação à ironia e à alusão, torna-se ainda mais nítido quando nos defrontamos com a *analogia*. Pelas dificuldades especiais que apresenta, Freud reserva seu exame para a última variante das técnicas de chistes conceituais ou "de deslocamento", à qual chama de "representação indireta por analogia". Na série de casos candidatos a inscreverem-se nesse grupo, "onde uma analogia nos parece um chiste, isso se deve à mesclagem com uma das técnicas do chiste que já conhecemos"[71]. Pela observação dos exemplos, vê-se que as analogias recolhidas por Freud ora constituem frases chistosas, ora são metáforas que criam uma mescla difusa de humor e lirismo.

Recolho desse grupo apenas dois exemplos, que merecem figurar como chistes, mas cujo efeito se deve a alguma técnica já conhecida. "É quase impossível atravessar uma multidão portando a tocha da verdade sem chamuscar a barba de alguém" (EXEMPLO 27). Temos aqui, claramente, o já estudado *uso múltiplo do mesmo material* com a palavra "tocha" passando de um sentido "pleno" para um sentido "esvaziado". Outro: "Todo mundo tem seu *backside* (traseiro) moral, que não expõe exceto em caso de necessidade e que cobre, enquanto possível, com os calções da respeitabilidade" (EXEMPLO 28). Embora mais elaborado, esse caso exibe também o uso duplo de uma *mesma palavra*, com uma mudança de sentido, agora de metafórico para literal. Combinada, portanto, a alguma outra técnica, a analogia pode produzir chistes eficazes, mas o seu uso puro e simples não garante o efeito espirituoso.

Resumindo, agora, o todo da classificação proposta por Freud, tem-se que, do ponto de vista de sua *técnica*, os chistes podem ser produzidos:

Por condensação (chistes verbais):

a. com formação de substituto;
b. com leve modificação;
c. com uso múltiplo do mesmo material (como um todo e suas partes; em ordem diferente; com leve modificação; com sentido "pleno"/ "esvaziado"*);
d. com duplo sentido (nome/coisa*; literal/figurado; duplo sentido propriamente dito ou jogo de palavras; com alusão*);

Por deslocamento (chistes conceituais):

a. por raciocínio falho (por absurdo; por "sofisma" defeituoso; por automatismo*);

70. Idem, p. 98.
71. Idem, p. 106.

b. por unificação ("respostas prontas");
c. por representação indireta (pelo oposto; pelo similar ou conexo; por analogia*) [72]

No entanto, Freud conclui que seu exame minucioso de todas essas técnicas – embora ajude a esclarecer quais elementos lingüísticos e extra-lingüísticos aí estão presentes – não pode lançar luz sobre o mais importante : *por que os chistes, assim construídos, provocam o prazer do ouvinte*? O que, nessas técnicas, funciona como elemento propiciador da fruição? Por que o fato de uma idéia ser representada pelo seu oposto, ou por um substituto condensado, ou por absurdo, ou por alusão a um fato conhecido etc, gera o deleite do espectador? É para obter a resposta a isso que Freud passará a examinar os chistes do ponto de vista do seu *propósito*, ou seja, da reação que pretendem provocar nos ouvintes.

O Inocente, o Hostil, o Obsceno

Visto que o exame das técnicas mostrou-se insuficiente para identificar a natureza dos chistes, é da investigação dos seus propósitos ou *tendências* que Freud acredita ser possível estabelecer a conexão entre os ditos espirituosos e o inconsciente. Propõe, inicialmente, uma distinção entre chistes *inocentes* e chistes *tendenciosos* (podendo ambos, quanto à elaboração, serem "verbais" ou "conceituais", utilizando-se de todas as técnicas descritas). No primeiro caso, a elaboração do dito espirituoso não serviria a um propósito particular, mas funcionaria como "um fim em si mesmo"[73]. Já os chistes tendenciosos esconderiam sempre um propósito de ferir, insultar ou desmascarar (não necessariamente o ouvinte, como veremos). O termo "inocente", adverte, não significa trivial ou sem importância, no sentido da excelência técnica ou do conteúdo do chiste, mas apenas a ausência de um alvo proposital.

Os chistes tendenciosos podem ainda se diferenciar na forma de chistes *hostis* ou *obscenos*, segundo busquem satisfazer a impulsos

72. Indico com asteriscos as variantes que deveriam ser omitidas, ou por poderem ser fundidas em outras, sendo o desdobramento desnecessário, ou por não constituírem técnicas específicas, e sim recursos retóricos que podem combinar-se com qualquer tipo de elaboração chistosa. Os casos de automatismo devem ser totalmente suprimidos, pelas razões já expostas.

73. Nesse ponto, a análise de Freud é permeada por seu intento – negado retoricamente – de refutar as "autoridades filosóficas" que, ao tratarem "o chiste como parte do cômico e o próprio cômico como parte da estética", definem a fruição estética como algo "desinteressado", uma contemplação que não visa "satisfazer qualquer de nossas necessidades vitais". Como sua tese fundamental é que a atividade chistosa não é de modo algum "desinteressada", já que visa à "produção do prazer", procura compreender a natureza desse deleite fora do âmbito da estética. S. Freud, *Os Chistes...*, p. 115.

agressivos, de sátira ou contra-ataque, ou libidinosos, com propósito de desnudamento ou desmascaramento da sexualidade. Em ambos os casos, toda a engenhosidade empregada pelo fazedor de chistes objetiva contornar um obstáculo quer externo (limites sociais) ou interno (repressão psíquica), proporcionando um prazer que de outro modo permaneceria interditado.

Para "solucionar o enigma" de como as técnicas de elaboração do chiste conseguem produzir prazer, Freud prefere iniciar seu estudo dos propósitos espirituosos pelos chistes tendenciosos, justamente por suspeitar que estes "em virtude de seu propósito, devem ter fontes de prazer disponíveis às quais os chistes inocentes não teriam acesso". Essa idéia lhe vem a partir de sua própria experiência como ouvinte e espectador, ao observar que dificilmente "um chiste não tendencioso merece a súbita explosão de riso que torna os chistes tendenciosos assim irresistíveis"[74].

Investigando o propósito dos chistes obscenos, Freud toma como ponto de partida o *smut* – em português "sujeira" ou, no sentido figurado, "pornografia". Aquele a quem se dirige o dito pornográfico pode reagir com excitação sexual ou com vergonha e embaraço (o que não deixa de ser reação à excitação). Na "situação primitiva" (espécie de outra cena, oculta, mas sempre presente no chiste obsceno) o *smut* é dirigido à mulher, e o homem que ri dele é como que "o espectador de um ato de agressão sexual". O *smut*, observa ainda, refere-se não apenas ao que é diferente em cada sexo, mas ao que é comum: o excrementício. (Como na infância, não há distinção aí entre sexual e excrementício).

O *smut* é, pois, uma agressão pura e simples: exibe um desejo claro de *desmascaramento* da sexualidade, de desnudamento da pessoa a quem se dirige. Do ponto de vista da "libido visual e táctil, presente em todo indivíduo na forma ativa e passiva", esse desejo de desnudamento seria, ele próprio, um substituto do desejo primário de tocar os órgãos sexuais, em que "olhar" está em lugar de "tocar"[75].

Até aí temos a descrição do uso da pura linguagem pornográfica, quando o *smut* se dirige ao ouvinte, quer como excitação (como preliminar ao ato sexual) quer como agressão (diante da recusa). Mas é somente quando o *smut* se "desvia" do seu primeiro objeto e se dirige a um *espectador* que surge o chiste obsceno. Visto que a "enunciação sem disfarce de uma indecência" não pode ser tolerada numa sociedade educada, aí o chiste obsceno toma o seu lugar.

Como se sabe, na teoria freudiana o que impossibilita ao ouvinte desfrutar diretamente o prazer da obscenidade é o processo psíquico chamado "repressão", entendido como condição prévia para o surgimento

74. Idem, p. 116.
75. Idem, p. 117-120.

de relações socialmente aceitáveis como civilizadas. "Apenas quando ascendemos a uma sociedade de educação mais refinada, as condições formais sobre os chistes vêm a desempenhar algum papel. O *smut* torna-se um chiste e só é tolerado quando tem o caráter de um chiste"[76].

Chego afinal ao ponto que mais importa, no estudo de Freud, para uma investigação do efeito catártico na comédia. Buscando entender a produção do prazer em sua relação com os propósitos do chiste tendencioso, Freud atenta especialmente para o *processo de comunicação*. O chiste (tendencioso) exige três pessoas: a primeira, que faz o chiste; a segunda, que é objeto da agressão (hostil ou sexual) e uma terceira, à qual o chiste se dirige "e na qual se cumpre seu objetivo de produzir prazer". Na "cena" primitiva (e socialmente proibida) que daria origem à elaboração do chiste, a primeira pessoa, vendo seu impulso libidinoso rechaçado "pela mulher", torna-se o emissor de uma frase pornográfica a ela dirigida, diante da terceira pessoa. Ao atingir-se o estágio de refinamento verbal e engenhosidade conceitual do chiste, a segunda pessoa, objeto da agressão ou do desejo, não mais necessita estar fisicamente presente. Desse modo, um chiste representa a etapa final de um ciclo complexo de acordos e permutas nas relações entre os interlocutores.

Observe-se que essa relação triangular exigida pelo chiste amplia-se na configuração de qualquer situação dramática e, portanto, na construção da comédia; torna-se, porém, bem mais complexa pela existência de um circuito "completo" de enunciação *entre as personagens*, que engloba ainda um terceiro *alocutário*: a audiência de espectadores reais. Isso trará diferenças muito significativas entre os chistes que surgem da comicidade verbal, presente na vida cotidiana, e a utilização artística dessas mesmas técnicas e propósitos na dramaturgia cômica.

Pode ser que o obstáculo a ser vencido pelo chiste não seja interno (repressão), mas sim um limite externo, social, como no exemplo 23 ("Sua mãe esteve no palácio?"). É fundamental, para o efeito da construção espirituosa, que o impertinente que faz a pergunta injuriosa seja de classe superior à do agredido. A reação à ofensa só pode vir enviesada, sob a forma de uma "resposta pronta" engenhosa. Não é à toa que os chistes hostis são especialmente usados contra pessoas em posição elevada, protegidas do ataque por circunstâncias sociais. E isso já nos permite adivinhar que os chistes, como outras formas de comicidade agressiva, podem indicar tanto a posição como o deslocamento dos poderes numa dada cultura.

Mas então, como entender os chistes contra pessoas em posições inferiores, como nos exemplos já vistos de ridículos agentes matrimoniais? Num caso como o do exemplo 20 ("Não precisa baixar a voz. Ela é surda também"), como já observei acima, o fato de que

76. Idem, p. 120.

a resposta do agente é automática, ou seja, não proposital, não me permite considerá-la um chiste, e sim uma outra variedade do cômico (por "rigidez mecânica", segundo Bergson). Tentando compreendê-la ainda como "chiste", Freud acredita que, sob a fachada cômica, a anedota oculta algo, e relaciona o mecanismo psíquico deste tipo de automatismo com o existente nos lapsos de linguagem e outros casos de autotraição. "Quem quer que permita à verdade escapar em um momento de distração, em realidade se alegra por livrar-se da mentira. Eis um correto e profundo *insight* psicológico. Sem essa concordância interna, ninguém se deixa controlar pelo automatismo que nestes casos traz a verdade à luz"[77].

Quando a agressividade espirituosa dirige-se não a pessoas, mas a instituições, dogmas morais ou religiosos, concepções de mundo, filosofias, temos os "chistes cínicos". Em sua sensível interpretação do exemplo 15 ("maionese de salmão"), Freud observa que existe também aí algo oculto, que não pode ser dito (ou que seria muito triste ser dito) sem o disfarce cômico: é a idéia de que o homem pobre está certo, que não existe razão para adiar o seu prazer, já que os ricos podem satisfazê-lo sem adiamento. O alvo desse chiste não é a pessoa do homem rico (e por sinal generoso, já que não se negou a conceder um empréstimo), mas toda uma moralidade de renúncia e conformação à pobreza. Nesse sentido, os chistes cínicos são uma ampliação "filosófica" da hostilidade, disfarçando numa atraente elaboração o desprezo ou zombaria contra uma certa moral repressiva ou injusta.

A Gênese do Prazer

Uma vez que o prazer dos chistes depende tanto de sua técnica quanto de seu propósito, qual o ponto comum dessas "fontes de prazer"? Freud passa então a estudar o que chama de "psicogênese" dos chistes, ou seja, "o mecanismo do efeito de prazer". Já sabemos que existe sempre um obstáculo a ser contornado através da elaboração espirituosa, quer seja um obstáculo *externo*, de origem social, relacionado à "posição de poder" de pessoas ou instituições que são alvo do chiste, quer seja um obstáculo *interno*, relacionado com inibições psíquicas.

Freud observa que os chistes que permitem a remoção do obstáculo interno geram uma "taxa mais alta de prazer", já que para manter a inibição é necessária uma grande "despesa da energia psíquica". Isto está de acordo com a premissa básica do enfoque freudiano, segundo a qual "a produção de prazer corresponde à despesa psíquica que é economizada". Ou seja: o princípio da economia que funciona em tantas técnicas dos chistes verbais (fundindo palavras, substituin-

77. Idem, p. 126.

do-as por um similar etc.) apontaria para uma tendência mais geral de "poupança de energia" em nossas atividades mentais[78].

Um grupo de técnicas dos chistes – como a unificação, uso múltiplo da mesma palavra, modificações de expressões familiares e alusões – possuem como elemento comum na produção do prazer o *reconhecimento.* Neste tipo de chistes, o ouvinte participa de um *jogo* em que algo de familiar é redescoberto, produzindo sensação de prazer (prazer que Aristóteles na Poética já considerava como um dos fundamentos do deleite estético). Freud defende a idéia de que o reconhecimento é algo de prazeroso *em si mesmo*, e lembra que os recursos poéticos de repetição de sons, como as rimas e aliterações, lançam mão da mesma fonte de prazer: a "alegria do reconhecimento".

O deleite pela "redescoberta do que é familiar" estaria na base de um outro recurso comum dos chistes: a "atualidade", ou seja, a referência a pessoas e fatos contemporâneos ao ouvinte. Estes chistes perdem uma parte substancial do seu efeito com o passar do tempo, uma vez cessado o interesse na figura pública ou no evento aludido, como é o caso do exemplo 13, explorando o então momentoso "caso Dreyfus".

Pode-se observar que a característica observada por Freud nos chistes "atuais" expande-se para a quase totalidade da dramaturgia cômica – da linguagem utilizada nos diálogos às personagens e situações –, sendo essa insistência "tópica" um dos mais poderosos recursos dos comediógrafos na comunicação com seu público e, obviamente, um fator decisivo do "envelhecimento" muito mais rápido da comédia em relação às formas "sérias" do drama.

Já no grupo de técnicas, na maioria chistes "conceituais", que incluem raciocínio falho, representação indireta pelo oposto, por similar e por absurdo, a característica comum seria o *prazer no nonsense.* Como se sabe, na fase de aquisição da linguagem, a criança brinca livremente com as palavras, deleitando-se em experimentar suas possibilidades sonoras, sem se importar com a coerência ou significação. Pouco a pouco, graças às restrições impostas pelo pensamento lógico, rejeita tais jogos como "absurdos" e só retém as combinações que fazem sentido. Os chistes produzidos por essas técnicas visariam liberar o antigo prazer de brincar com as palavras, ao qual o adulto "sério" teve de renunciar em nome do senso crítico. Visto que é necessária uma "despesa de energia" para manter essa inibição, o prazer da atividade chistosa, nesse caso, viria do "alívio da compulsão da crítica"[79].

Em resumo, o efeito de prazer espirituoso produzido por todas as técnicas estudadas seria derivado de dois princípios: "o alívio da despesa psíquica já existente e a economia na despesa psíquica que

78. Idem, p. 140-142.
79. Idem, p. 150.

se há de requerer". O simples jogo com palavras e pensamentos é já um alívio da "despesa psíquica" (energia gasta para manter inibição) e representa uma espécie de "primeiro estágio" dos chistes. O segundo estágio seria o *gracejo*; mas Freud adverte que apenas "quando o gracejo possui substância e valor, torna-se um chiste".

Seja, pois, por economia *atual* (nas condensações verbais) ou por alívio da inibição já existente (nos deslocamentos conceituais), o que existe de peculiar na técnica dos chistes com relação ao deleite que oferecem é *proteger a produção do prazer contra a censura* – a crítica da razão. Daí que os ditos espirituosos necessitam de *engenhosidade*: para atacar pessoas, idéias, instituições, eles necessitam burlar a crítica do ouvinte. "O significado nos chistes pretende simplesmente proteger o prazer contra sua supressão pela crítica"[80].

Diante disso, é fácil perceber porque não existem chistes que sejam não tendenciosos, ou desinteressados, ou inocentes, já que sua função é "subornar" o julgamento crítico. Apenas no estágio do gracejo pode-se ainda falar em inocência. Nos casos em que um adulto percebe as implicações maliciosas de um comentário ou associação de idéias feitas por uma criança, temos simplesmente o caso de um chiste que é *inteiramente feito pelo ouvinte*. Encontramos o mesmo processo na dramaturgia, quando uma personagem ingênua tem a função de proferir bobagens ou disparates, que receberão um sentido, em geral libidinoso ou sarcástico, conferido por réplica ou ação de outra personagem ou pela "escuta" do espectador.

O Público do Chiste

Ao analisar as motivações presentes nos chistes "como processo social", Freud estabelece sua distinção entre os chistes e o cômico. A capacidade de produzir chistes parece-lhe uma espécie de "faculdade mental"; a ela costuma-se chamar "espírito" (*Witz*). Pessoas espirituosas fazem chistes. Mas é claro que ninguém se contenta em fazer chistes para si mesmo, é preciso comunicá-los a alguém. Como foi visto, o circuito espirituoso necessita de três pessoas, sendo que a segunda (o objeto do comentário chistoso) não precisa estar fisicamente presente. Quanto à terceira pessoa – ouvinte ou espectador do chiste –, uma importante condição prévia para a fruição que possa obter é um certo grau de *neutralidade*: o dito espirituoso não pode ofender diretamente seu valores morais, religiosos, políticos, pois isso produzirá um bloqueio reativo e impedirá que ele seja aliciado como cúmplice dos propósitos críticos do chiste. Já "o cômico", no sentido que lhe dá Freud, pode contentar-se com duas pessoas: a que ri e a que produz algo digno de riso.

80. Idem, p. 154.

Para entender como as técnicas e propósitos colaboram entre si para a produção do prazer no chiste, Freud recorre à noção de "prazer preliminar", expressão que também está presente em escritos dedicados à identificação das fontes psíquicas do prazer estético, como em "Escritores Criativos e Devaneios" (1908) e "Tipos Psicopáticos no Palco" (escrito em 1905/6 e publicado postumamente, em 1942). O "prazer preliminar" (também chamado "prêmio de estímulo" e "bonificação de incentivo"), proporcionado pelo deleite formal ou gozo estético, agiria como uma espécie de "suborno", que nos permitiria suspender a censura interna e usufruir de um prazer mais intenso: a liberação dos impulsos reprimidos[81].

Portanto, do ponto de vista do leitor, ouvinte ou espectador do chiste, as técnicas de elaboração são um meio engenhoso de seduzir e remover as inibições, enquanto agem os propósitos hostis ou obscenos – e esse é o aspecto que mais importa para o estudo da catarse na comédia. Mas é impossível isolar, na teoria freudiana, as motivações psíquicas da fruição e da produção espirituosa, pois trata-se do mesmo processo mental e emocional, apenas tomado de ângulos diferentes. É necessário que haja uma "conformidade psíquica" entre o emissor e o receptor do chiste.

Assim, por um lado Freud acredita que o fazedor de chistes aja segundo certos "determinantes subjetivos" especiais e chega a suspeitar que "o piadista é uma personalidade dividida, propensa a doenças neuróticas" (embora confesse a insuficiência de dados para sequer formular a hipótese de que isso seja uma condição necessária à construção espirituosa); por outro lado, o chiste também requer o "seu" público: quem não tem a inibição de dizer insultos, por exemplo, não obtém prazer dos chistes hostis[82]:

> É essencial que esta (a terceira pessoa, ouvinte do chiste) esteja em suficiente acordo psíquico com a primeira pessoa quanto a possuir as mesmas inibições internas, superadas nesta última pela elaboração do chiste. Uma pessoa receptiva ao *smut* (pornografia) será incapaz de derivar qualquer prazer dos espirituosos chistes de desnudamento; os ataques de Herr N. não serão entendidos por pessoas sem cultura, acostumadas a dar livre trânsito ao seu desejo de insultar[83].

Freud insiste no fato de que o processo espirituoso só se completa com a reação da terceira pessoa, reação que pode ser identificada por uma clara evidência: o riso. Para entender como tal reação se conecta com a idéia de "economia da despesa psíquica", supõe o seguinte processo: uma certa quantidade de energia psíquica – usada para manter a inibição – torna-se subitamente inútil e pode ser livremente descar-

81. Idem, p. 160.
82. Idem, p. 166-174.
83. Idem, p. 174.

regada pelo riso. Para que isso ocorra, é necessário que a "despesa" realmente exista, ou seja, que o ouvinte esteja investindo energia para manter a inibição e que a "sobra" de energia não seja usada em outros "trajetos de pensamento". Por essa razão o chiste deve ser claro e rápido: não exigir esforço intelectual de decifração e não dar tempo para que a cota de energia poupada se desvie para outro curso mental. "O riso é, de fato, o produto de um processo automático tornado possível apenas pelo descarte de nossa atenção consciente"[84].

Relação com os Processos Oníricos

Os métodos técnicos responsáveis pela produção dos chistes (condensação, representação indireta pelo oposto, por absurdo etc.) mostram larga semelhança com os processos presentes na elaboração dos sonhos. É por essa via – a via onírica ou a "via real"[85] – que Freud pretende estabelecer a gênese dos chistes no inconsciente. Como já tive oportunidade de trabalhar com *A Interpretação dos Sonhos*, investigando então a contribuição da psicanálise à teoria da catarse no drama em geral, remeto àquela abordagem, dela extraindo apenas os pontos aplicáveis à compreensão do efeito espirituoso[86].

Como se sabe, aquilo que recordamos de um sonho (o que "sabemos" dele) é o "conteúdo manifesto do sonho", ou seja, o sonho rememorado como cena pelo sonhador. Os elementos dessa cena apresentam-se em sua maioria como formações desconexas, incompreensíveis, aparentemente alógicas. Isto acontece como resultado da "elaboração onírica" – todo um trabalho de *disfarce* dos verdadeiros "pensamentos oníricos latentes" através de símbolos. Para que o desejo criador do sonho possa escapar à censura psíquica, a "elaboração onírica" providencia uma espécie de "revisão" do material dos pensamentos (o "resíduo diurno") e opera uma "transcrição" à custa dos processos transformadores que convertem os pensamentos oníricos latentes em sonho manifesto. O resultado de toda essa "reescritura" engendrada pela elaboração onírica confere ao desejo uma "representação alucinatória". Tudo parte da idéia de que "o sonho é a realização (disfarçada) de um desejo (reprimido)"[87].

O processo de "elaboração onírica", ou seja, o disfarce, consta de quatro técnicas: *condensação*, *deslocamento*, *representação indireta* e *elaboração secundária*. O trabalho de condensação torna o sonho manifesto breve e denso em comparação com a extensão e variedade dos pensamentos latentes. O deslocamento, por sobredeterminação

84. Idem, p. 178.

85. "A interpretação dos sonhos é a via real que leva ao conhecimento das atividades inconscientes da mente", *A Interpretação dos Sonhos II*, p. 647.

86. C. F. Mendes, Freud e a Cena Oculta, em *Cadernos do GIPE-CIT*, p. 7-23.

87. S. Freud, *A Interpretação dos Sonhos* I, p.131.

da censura psíquica, faz com que elementos pouco importantes dos pensamentos latentes tomem o lugar daquilo que é de fato o centro do desejo onírico.

Quanto às condições para que os pensamentos latentes possam ser "representados" no sonho, Freud refere-se constantemente a um esforço de *dramatização*. O processo de formação onírica tende a transformar os pensamentos abstratos em imagens visuais; os pensamentos oníricos são reconduzidos às percepções sensoriais e ganham caráter pictórico (processo chamado de "regressão"). Nesse retorno ao plástico e sensorial, salva-se o material "bruto" das idéias, mas perdem-se as relações lógicas entre elas. A vantagem disso, para o sonho, é que aquilo que é *capaz de ser representado* é passível de burlar a repressão da censura psíquica. Essa censura é responsável pela elaboração secundária, que equivale à atividade crítica nos sonhos: quando algo escapa ao controle e está sendo representado, introduz-se a idéia de que "isto é apenas um sonho".

Mas quais as características observáveis na formação dos chistes que mostram semelhança com os processos de elaboração do sonho? Como se pode prever, Freud aponta então a *condensação*, o *deslocamento* e a *representação indireta* como processos presentes, tanto na elaboração onírica quanto nas técnicas de elaboração dos chistes (note-se que a "representação indireta", de início estudada como uma das técnicas inclusas no deslocamento, aqui surge como um método isolado)[88]. Algumas características da formação dos sonhos são estranhas à formação dos chistes, como a *regressão* do curso do pensamento à percepção (às imagens sensoriais). Quanto à "elaboração secundária", Freud sequer volta a se referir a ela no estudo sobre os chistes.

Toda essa analogia de técnicas visa, evidentemente, a identificar o modo de formação dos chistes a partir do inconsciente. Tomando agora a perspectiva da "primeira pessoa", ou do fazedor de chistes, Freud elabora a seguinte hipótese: "Um pensamento pré-consciente é abandonado por um momento à revisão do inconsciente e o resultado disso é imediatamente captado pela percepção consciente".[89] Nesse sentido, quando falamos de "fazer" um chiste trata-se de algo diferente de fazer um julgamento crítico ou uma objeção intelectual a algo. O chiste teria a característica de ocorrer "involuntariamente", ou seja, é produzido quando um pensamento "por um instante abandonado, emerge repentinamente como chiste". Não é algo – afirma Freud – que se pretenda fazer, e em seguida se "veste com palavras".

88. " 'raciocínio falho', 'unificação' e 'representação indireta'- eis então os rótulos sob os quais podemos classificar aquelas técnicas de chistes conceptuais que viemos a conhecer". *Os Chistes...*, p. 99.

89. Idem, p. 190.

Em geral ele ocorre, já "vestido de palavras" num "repentino relaxamento da tensão intelectual"[90]. Ou seja, o chiste "acontece" ou simplesmente "se faz".

Quero neste ponto retomar dois aspectos do chiste apontados acima. Em primeiro lugar, há chiste quando há sentido (como se viu na diferença entre chiste por absurdo e mero *nonsense*); em segundo, quando há intenção (razão porque rejeitei o automatismo como uma de suas técnicas). Como então conciliar esses aspectos com a descrição freudiana segundo a qual o chiste emerge "involuntariamente" da "revisão inconsciente"? É aqui, ao que parece, que se prova toda a importância da "terceira pessoa", o ouvinte ou espectador do chiste. O fato de que o chiste "ocorra" ao emissor é apenas parte do processo espirituoso; em seguida ele deve *comunicá-lo* a alguém. E é graças ao ato da enunciação que se pode compreender a natureza ambígua do efeito espirituoso: uma intenção consciente (fazer rir) que serve a um propósito inconsciente (agressão ou desnudamento).

Há três características dos chistes que, segundo Freud, mostram sua formação no inconsciente. A primeira é a *brevidade* – marca da revisão inconsciente à qual o pensamento foi submetido – e corresponde à *condensação* nos sonhos. Como vimos, nos dois casos as condensações "emergem automaticamente dos processos do inconsciente". Mas no caso do chiste há uma intenção (objetivada socialmente na enunciação espirituosa): obter prazer no jogo com as palavras e pensamentos. A aparente contradição é resolvida quando se recorda que o prazer de tais condensações é comum no estágio infantil do jogo com palavras, mais tarde inibido pela razão crítica; visto que "o infantil é a fonte do inconsciente", é para esta etapa que o pensamento do adulto retrocede visando reapropriar-se do seu, digamos, "patrimônio lúdico". Só que o adulto que agora produz o chiste é movido por *propósitos* que já a essa altura da vida (e da repressão) tornaram-se "inconfessáveis", ou só passíveis de confissão velada através de um bom chiste. Ainda assim: "O pensamento que, com a intenção de construir um chiste, mergulha no inconsciente está meramente procurando lá a antiga pátria de seu primitivo jogo com as palavras"[91].

A segunda característica é o *deslocamento*: seja na elaboração do sonho ou do chiste, ele visa a iludir a inibição e gozar também o antigo prazer infantil no jogo com o *nonsense,* evitando a censura psíquica. Há, porém, importantes diferenças entre o deslocamento nos chistes e nos sonhos, adverte Freud. Na elaboração dos sonhos, sob a pressão da censura, os deslocamentos (incluindo a representação indireta) estão sempre presentes e vão além de qualquer limite lógico. Já nos chistes, os deslocamentos, além de poderem estar ausen-

90. Idem, p. 192.
91. Idem, p. 194.

tes, exploram a ambigüidade verbal e a multiplicidade dos conceitos, mas *respeitam os limites do pensamento consciente.* Eles produzem "sentido no *nonsense*" porque operam por *duplicidade* – fazem algo absurdo tornar-se permissível e sensato, mantendo o *jogo* (com palavras e pensamentos). Os chistes necessitam da técnica do deslocamento quando precisam superar uma inibição interna ou externa (como no exemplo 15, da "maionese de salmão").

A terceira das técnicas comuns aos chistes e aos sonhos – apontadas por Freud –- é a *representação pelo oposto* (que continua a me parecer um dos casos de deslocamento). Freud observa que a representação de algo pelo seu contrário, diferente das demais técnicas, é o recurso espirituoso que mais comumente ocorre a alguém que se propõe a "fazer um chiste" de modo deliberado, ou consciente. Creio que é fácil perceber essa técnica em um exemplo do inventário freudiano ainda não citado. Um nobre, vendo um tintureiro a trabalhar, pergunta-lhe se poderia tingir o seu cavalo cinza de azul; o tintureiro responde: "Sim, Alteza, se o cavalo suportar a fervura" (EXEMPLO 29). Em um chiste desse tipo, não é necessário procurar motivações inconscientes para a "resposta pronta" que usa um "sim" em lugar de um "não" (o obstáculo aí é externo, e se resume no tratamento "Alteza").

A representação pelo oposto, assim como o *nonsense,* assume nos chistes um papel diferente – e bem mais modesto – do que ocorre nos sonhos. Sua função é exibir uma "fachada" sem sentido para atrair atenção especial do ouvinte, aumentando assim sua "despesa psíquica" e, uma vez que essa atenção se torna inútil e "sobra", aumentar também "a cota liberada na descarga pelo riso"[92]. Freud cita ainda outras formas de comicidade – como a caricatura e a paródia – que não seguem os mesmos processos inconscientes de elaboração do chiste, mas nas quais o exagero absurdo tem igual função de aumentar o investimento psíquico do espectador na compreensão de algo inusitado ou incongruente, e que ao se mostrar "não sério" descarrega pelo riso a energia supérflua de atenção.

O trabalho de "condensação e deslocamento", que Freud surpreende nos sonhos e em seguida aplica às técnicas dos chistes, mais tarde se revela como uma característica geral dos processos inconscientes, e presente nos distúrbios mentais. Na esquizofrenia, afirma, "o processo pode ir tão longe que uma única palavra [...] assume a representação de todo um encadeamento de pensamentos"[93].

Mas, dada a origem comum, nunca é demais ressaltar uma importante distinção na prática dessas produções. Freud preocupa-se

92. Idem, p. 201.

93. S. Freud, O Inconsciente, em *A História do Movimento Psicanalítico, Artigos sobre Metapsicologia e Outros Trabalhos*, p. 227.

com isso constantemente e insiste na diferença entre o sonho e o chiste no aspecto da *comunicabilidade*. O sonho é "um produto mental completamente associal", suas produções não são feitas com a intenção de serem compreendidas; permanecem como a representação (quase) irreconhecível de um desejo e, ao contrário, *evitam* ser compreendidos para não serem destruídos. Já o chiste é um jogo que só existe quando partilhado e portanto "a mais social de todas as funções mentais que objetivam a produção de prazer"[94]. Ou ainda: "Os sonhos servem predominantemente para evitar o desprazer; os chistes, para obter prazer; mas para estas duas finalidades convergem todas as nossas atividades mentais"[95].

Humor e Comicidade

Quando se tem em mente o processo catártico na comédia, torna-se difícil aplicar aí a distinção que Freud estabelece entre os chistes, o cômico e o humor. Tal diferenciação pode apenas ter importância se aplicada a exemplos de comicidade no cotidiano, ou em qualquer situação na qual o emissor das frases chistosas ou humorísticas *não seja* uma personagem, habitante de um mundo fictício, em relação com outras personagens e diante dos olhos dessa fundamental terceira pessoa: o espectador.

Em relação ao cômico, já se sabe a concepção de Freud: bastam duas pessoas, a que manifesta o efeito cômico e aquela que o constata. Aqui podem ter acolhida todos os casos do "inocente" ou "ingênuo" que foram excluídos dos chistes – os quais são, lembro, por natureza, tendenciosos.

A pré-condição do cômico ingênuo, como se pode observar principalmente em crianças, é exatamente oposta à que possibilita o chiste: aquele que o exibe é alguém *que não possui uma dada inibição*. Aqui também o efeito se produz por uma economia com a despesa psíquica, só que desta vez o ouvinte *participa de sua produção*. O que ri do comentário ingênuo deve simultaneamente compreender o que este significa e perceber que o emissor, sem sombra de dúvida, desconhece esse significado (caso contrário seria apenas um impudente ou cínico, digno de reprovação e não desse tipo de riso tolerante).

Ciente do insucesso de grande número de estudiosos da natureza do cômico, Freud aborda o problema "com apreensão" e apenas na medida em que é possível estabelecer conexão com os chistes. Ao contrário do chiste, que *é feito*, o cômico *é constatado* na vida cotidiana, em movimentos, formas, atitudes e traços de caráter de certas pessoas (e nas coisas e animais, na medida em que são *personifica-*

94. *Os Chistes...*, p. 204.
95. Idem, p. 205.

dos – um dos pontos em que Freud segue a tese de Bergson). Mas ao descobrir, a partir da experiência, como o cômico se manifesta, teríamos sido levados a "tornar as pessoas cômicas" pela aplicação e repetição de certos métodos.

Todos os expedientes do disfarce, desmascaramento, caricatura, paródia, travestimento etc., parecem implicar uma *degradação* de algo iminente, sublime, "grande". A maioria dos estudos do cômico aponta a degradação como fator essencial, mas, na análise de Freud, ela importa sobretudo por sugerir uma *comparação*, passo decisivo para fazer surgir a *diferença para menos* e, é claro, com isso a economia da despesa psíquica.

No vasto campo de ocorrências da comicidade, Freud escolhe começar sua incursão pelo "cômico dos movimentos", observando que seu uso está presente no "estágio mais primitivo da representação cênica", a pantomima. Não basta constatar que rimos de palhaçadas e movimentos extravagantes por estes apresentarem uma "despesa grande demais", mas é necessário entender que rimos desse exagero "fazendo uma comparação entre o movimento que observo em outra pessoa e aquele que eu próprio executaria no seu lugar".

Como podemos, entretanto, ter a idéia dessa diferença, visto que não se trata de imitar fisicamente o movimento? "Em vez de imitar o movimento com meus músculos, tenho a idéia dele através dos traços mnêmicos das despesas com movimentos similares". No entanto, isso não explica ainda como podemos ter a "idéia" da "quantidade" de movimento.

Freud recorre, então, ao pressuposto fisiológico de que durante os "processos de ideação" partem enervações em direção aos músculos, e, assim, supõe que essa "energia enervatória" seja usada para "representar o fator quantitativo da idéia". Desse modo, pode-se imaginar que exista um maior dispêndio de energia para representar um movimento "grande", ou seja: quanto maior a idéia do movimento, maior o dispêndio de energia para representá-lo[96].

Freud acredita existir uma "mimética ideacional" sempre que alguém forma a idéia de algo para si mesmo (como as de "grande" e "pequeno") produzindo enervação dos órgãos dos sentidos; seria apenas por conseqüência disso que esse "conteúdo ideacional" pode ser comunicado através do corpo, na mímica facial e corporal.

Mas como isso explica o prazer que sentimos no cômico do movimento? Ao perceber o movimento exagerado que um palhaço realiza, por exemplo, faço certa despesa de energia (com a ideação); mas ao compará-lo com a memória do movimento que eu mesmo faria, uma parte da energia investida "sobra" e está livre para ser descarregada pelo riso.

96. Idem, p. 216-219.

Já transpondo a comparação do nível físico para o intelectual, as "diferenças" se invertem – embora produzindo o mesmo efeito cômico. Rimo-nos de alguém que despende *menos* trabalho intelectual do que nós despenderíamos na mesma situação. Os traços do *nonsense* e da estupidez, tão comuns nos caracteres cômicos, servem a Freud para ilustrar a descrição.

Em resumo, "uma pessoa nos parece cômica, em comparação com nós mesmos, se gasta energia demais em suas funções corporais e energia de menos em suas funções mentais". Contrariamente, porém, para a maioria dos autores que tratam da questão, Freud não considera o "sentimento de superioridade" um fator essencial do prazer cômico. A comparação só é importante, no seu sistema, por permitir a diferença ou "lucro" do dispêndio de energia (e a cota supérflua a ser descarregada). Argumenta nesse sentido com o "cômico de situação": a pessoa aí não é ridícula ou estúpida em si mesma; o efeito cômico vem dos transtornos que enfrenta (e que nós enfrentaríamos no mesmo contexto).

O caso do "cômico de expectativa" serve para deixar mais claro o conceito freudiano de "mimética ideacional": um investimento de atenção gera despesa com a ideação (formação da idéia), mas diante do desapontamento com o que é visto uma parte dessa energia se torna inútil. O desapontamento aí é um alívio do trabalho mental, já que se esperava algo sério, solene, sublime, grandioso.

Aceitando a já conhecida concepção de Bergson do prazer cômico com origem na "mecanização aplicada à vida", Freud submete-a à sua fórmula de "economia da despesa psíquica": quando comparo a despesa muito maior, necessária à percepção de algo vivo, múltiplo e variável, com a que é suficiente para apreender um mecanismo frio e repetitivo, meu desapontamento é um alívio do trabalho intelectual, e assim gera a cota inútil de energia a ser descarregada. Pelo mesmo processo se explicam todos os casos de degradação cômica: do abstrato para o concreto, do moral ou espiritual para o físico, do sublime para o prosaico etc. Mas é condição indispensável – adverte Freud – que a energia "livre" não seja utilizada para outros trajetos mentais; ela precisa se manter supérflua (para ser descarregada no riso, é claro).

Freud faz questão de enfatizar que, ao contrário do que afirmam muitos autores, os chistes não são simplesmente o "cômico de palavras" ou "do discurso". Isso é verdade, mas creio que nada impede que se veja nos chistes uma espécie – embora privilegiada – do cômico na linguagem. A insistência de Freud em manter separadas as duas fontes de prazer vem da divergência de sua "localização psíquica": o prazer dos chistes teria origem no inconsciente e o prazer cômico, no pré-consciente. Mas: "o processo cômico não suporta ser hipercatexizado pela atenção; deve poder tomar seu curso, passando inadvertido – *a este respeito, incidentalmente, comporta-se como os chistes*".

Grifei a última parte da afirmação para indicar o quanto é laborioso, para Freud, manter o prazer cômico fora da instância inconsciente. Tenta resolver as dificuldades dessa exclusão admitindo a todo instante como necessária uma "convergência entre os chistes e o cômico" nos casos que escapam à descrição, notadamente no uso do *nonsense*. Mas finalmente encontra um modo de inscrição do chiste no campo geral da comicidade: "pode-se dizer que o chiste é a contribuição feita ao cômico pelo domínio do inconsciente"[97].

Além da distinção entre os chistes e o cômico (e fiel ao conceito de "economia psíquica"), Freud descreve também de modo específico o *humor*. Sua pré-condição é a de que alguém evite um afeto doloroso (como medo, compaixão, raiva, repulsa etc.), que o impeça de manifestar-se, substituindo-o por um comentário humorístico. Desse modo, o afeto que impediria o riso é suprimido *ao nascer*, liberando então a necessária cota de energia a ser descarregada.

Teria então ocorrido o que Freud chama de "economia na despesa de afeto", e que seria a fonte do prazer no humor. Na vida psíquica, o humor seria o mais importante dos processos defensivos, pois evitaria, "com sucesso", os afetos dolorosos, ao contrário da "repressão fracassada" que está na base da formação das psiconeuroses[98].

Antes de avaliar se existem diferenças significativas – do ponto de vista do ouvinte ou espectador –, entre o prazer gerado pelos chistes e o prazer do humor, vejamos dois dos exemplos, citados por Freud, que se incluem no que entre nós é comumente chamado "humor negro". Um condenado que é levado à forca numa segunda-feira, comenta: " É, a semana está começando otimamente" (EXEMPLO 30). Outro condenado, a caminho da execução, pede lenço para cobrir a garganta, a fim de não se resfriar (EXEMPLO 31). Freud entende que a pessoa que evita em si mesma o afeto penoso (auto-comiseração) através do comentário (o emissor ou "primeira pessoa"), obtém dessa economia afetiva um *prazer humorístico*, enquanto o ouvinte ou espectador da frase (supostamente não envolvido pelo afeto) usufrui um *prazer cômico*.

Não sei se o leitor concorda que Freud arma uma tão complicada equação entre motivações e efeitos apenas para manter uma diferença simétrica de sua descrição do modelo triangular da enunciação nos chistes. Por analogia, o emissor da frase humorística (o condenado à forca) cumpriria o papel da primeira pessoa e também o da segunda, já que é o objeto do seu próprio comentário. E Freud de fato sublinha essa auto-suficiência do humorista ao dizer que entre as espécies do

97. Idem, p. 36-48.
98. Idem, p. 257-263.

cômico, o humor é "a mais facilmente satisfeita. Completa seu curso dentro de uma única pessoa; a participação de alguma outra nada lhe acrescenta"[99].

É importante observar, assim, que a própria distinção que Freud estabelece está baseada, é óbvio, na ocorrência de exemplos de humor *que se comunicam*.

É claro que não se deve esquecer o objetivo maior de Freud em surpreender a "íntima conexão entre os eventos mentais", o que o faz privilegiar a produção do chiste ou do humor como acontecimento psíquico, sobretudo. Mas quando deslocamos nosso interesse para o receptor da frase espirituosa, cômica ou humorística, na busca de compreensão do fenômeno catártico, estas distinções perdem valor. O próprio Freud admite que nos exemplos anteriores a frase do condenado à forca *é um chiste* (na verdade um chiste de deslocamento por absurdo, muito semelhante a essa outra "pérola": "Ele não apenas não acredita em fantasmas, como ainda não tem medo deles"), *embora* utilize o humor na sua elaboração.

Mas suponhamos que a situação fosse levemente alterada, imitando as três pessoas da já famosa trindade espirituosa. *Vamos reescrever a frase humorística na forma de um diálogo cômico*: ao ver um condenado ser levado à forca numa segunda-feira, um sujeito comenta para outro espectador da execução: "É, a semana para ele está começando otimamente". Para onde foi a diferença *técnica* específica do humor? Do ponto de vista do espectador – terceira pessoa – existe uma "economia da compaixão" que poderia sentir pelo que vai morrer, e tanto faz se a vítima é o autor do comentário ou seu objeto, contanto que o afeto compassivo seja substituído com sucesso pela descarga do riso. Portanto, a despesa psíquica com a compaixão *tornou-se inútil em ambas as formas de enunciação*.

Na verdade o humor é um dos termos de mais difícil definição na enciclopédia da comicidade, pelo fato de aparecer em geral mesclado e dissolvido em outras espécies do cômico. A análise de Freud – se me parece não conseguir indicar a diferença entre o humor e o chiste quanto ao *efeito* no ouvinte ou espectador – no mínimo tem a vantagem de caracterizar a *produção* do humor como um processo psíquico defensivo, de anestesia do sentimento, e que seria originado não no inconsciente, como os chistes, mas no pré-consciente. "O deslocamento humorístico só é possível quando é ofuscada a atenção consciente, tal como no caso da comparação cômica; como essa última, está preso à condição de permanecer pré-consciente ou automático"[100].

99. Idem, p. 257.
100. Idem, p. 264.

Retorno à Infância

O prazer espirituoso, cômico ou humorístico deriva sempre, de duas fontes: a. poupança da energia psíquica; b. relação com a vida infantil. O primeiro caso resume um princípio geral: nosso aparelho psíquico investe energia para compreender o mundo à nossa volta. Mas se o objeto observado se mostra *indigno* dessa atenção (pequeno, absurdo, incongruente, falho) parte do nosso investimento mental torna-se desnecessário e a "sobra" de energia libera-se no riso (descarga motora), causando prazer. Nos chistes, poupa-se a energia psíquica necessária para manter a *inibição* de impulsos agressivos ou libidinais; no humor, a energia que seria consumida num *afeto* doloroso. Assim, quanto à diferença nas fontes de produção de prazer identificadas por Freud nas três formas, temos: prazer pela economia na despesa psíquica com a *inibição*, nos chistes; prazer pela economia na despesa psíquica com a *ideação* (representação), no "cômico"; prazer pela economia na despesa psíquica com o *sentimento*, no humor.

Já na relação com a vida infantil, ou na "regressão à infância", o desejo que impera é o da libertação momentânea da lógica adulta. Freud chama a atenção para a simpatia despertada por todas as personagens que agem como "gaiatos" ou rebeldes ridículos diante das figuras de autoridade. Também nos trocadilhos e jogos verbais (estágios anteriores ao chiste "adulto") existiria o mesmo prazer infantil de brincar com os sons (ou o *corpo* das palavras) separados do sentido. Sobre o papel da comicidade na vida adulta e sua relação com a "antiga pátria", onde ainda não se instalara a repressão, Freud escreve um dos mais belos trechos desse estudo:

> A euforia que nos esforçamos por atingir através desses meios, nada mais é que um estado de ânimo comum em uma época da nossa vida quando costumávamos operar nosso trabalho psíquico em geral com pequena despesa de energia – o estado de ânimo da nossa infância, quando ignorávamos o cômico, éramos incapazes de chistes e não necessitávamos do humor para sentir-nos felizes em nossas vidas[101].

O TRIUNFO SOBRE A ANGÚSTIA

Como compreender o fato de que, sendo a comicidade um fenômeno dependente de valores e referências variáveis cultural e historicamente[102], os comediógrafos voltem tão repetidamente a utilizar um mesmo estoque de temas, personagens e situações? Supondo-se que a intenção primeira seja excitar o riso do público contemporâneo, falando a linguagem do seu tempo, por que essa insistência? A explicação mais comum é a retomada voluntária, pelos comediógrafos, de

101. Idem, p. 265.

102. Ver, a respeito, J. Bremmer e H. Roodenburg (orgs.), *Uma História Cultural do Humor*.

formas e fórmulas que "deram certo" no passado, criando assim uma espécie de *mitologia do riso*, um patrimônio comum ao qual recorrem os novos autores.

O processo começou, como se sabe, com a comédia latina – traduzindo, adaptando e "aclimatando" os textos da comédia nova grega ao gosto do público romano – e não mais se interrompeu. Na comédia italiana do século XVI já se podia escolher qual o tipo de imitação preferida: numa linha mais erudita – a *commedia sustenuta*, retomando Plauto e Terêncio – ou mais popular – a *commedia dell'arte*, por sua vez "avó" de riquíssima prole.

Nada disso, entretanto, explica o enigma principal, do ponto de vista da recepção cômica: o fato de que tais formas dramáticas, mesmo aclimatadas, mantenham seu poder sobre o público de diferentes épocas, uma vez que "os autores se copiam, mas não os públicos".

É dessa última constatação que parte Charles Mauron para investigar as possíveis "constantes psicológicas" que estariam na base dos esquemas imaginativos do gênero cômico, supondo que tais reaparições sistemáticas "devem sua persistência à sua significação inconsciente". Essa idéia é desenvolvida no estudo *Psychocritique du genre comique*, no qual o autor procede a uma verdadeira "escavação" dos mitos cômicos sedimentados na dramaturgia ocidental[103]. Para isso, volta a utilizar o método da "psicocrítica", já definido e aplicado por ele à análise do conjunto de obra de alguns autores, no livro *Des Métaphores obsédantes au Mythe personel*, cuja primeira edição é de 1963.

Nesse trabalho anterior, a psicocrítica é descrita como um método empírico de análise literária que, a partir da superposição de textos de um mesmo autor, pretende "embaralhar" as relações conscientes e "revelar" a rede de associações ou grupamentos de imagens obsessivas que "provavelmente não foram pensadas e desejadas de modo consciente pelo autor". A superposição e "embaralhamento" dos textos teria a função de colocar "em surdina" a voz da consciência, permitindo vir à luz a personalidade inconsciente do autor. Mas há uma importante advertência: essa personalidade é aí considerada "somente como fonte de uma criação literária"[104].

Mas como e por que aplicar tal método a todo um "gênero", o cômico, e não mais à obra individual de determinados autores? Acontece que, ao analisar as comédias de Molière, desde as primeiras superposições de textos, Mauron já tinha observado a ocorrência de certas personagens e situações típicas, que não poderiam ser remetidas ao

103. Cf. *Psychocritique du genre comique*, p. 15.

104. Isso marca, para Mauron, a diferença entre a psicocrítica e outras linhas de "psicanálise literária", pois afirma que seu método pretende ser uma contribuição à crítica literária e não um meio de fazer, através das obras, um diagnóstico da neurose do autor. Cf. *Des Métaphores obsédantes au mythe personel*, p. 23.

inconsciente do autor por reaparecerem em vários textos cômicos de diferentes períodos.

Assim, para seguir os objetivos da psicocrítica, e chegar ao "mito pessoal" do autor, seria necessário estudá-lo em relação ao repertório de fantasias do gênero cômico. Por essa mesma razão, Molière aí será tomado como "ponto de partida e sistema de referência", o que dará à teoria do cômico em Mauron, ao mesmo tempo, sua admirável coerência e suas claras limitações.

Partindo, um tanto convencionalmente, das diferenças entre tragédia e comédia, Mauron analisa a atitude do espectador diante dos dois tipos de espetáculo. Em ambos os casos, uma fantasia lhe é proposta, fantasia essa que ganha poder pelo fato de estar contida nos limites da cena, isolada do mundo real. No espetáculo trágico, o espectador *aceita a angústia* que lhe é proposta sob a forma de um *sonho,* nela projetando suas próprias experiências afetivas. O distanciamento estético aí tem papel importante, permitindo que o sonho angustiante seja experimentado como lenda ou mito, em vez de transformar-se em pesadelo.

No caso de um espetáculo cômico, o interesse se desloca do sonho para a realidade exterior: o espectador rapidamente percebe tratar-se de um *jogo*, e diante dele "limita, ou mesmo recusa seletivamente sua participação afetiva". Tudo se passaria como se houvesse no psiquismo uma espécie de "chave reguladora", que nos dispõe ora ao jogo, ora ao sonho. Na fantasia trágica, assim como no sonho, é mantida nossa crença numa certa coerência lógica entre o sentimento e sua expressão, e entre o ato e suas conseqüências. Mas o jogo da comédia destrói essa coerência interna ao impedir uma "crença afetiva" na ligação entre causas e efeitos. A comédia apresenta um descaso com a lógica real, ao mesmo tempo em que "conserva ciumentamente seu direito ao absurdo". Paradoxalmente, "la plus mythique des tragédies a moins de droits à l'irrealité que la comédie la plus quotidienne"[105].

Creio que nesse ponto é útil relembrar o que se disse no primeiro capítulo a respeito da insensibilidade como pré-requisito do efeito cômico. Mauron a considera não um traço fundamental, como Bergson, mas "condição favorável", admitindo um deslizamento contínuo do patético ao risível; sublinha, porém, a importância da ligação entre insensibilidade e incoerência: o espectador da comédia não *acredita* nas conseqüências das ações cômicas, pois, como lances de um jogo, elas lhe parecem *reversíveis*. (Isso nos ajudaria a compreender o fato simples e luminoso de que não há comédia inevitável.)

Da comparação entre o efeito trágico e o efeito cômico, ou da relação entre *sonho* e *jogo*, Mauron chega à idéia central de seu es-

105. "A mais simbólica das tragédias tem menos direitos à irrealidade que a comédia mais cotidiana". Cf. *Psychocritique du genre comique*, p. 29.

tudo: do ponto de vista do inconsciente, a comédia funda-se numa *fantasia de triunfo*, nascida da inversão de uma situação angustiante. Por essa via, parece-lhe possível explicar a questão acima colocada, aparentemente enigmática, da existência de um estoque comum de tipos e enredos cômicos, aos quais os mais geniais comediógrafos parecem obrigados a recorrer. Haveria, na tradição cômica, a inversão sistemática de "situações arquetípicas angustiantes", transformadas em fantasias de triunfo. O pobre que se imagina rico, o fraco que se imagina forte são, por exemplo, fantasias comuns aos jogos infantis e à comédia adulta; tais fantasias não são cômicas em si mesmas, mas sim as premissas de um jogo triunfal que serve de base inconsciente à elaboração artística propriamente cômica[106].

Na tarefa de identificar os grandes processos inconscientes que concorrem para a criação e a recepção das obras cômicas teatrais, Mauron toma a teoria freudiana do chiste como "hipótese de trabalho" inicial, pois ela oferece a vantagem de já considerar não o riso em geral, mas a arte de produzi-lo. Um chiste tendencioso – seja ele agressivo ou obsceno, cínico, escatológico ou blasfematório –, quando ultrapassa certos limites, sempre variáveis para cada público, pode impedir o riso e fazer nascer o mal-estar. Ou seja: se o chiste tendencioso alimenta-se da sobra de energia que seria gasta com a inibição, como vimos, perderá seu efeito ao não conseguir burlar de modo engenhoso a repressão. Já o riso provocado pelo chiste inocente viria de outra fonte: ele nasce da poupança de energia com o pensamento racional, substituído pela lógica onírica de um pensamento mágico.

Mauron traça então uma sugestiva associação entre a farsa e o chiste tendencioso, por um lado, e entre a comédia de intriga e o chiste inocente ou não-tendencioso, por outro. A farsa, com sua tendência ao uso de escatologias, obscenidades, agressões gestuais e verbais etc., pode apenas ser aceita por certos tipos de público sob o disfarce inofensivo da comédia de intriga. O *imbroglio* das situações, as peripécias e os reconhecimentos funcionariam aí como as representações indiretas e os deslocamentos no trabalho do sonho: são a máscara inocente sob a qual entram em cena os instintos violentos da farsa. Daí se entende que, para Mauron, a grande comédia na França teria nascido com *Escola de Mulheres*, texto em que Molière casa a farsa à comédia de intriga e inaugura a perfeita fusão do prazer inocente e do tendencioso.

De fato, a análise da peça de Molière segundo a teoria dos chistes pode aclarar nossa visão de como, nesse texto impagável, é possível fundir com tal maestria a malícia à inocência. A relação entre o velho Arnolphe – que criou e educou para si uma esposa, desde menina, para não correr os riscos da *cocuage* – com o jovem Horace, que por meio de uma troca de identidade pode fazer confidências ao próprio rival,

106. Idem, p. 30-33.

suporta o aspecto lúdico e inofensivo da intriga; só através da máscara desse qüiproquó pode o comediógrafo permitir que seu espectador se delicie com as tendências agressivas e libidinais da relação Arnolphe-Agnès. Malícia e inocência estão de tal modo fundidas em toda a peça, e especialmente na personagem de Agnès, que o espectador, creio, não consegue decidir se ela aceita as investidas do jovem amante justo por ser totalmente néscia, como desejou seu pai-marido-professor, Arnolphe, ou por não sê-lo absolutamente. Arnolphe tampouco pode decidi-lo: "(*À parte*) Vejam como argumenta a desgraçada! Peste! Uma mulher do mundo não diria melhor. Ah! Eu não a conhecia. Por minha fé, ou eu sou um imbecil ou a mulher mais ingênua entende mais de amor do que um sábio" (Ato V, cena 4)[107].

Mas a teoria freudiana dos chistes, observa Mauron, quando adaptada aos contornos do gênero cômico, mostra-se insuficiente. Quando se trata de compreender as relações entre tragédia e comédia, ou entre sonho e jogo (*le rêve et le jeu*), assim como a inversão da angústia em triunfo, surgem questões que vão além dos chistes. As ligações que Mauron supõe existentes entre os enredos da comédia e os mitos angustiantes das tragédias não podem ser explicadas pelos chistes, pois estes são "uma arte superficial e muito pouco criativa quando comparada à arte cômica"[108].

Embora na criação e na recepção da comédia os fatores conscientes sejam predominantes, os inconscientes permanecem – os mitos trágicos recobertos (disfarçados) em fantasias de triunfo. A tensão entre procedimentos conscientes e impulsos inconscientes teria aí maior importância que nos chistes "privados", pois "para a comédia, numa época e num lugar determinados, os limites que não devem ultrapassados são claramente marcados pelo sentimento público e pela lei". Mauron chama atenção para o fato de que Aristófanes *jogava* livremente com questões que serão tabu para Molière – como pudor, poder político e religião – mas não podia, como este, zombar de maridos traídos. Ou seja: as mudanças históricas dos tabus sociais e a entrada e saída de cena de certos temas são para a comédia um jogo bem consciente[109].

Mas quais seriam, então, as fantasias de triunfo que revelariam, segundo Mauron, as defesas contra a angústia características do gênero cômico? A mais comum vem desde a Comédia Nova e encontra-se ainda em *Escola de Mulheres*: o jovenzinho enganando o velhote ridículo. O que haveria nesse tema para que o reencontrássemos em toda parte e sob mil variações? Por que sua representação garantiria o prazer do espectador?

107. Molière, *Escola de Mulheres*, p. 80.
108. *Psychocritique...*, p. 42.
109. Idem, p. 40-50

Para responder a isso, Mauron procede à *superposição* de *todo* Molière e *todo* Plauto. E eis a mesma rivalidade entre jovens (*blondins/ adulescentes*) e velhos (*barbons/ senes*). A vitória triunfal dos primeiros e a derrota humilhante dos últimos corresponderia à inversão de uma situação angustiante encontrada nos mitos de Prometeu e Édipo. "De repente, Zeus e Laio tomam os traços de velhos impotentes aos quais jovens desenvoltos vêm roubar seu fogo (resfriado em ouro) ou sua fêmea"[110].

A partir daí, Mauron constrói uma sequência de transformações do mito trágico em cômico : "angústia do mito primitivo – controle pelos mecanismos de defesa – projeção sobre a vida cotidiana – produção do riso – arte cômica". Ora, os componentes do complexo de Édipo – incesto e parricídio – não podem ter uma expressão direta no registro cômico. O incesto aí é representado por uma rivalidade amorosa entre pai e filho, enquanto o parricídio é substituído pela derrota do pai. Pela mesma via de disfarce, as várias figuras que detêm idade e autoridade podem tomar o lugar do pai propriamente dito. A sugestão do incesto é nítida em *Escola de Mulheres*, na relação Arnolphe-Agnès, mas a culpa foi desviada do filho para a imagem paterna.Todas as "pupilas" e sobrinhas, por sua vez, são projeções camufladas da imagem da filha cobiçada (Embora Shakespeare não faça parte dos grandes momentos da história do teatro tomados por Mauron como referência da arte cômica – que para ele são a Comédia Antiga, Comédia Nova e Molière –, ao pensar em pais logrados não deixa de vir-me à mente a conjunção de dissabores, para Shylock, quando a filha foge de casa, roubando-lhe o tesouro; embora em *O Mercador de Veneza* o tema seja marginal, o que não significa destituído de interesse, vale observar essa disseminação de pais maltratados, batidos, traídos, espoliados etc. mesmo na atmosfera ideal da comédia romanesca; por outro lado, a estranheza do tratamento trágico em *Otelo* só se confirma com a abertura farsesca da denúncia do rapto de Desdêmona, feita por Iago, jocosamente, a um pai desgrenhado e em touca de dormir.).

Na comédia, afirma Mauron não se sonha mais, joga-se. O inconsciente, que permanece infantil, vê em todas as máscaras de velhos ridículos ou obstrutores a autoridade paterna a ser burlada. Na inversão da angústia, todas as figuras *fracas* são também projeções do filho, que na versão cômica torna-se o triunfador insolente que derrota o poder obstrutor.

Todavia, o quadro de inversão das situações arquetípicas angustiantes não é simples nem uniforme. Mauron afirma não conhecer equivalente cômico para o matricídio (mito de Orestes); tudo leva a crer que a mãe terrível do mito trágico não se deixa "inverter", enga-

110. Idem, p. 58.

nar e bater como o pai infantilizado; suas versões cômicas mães do tipos fortes e popularmente simpáticos, como velhas sem-vergonha, esposas mandonas ou uma criada atrevida com certa autoridade no quadro doméstico. Seu valor cômico está, no máximo, em ajudar o filho na luta contra o pai.

Pelo exame de vários exemplos da superposição Plauto-Molière, Mauron apresenta variações da fantasia de triunfo sobre o pai, como as disputas entre o bom e o mau filho, ou a modalidade um tanto demoníaca do filho sedutor, como Dom Juan ou Tartufo, uma espécie de duplo perverso do bom filho. Como foi visto em *Escola de Mulheres*, a intriga tem a função de oferecer uma "cobertura" para que o princípio de prazer (o jovem par amoroso Agnès e Horace) possa enganar o princípio de realidade (o velho Arnolphe). Enquanto o chiste alimenta o riso pela economia verdadeira de uma inibição (como mostrou Freud), *a vitória imaginária sobre a realidade produz o sentimento de triunfo no espectador*[111].

Mas qual o critério para identificar onde está o prazer, e onde a realidade na construção cômica? Por que o pai representaria o princípio de realidade? Mauron tenta um acordo entre a explicação histórica e a psicológica, observando que só na Comédia Nova o pai parece representar efetivamente a realidade repressiva; para Aristófanes, a realidade é política, está fora de casa, enquanto a liberdade e o prazer estão no espaço doméstico. Mas esses pólos seriam invertidos na Atenas vencida e humilhada do século IV. O espectador deixa de ser um cidadão envolvido nos destinos da *pólis* e passa a cuidar de seus interesses individuais. Isso determinaria também a criação de novos tipos cômicos. O lugar da realidade passa a ser a casa, onde reina um pai – detentor do dinheiro e da autoridade – que se contrapõe aos desejos do filho. Este, subordinado, sem qualquer poder no âmbito doméstico, tem como únicas armas o amor, a audácia, a dissimulação, além da ajuda de criados espertos.

A passagem de Aristófanes a Menandro (ou da Comédia Antiga para a Nova, depois mantida e adaptada por Plauto), pois, representaria "um salto", uma descontinuidade; trocam-se as referências de prazer e realidade, bem como o alvo da fantasia cômica. A partir daí, Mauron entende que existe apenas "uma" comédia burguesa, que muda segundo a evolução dos costumes, mas cuja estrutura obsessiva se mantém. E, na medida em que sua comédia permanece burguesa e familiar, Molière adota os tipos da Comédia Nova. A casa substituiu a cidade, e a pequena variedade de tipos deve-se não à pobreza da fantasia imaginativa, mas à simplicidade do cotidiano em que ela se projeta: relações de parentesco, ligações amorosas, assuntos de dinheiro.

111. Idem, p.78.

Se a grande lei do cômico é a vitória do princípio de prazer, quando este se aplica ao quadro familiar ressurgem os elementos essenciais da Nova. No centro o conflito pai-filho, ladeado por algumas figuras responsáveis por manter a temperatura da trapaça e da bufonaria: cozinheiros, parasitas, soldados fanfarrões. A mulher é objeto de todas as projeções, da adoração ao desprezo, mas é um "motor imóvel".[112]

A segunda fantasia de triunfo, ainda na Comédia Nova, é o "reencontro mágico do objeto perdido", correspondendo à inversão da angústia do abandono, separação, perda ou luto. Mais freqüente em Plauto, menos em Terêncio, ela é construída por toda sorte de peripécias, reconhecimentos e reencontros familiares que fazem a glória da intriga romanesca. Ela está ligada às tendências narcísicas, representadas por tipos como o parasita e o fanfarrão, imagens invertidas do medo do abandono pela mãe (ficar sem comida) e da humilhação. O soldado fanfarrão é um *homo gloriosus* que termina conhecendo o desengano e a derrota, correspondendo ao filho fracassado.

A terceira fantasia de triunfo é o "roubo de identidade", que visa garantir o desejo infantil de onipotência mágica; este se realiza plenamente em *Anfitrião* e *Os Menecmos*, de Plauto, garantindo um "triunfo absoluto" sobre o princípio de realidade. A "matriz mágica" dessa vitória, não mais do filho sobre o pai, mas do irmão sobre o duplo fraterno, infunde no espectador um júbilo triunfal a partir do sentimento de "impunidade total e promessa de acesso a uma liberdade divina"[113].

Para identificar a quarta fantasia de triunfo, Mauron faz um retorno a Aristófanes. A fantasia central desse teatro cômico seria "a Cidade como símbolo de comunhão psíquica com a mãe". Na transformação histórica que leva à Comédia Nova, como vimos, essa função se deslocaria para o quadro da vida em família, onde reina o pai. Na Comédia Antiga, quando se pensa na relação de inversão da angústia em jogo triunfal, entende-se porque a paródia de temas trágicos é praticamente *obrigatória*.

Por que Aristófanes ataca as figuras de Eurípides e Sócrates? Estes são acusados da dissolução dos costumes, do desrespeito aos deuses, da desintegração da *pólis*, de achincalhe do nutritivo seio mítico; a guerra é combatida porque representa a destruição da Cidade-mãe.

A agressividade satírica de Aristófanes seria na verdade uma luta do bom filho para salvar o berço da *pólis*, seu impulso criador. À sensação angustiante de que o passado heróico se distancia cada vez mais, Aristófanes aplica um remédio burlesco, fazendo com que coincidam momentaneamente – e espetacularmente – o mito pessoal

112. Idem, p.88.

113. Isso me traz à mente a imagem da curiosa disputa entre Esaú e Jacó, cuja solução "trapaceira" é tão estranha aos hábitos morais do Novo Testamento, ou da ética pós-Cristo.

do autor e o mito coletivo da cidade. O verdadeiro objeto da sátira aristofânica é o mau filho (Sócrates, Cléon, Eurípides), responsável pela guerra, pela sofística, pela tirania, pelo abandono da mãe mítica; o bom filho (projeção do autor) está associado à mulher, à tradição e à paz, como no sonho de harmonia e abundância da cidade aérea em *As Aves*. Nas comédias de heroísmo feminino – dentro de uma lógica bufa, é claro – *Lisístrata* ou *Assembléia de Mulheres*, mãe e filho se reúnem para enganar e chantagear o inimigo[114].

Para Mauron, na Comédia Antiga estariam "as fontes, não somente históricas, mas psíquicas da comédia". A arte cômica seria a expressão de um "jogo triunfal" centrado no retorno da mãe perdida, cuja mais profunda fantasia é a vitória sobre a morte. A satisfação alucinatória através das fantasias de triunfo constitui um dos principais mecanismos de defesa do eu, jogo que oferece ao mesmo tempo aprendizagem e delírio para a criança. Na vida adulta, a arte permite restaurar e prolongar o "sentimento de onipotência" infantil, a "felicidade profunda de comunhão com a mãe".

Esse objetivo de "restauração interior" na defesa contra a angústia da perda materna existiria também nas demais artes, mas o comediógrafo radicaliza sua defesa, através da negação e da inversão das obsessões angustiantes. O tragediógrafo, ao contrário, "afronta a ansiedade", tornando-a fascinante através da idealização. Mauron alerta, porém, para o perigo de se confundir as fantasias imaginativas com as próprias obras, pois estas são "conscientemente elaboradas"[115].

Após estabelecer o repertório das fantasias de triunfo desenvolvidas pela comédia grega e latina, Mauron faz um retorno à obra de Molière e nela encontra um elemento novo. O tema da vitória sobre o pai transforma-se aí numa fantasia de *cocuage*. Esse tema está ausente da Comédia Antiga e o motivo parece óbvio: para que o adultério se torne uma situação dramática, é preciso que a mulher tenha um grau de independência suficiente para ser *árbitro*. Segundo Mauron, a fantasia do adultério feminino começaria a se tornar obsessiva na farsa francesa dos séculos XIV a XVI, vindo depois a constituir um dos lugares comuns da comédia moderna. Essa seria "a principal obsessão cômica acrescentada pelos tempos modernos às da antiguidade"[116].

Mas de que modo a vitória sobre o pai se converteria num sonho de *cocuage*? Seguindo o método de inversão da angústia em triunfo, Mauron acredita que temos aí a vitória sobre uma obsessão que está expressa no mito de Fedra: a destruição causada por um amor-paixão aparentado ao incesto (e eis que voltamos ao Édipo).

114. *Psychocritique*..., p. 109-129.
115. Idem, p. 132.
116. Idem, p. 136.

Na fantasia que subverte a angústia desse mito, a mulher virgem, religiosa ou esposa, em nome do prazer, rompe o contrato com os pais, com Deus, com o marido, e viola as leis que representam a realidade constritiva. Todo o desfile de jovens, enganando a vigilância paterna e de esposas adúlteras, formando uma série de lugares comuns da comédia, até os nossos dias, resultaria de uma fantasia de triunfo contra a angústia da culpa de uma paixão proibida.

Não me parece haver dúvida de que as análises da psicocrítica, os exemplos abundantes examinados e "superpostos" por Mauron, relacionando forma dramática e fantasia inconsciente, representam um passo à frente da teoria freudiana dos chistes para um estudo da catarse cômica. Estamos aí, também, quase no pólo oposto ao da interpretação bergsoniana, que reduz o prazer cômico à função de punir os vícios da insociabilidade. As fantasias descritas por Mauron reverberam por toda a ficção dramática contemporânea, do palco ao cinema ou às novelas da TV, com seus filhos rebeldes, com ou sem causa, seus fanfarrões e gêmeos oportunistas, filhas e esposas espertas, o que confirma o poder catártico de determinadas obsessões invertidas comicamente. Como observa Gérard Genette, "há talvez um *riso edipiano* e o que dele sugere Mauron ilumina muitas profundezas da tradição cômica"[117].

Deixando de lado o feitio estruturalista do método psicocrítico, e retendo apenas as conquistas que ele traz para a compreensão dos aspectos inconscientes na recepção da comédia, nem por isso desaparecem certas dificuldades. A principal delas, para o ponto de vista do presente estudo, é que, mesmo escrevendo seu trabalho em 1964, Mauron coloca o limite do gênero em Molière. E mais: a fantasia de *cocuage* seria "o único acréscimo" ao estoque antigo de obsessões cômicas. Ora, o repertório das fantasias de triunfo apresentadas por Mauron na produção cômica que vai de Aristófanes a Molière (já deixando de lado no mínimo Lope de Vega, Shakespeare e Ben Jonson), parece insatisfatório quando nos aproximamos, para citar só um exemplo, de Bernard Shaw.

Quando o autor de *Pigmaleão* (1913) diz-se convencido de que, aos olhos vitorianos, o único pecado realmente imperdoável é a pobreza, pode estar desenhando o perfil de uma nova obsessão moderna, que o humor ferino de suas peças se incumbiria de revelar. Pode-se objetar que temos aí o riso por demais rarefeito da "comédia de idéias". Talvez. Mas se o modelo psicocrítico é válido para revelar a relação de dependência entre o efeito cômico e os processos inconscientes, seria possível aplicá-lo a angústias não necessariamente edipianas?

117. G. Genette, *Figuras*, p. 133.

* * *

A comédia cinematográfica norte-americana tem desenvolvido de modo obsessivo algo como uma "fantasia de felicidade no mundo capitalista", para a qual foram criados os tipos do bom e do mau empresário. Em um filme como *Cuidado com as Gêmeas!*, por exemplo, ressurge o tema plautiano-shakespeariano dos duplos, mas agora obcecado pelo frio mundo dos negócios (que se revela bem quente e animado por todo tipo de paixões). Uma das gêmeas é a "empresária má" que, em sua fome de lucro, consente em arrasar a pequena cidadezinha onde nasceu. Quando, através do velho recurso do "roubo de identidade", dá-se a previsível vitória da irmã "empresária boa", o que importa realmente, o que constitui o alívio cômico, não é a alegria do reencontro de família, e sim a perspectiva utópica da boa empresa, sensível à felicidade de seus empregados e ecologicamente correta.

É claro que sempre se poderá ver nos patrões a reedição da figura paterna, e nos empregados os bons e maus filhos etc. Porém a fonte do alívio, parece-me, passa a ser outra; a culpa em questão está ligada ao enriquecimento, e sua fantasia invertida, triunfal, é um sonho utópico de empresa "mãe" que em muito se assemelha à cidade aérea de *As Nuvens,* mas fundada sobre outras angústias e outros valores.

Todavia, apesar do repertório de obsessões interrompido em Molière, a interpretação dada por Mauron ao fascínio da comédia permanece altamente produtiva. A partir da idéia de que "a arte cômica está baseada numa fantasia de triunfo", creio que novas e estimulantes reflexões podem vir a enriquecer nossa compreensão do processo catártico nessa forma dramática e teatral, tendo em vista as constantes projeções do jogo cômico-triunfal sobre a realidade concreta da interação palco-platéia. Pois aceitar que as grandes fantasias inconscientes reaparecem sob diferentes variações, de obra em obra cômica, não significa dizer que nós as reencontramos em seu *sentido*[118] – este terá que ser construído de modo particular, em cada época, por cada autor e seu público.

118. "As diferentes emergências que se podem demarcar não são figuras sucessivas de uma mesma significação; são efeitos de substituição, reposição e deslocamento, conquistas disfarçadas, inversões sistemáticas". M. Foucault, Nietzsche, A Genealogia e a História, *Microfísica do Poder*, p. 26.

4. A Construção da Comicidade e o Pacto Receptivo

O REPERTÓRIO TRADICIONAL E A FANTASIA CÔMICA

Há uma polêmica que teve início no século XVIII e felizmente se mantém aberta, pois envolve elementos que atiçam e desafiam a criatividade dos dramaturgos. O pontapé inicial no móvel da querela foi dado por Carlo Goldoni (1707-1739), comediógrafo que tendo se iniciado na tradição bufa da *Commedia dell'Arte*, escrevendo para ela os magros roteiros de praxe (os *canovacci*), destinados à improvisação, foi tomado por uma ambição bem "dramatúrgica". Goldoni percebeu que essa tradição do teatro cômico italiano, que já contava quase dois séculos, mantinha seu interesse junto ao público graças, sobretudo, à arte de grandes atores cômicos; estes tornavam-se "donos" de determinadas máscaras – como Pantaleão, Arlequim, Doutor –, especializando-se nos tipos fixos e preenchendo-os com a vivacidade do seu talento.

Isso, claro, só poderia provocar ciúmes num comediógrafo. Goldoni queria mais: queria "escrever" propriamente "textos", com todas as falas das personagens redigidas pelo autor, e não simples roteiros de ação.

Para ele, este seria o único modo de transformar a fixidez e abstração dos tipos tradicionais, desenvolvendo personagens com alguma individualidade e riqueza de caracterização, assim como situações mais próximas do cotidiano social; isso em vez dos enredos estratificados, herdados da comédia nova plautiana, em que pais severos ou velhos ricos e lúbricos infernizam a vida de jovens enamorados, em meio às fofocas e acrobacias da criadagem.

De fato, pode-se observar que, mesmo quando toma ainda a estrutura e as máscaras da *Commedia*, como em *Arlequim, Servidor de Dois Amos*, Goldoni introduz variações a partir dos diálogos e de alguns toques de caracterização. O próprio Arlequim já não tem o puro automatismo da máscara, não é mera "função", nem apenas o servo tolo da dupla de *zanni* (criados). Beatriz comenta que "ele se faz de inteligente e de tapado, segundo as conveniências"[1].

Contra a ambição do comediógrafo, numa polêmica que duraria mais de uma década, o poeta acadêmico e também comediógrafo Carlo Gozzi propôs-se a defender a tradição teatral italiana da *Commedia,* bem como a pureza da língua italiana, que estaria sendo conspurcada pelo "realismo" de Goldoni. Este compreendeu que a renovação não seria fácil, não só pelos ataques violentos de Gozzi, mas por deslocar abruptamente o "horizonte de expectativa" (como diria Jauss) do público, e não só do público italiano.

Ao tentar trabalhar em Paris, na *Comédie Italienne*, Goldoni teve que voltar a escrever roteiros: tanto atores quanto espectadores queriam a *Commedia.* A história da polêmica se estende por burlas, *beffe* e *facezie* nem sempre engraçadas para seus alvos, mas aqui voltamos ao ponto que importa no momento.

A argumentação conservadora de Gozzi em favor dos roteiros para cenas improvisadas pode ser resumida na pergunta: *por que escrever integralmente os diálogos de cada texto particular, se só existe um reduzido número de situações dramáticas possíveis a ser exploradas no teatro, bastando, portanto, serem roteirizadas e desenvolvidas pelos atores em cena?*

Para fortalecer sua posição contra o que considerava as "bobagens poéticas" de Goldoni, Gozzi afirma, então, que existem apenas trinta e seis situações dramáticas, sem contudo dizer quais são elas. Tal sugestão poderia ter se esfumado, como um argumento precipitado no calor da disputa, se a ela não viesse somar-se a autoridade de Goethe, que em correspondência com Eckerman, confirma o "número de Gozzi", mas ainda sem determinar a que situações ele corresponderia. Somente em 1895 Georges Polti se incumbirá de descrever as "trinta e seis situações dramáticas", apresentando uma estranhíssima listagem cujo único critério parece ser o de chegar ao sonhado número[2].

1. C. Goldoni, *Arlequim*, *Servidor de Dois Amos*, p. 114.

2. Na introdução ao seu livro, Polti relata brevemente a história dessa demanda, desde Gozzi, acrescentando a sugestão de Gerard de Nerval, que encontrara apenas vinte e quatro situações. G. Polti, *36 Situaciones Dramaticas*.

Os "Dispositivos de Forças"

Apenas em 1954 a polêmica das situações no teatro viria a receber uma contribuição fecunda. Etienne Souriau, depois de uma justa crítica à relação de "situações" de Polti, ao mostrar que seu inventário nada mais é que uma curiosa mistura de temas, motivações, acontecimentos etc., toma um caminho bem mais interessante. Seu ponto de partida é a constatação de que uma *situação dramática* é a forma tomada por um *sistema de forças*, que são ativadas e encarnadas pelas personagens, num dado momento da ação. Essas forças em ação são as "funções dramáticas": é unicamente através delas que as personagens adquirem sua significação dramatúrgica; a personagem é como que "destinada", a cada momento da ação, pelo fator que ela representa nesse sistema de forças. Do ponto de vista do seu "caráter", ou feixe de atributos, a personagem pode ser isolável; mas "por situação" sua função dramática lhe atribui uma significação e um destino, obrigando-a a viver numa constelação de "pessoas", em simbiose de evolução dinâmica. Desse modo "um drama é a experiência de uma cessação de isolamento"[3].

O passo importante dado por Souriau em relação aos estudos anteriores é, ao invés de realizar inventários de situações, propor-se a descobrir o seu desenho interno e suas regras de formação; isso o leva a perceber então que as situações dramáticas são o resultado de diferentes configurações de apenas *seis* funções dramáticas[4]. Se as funções são "forças em ação", cumpre ao dramaturgo procurar "o melhor trabalho" dessas forças, ou seja: engendrar, a partir, delas, novas situações. As situações seriam, pois, "dispositivos de forças", estruturas combinatórias cuja variação é o material básico do universo dramatúrgico.

Mas a simplicidade ou univocidade das funções – cada uma delas puro vetor de ação – não deve ser confundida, alerta Souriau, com a complexidade das personagens. Segundo o autor, deve-se distinguir o

3. "Uma situação dramática é a *figura estrutural* esboçada, num dado momento da ação, por um *sistema de forças* – pelo sistema das forças presentes no microcosmo, centro estelar do universo teatral; e encarnadas, experimentadas ou animadas pelos principais personagens daquele momento da ação". E. Souriau, *As Duzentas Mil Situações Dramáticas*, p. 38.

4. Souriau usa uma simbologia astrológica para indicar as seis funções. São elas: o Leão ou a Força Orientada – é o sujeito desejante que deflagra a ação, não sendo necessariamente o herói ou o protagonista; o Sol – o Bem Desejado ou seu representante; a Terra – o Receptor do bem desejado, o que se beneficia com ele; Marte, ou o Oponente – a força que se opõe e resiste ao desejo do Leão; a Balança, ou o Árbitro – o que decide a atribuição do Bem Desejado; a Lua ou o Adjuvante – funciona como auxiliar de qualquer outra função. Cf. E. Souriau, op.cit., p. 53-95. Baseando-se nas análises de W. Propp sobre o conto popular russo (1928) e nas funções dramáticas de Souriau (1954), Greimas desenvolverá o seu Modelo Actancial para análise das estruturas narrativas, em 1966. A. Greimas, *Sémantique Structurale*.

caráter da personagem de sua *função dramática*, pois é da combinação (ou do embate) entre ambos que resultam as variações concretas, particulares a cada peça. Para demonstrar essa distinção, usa o exemplo de Hamlet: ele tem, "por situação", a função de Vingador, que pediria – caso Shakespeare quisesse *simplificar*, é claro – um caráter bem diverso do de "um homem sonhador, indeciso, melancólico, que vive no mundo do sonho"[5]. A redução do caráter de uma personagem a dois ou três traços suficientes ao cumprimento de sua função – afirma ainda – só acontece nas formas mais simples ou codificadas do teatro, como na farsa ou no melodrama.

E isso nos traz de volta à questão Gozzi-Goldoni e aos aspectos da polêmica em torno das situações dramáticas que interessam ao trabalho do comediógrafo e às condições de sua recepção, ou seja, interessam à compreensão da catarse cômica.

Preocupado em mostrar as possibilidades de sua matriz combinatória das seis funções (que pode produzir nada menos que 210.141 situações dramáticas!) Souriau acaba sugerindo um *nivelamento* que abstrai o valor, a ocorrência e o uso desses dispositivos. Sua proposta ao mesmo tempo simples e engenhosa tem, por isso, interesse reduzido quando se trata de relacionar a *escolha* das situações à questão do efeito cômico e às reações do espectador, ao mesmo tempo em que levanta perguntas cruciais.

Do ponto de vista da escolha de determinadas situações pelos comediógrafos, importa é indagar por que se verifica a ocorrência concreta, histórica, de um certo número de situações em detrimento de outras. Mesmo o ingênuo Polti, ao apresentar sua listagem confusa, cuida de formular a pergunta-chave: "Quais são as situações dramáticas negligenciadas por nossa própria época, tão fiel em repetir um pequeno número de outras? Quais as mais utilizadas hoje? Quais as mais esquecidas e as mais usadas em cada época, gênero, escola e autor? Quais as razões para tais preferências?"[6]

É verdade que Souriau já fala de situações "fortes" e "fracas" para a dramaturgia em geral. Porém, o nivelamento (nesse caso tecnicamente necessário) fica claro quando ele se recusa a distinguir situações trágicas e cômicas, por serem elas potencialmente iguais quanto ao desenho estrutural das funções. O que irá variar é o tratamento, que no caso da comédia corresponde a uma "redução da dimensão dramática".

> Em suma, o dramático vem primeiro; o cômico é obtido pela anulação brutal ou pela inversão voluntária e ativa desse parâmetro trágico. E rimos porque o dramático está ali, virtual, por toda parte e porque é pisoteado, vencido, picado e tripudiado sob nossos olhos, para nosso alívio, redenção e felicidade [...]. E, inversamente, todas as situações dramáticas, convenientemente profanadas, dessacralizadas e desangustiadas,

5. E. Souriau, op.cit., p. 50.
6. G. Polti, op. cit., p. 10.

podem tornar-se cômicas com um pouco de habilidade, como o prova, aliás, a possibilidade universal da paródia[7].

No entanto, Souriau admite que existem "situações prerrogativamente cômicas, isto é, que sejam muito mais facilmente utilizáveis na atmosfera da comédia que na do drama". E a questão se recoloca: por quê? É precisamente aí que Charles Mauron fará intervir os resultados da psicocrítica. As "fantasias de triunfo" por ele identificadas na comédia antiga grega, na comédia latina e em Molière representam situações dramáticas. Cada uma delas pode ser indicada por um esquema que torna visível as principais relações dinâmicas entre as personagens. Qual seria a relação entre essas fantasias cômicas e as situações dramáticas, tal como *engendradas* por Souriau?

Para o psicocrítico, a situação dramática produzida pela combinação de funções toma a forma geral de um conflito psíquico, desde os próprios termos usados por Souriau: "uma 'tendência' ou 'desejo' encontra uma resistência e um árbitro dispõe da decisão"[8]. É a função "árbitro" que parece mais sugestiva a Mauron, pois num sistema mecânico de forças ela estaria ausente, enquanto sua presença é clara numa estrutura psíquica – o eu consciente aceita ou recusa satisfazer as tendências, após conflito e levando em conta os fatores antagonistas (sejam eles obstáculos reais ou interditos morais)[9].

Na verdade, aqui se arma o verdadeiro embate teórico, a divergência entre modelos de interpretação: "Como separar conflito dramático e conflito psíquico? Se o primeiro coloca em jogo personagens e o segundo instâncias, é preciso que o autor ou o espectador interiorize as personagens e viva ou reviva em si mesmo o seu sistema de relações para poder apreciá-las"[10].

A partir dessa aproximação entre funções dramáticas e instâncias psíquicas — que o modelo de Souriau certamente permite, construído como está sobre a dramaturgia ocidental clássica do conflito e da personalidade – Mauron dará o passo seguinte, chegando a formular uma questão de grande interesse para o estudo da catarse cômica. Se para Souriau, como vimos, é clara a independência entre "caráter psicológico" e "função dramática", para o psicocrítico ela não se sustenta. Se é verdade que *na vida* caráter é também destino, ou que um

7. E. Souriau, op. cit., p. 37.

8. C. Mauron, *Psychocritique du genre comique*, p. 73. Aqui entram em jogo as funções do Leão (força desejante), de Marte (o oponente) e da Balança (o árbitro).

9. Note-se que a função-árbitro é justamente o pomo da discórdia para as análises menos psicológicas e mais actanciais, ou seja, que levam em conta apenas os puros vetores de ação. Patrice Pavis considera essa função "a menos integrada ao sistema, pairando acima das outras funções e por vezes dificilmente definível na peça estudada". Parece não haver mesmo acordo entre a obsessão estrutural das funções "puras" e a variabilidade concreta dos conflitos dramáticos. Ver P. Pavis, *Dicionário de Teatro*, p. 8.

10. C. Mauron, op. cit., p. 73.

caráter "parece recriar em torno de si, sem cessar, a situação onde ele representa certo papel funcional", como na perseguição, por exemplo, por que o mesmo não se daria com personagens criadas por um autor?[11]

O desejo de Souriau é o de fazer das funções dramáticas entidades abstratas, e mantê-las independentes das variáveis de caracterização, para dedicar-se totalmente ao jogo de combinações e assim chegar a um altíssimo número de *possibilidades*. Mas – e aí chegamos ao ponto – se a criação dramática procedesse apenas por combinações abstratas, *seriam utilizadas igualmente todas as possíveis situações,* o que absolutamente não ocorre, como o demonstra a prática teatral e dramatúrgica.

Em resumo: nem todas as situações possíveis de serem geradas pela combinatória das seis funções são escolhidas, ou não são escolhidas com a mesma freqüência. Por isso, o interesse da psicocrítica do cômico em estudar as estruturas *obsessivas*, visto que existem situações-chave não só para um dado público, de uma dada época, mas até mesmo para cada comediógrafo[12].

Entre as muitas situações possíveis a partir da combinatória de Souriau, a prática mostra que, tanto para o trágico quanto para o cômico, algumas são constantemente escolhidas por autores e espectadores. Isso explicaria, para Mauron, certas freqüências facilmente constatáveis na comédia: "certas situações, como certas personagens, aí se tornam obsessões"[13].

O estudo de um fenômeno como a catarse dificilmente poderia deixar de lado os fatores psicológicos que influem na recepção. No entanto, eles não são os únicos e, a depender da situação concreta, nem mesmo decisivos. A contribuição inestimável da psicocrítica não implica em desprezar, por exemplo, o papel desempenhado por valores, crenças, referências éticas ou religiosas, enfim tudo aquilo que influi concreta e circunstancialmente no envolvimento do espectador. A aceitação ou rejeição de temas e situações, a distância ou a identificação com as personagens envolvem questões que vão desde o desgaste estético de certas formas até as mudanças históricas dos hábitos do público. Várias perspectivas podem ser adotadas, e o mais rentável é que uma abordagem não exclua as demais, colocando-as em saudável tensão. Nesse sentido, importa observar as diferentes tipologias que estão à disposição do comediógrafo e a combinação dessas variáveis na obtenção do efeito cômico.

Assim, se Souriau nos apresenta uma *tipologia funcional*, baseada em vetores de ação, que em muito faz avançar nossa compreensão

11. Idem, p. 74.
12. "Nossa pesquisa tem por objeto as obsessões do gênero cômico". Idem p. 75.
13. Idem, p. 76.

do modo como se configuram as situações dramáticas em geral, no caso particular do efeito cômico será preciso considerar também aspectos presentes em outras tipologias.

Impostores, Ironistas, Bufões e Parvos

Vejamos agora uma outra perspectiva para classes de personagens e o que ela pode nos ensinar sobre as obsessões cômicas. Trata-se exatamente do aspecto tornado marginal na teoria das funções dramáticas de Souriau, ou seja, os recursos de composição que dizem respeito ao *caráter* das personagens.

Como a palavra *caráter* é bastante antiga nos estudos de dramaturgia e tem sofrido modificações segundo os usos de cada autor, gostaria de esclarecer alguns pontos. Há um sentido arcaico do termo no qual ele se confunde com a "personagem", como se esta se reduzisse a seus traços físicos, psicológicos e morais[14]. Mas alguns métodos de análise do texto dramático (funcionais ou actanciais) já se incumbiram dessa distinção, ao trazer à tona principalmente a sintaxe das ações. Quando se usa ainda hoje uma expressão como "comédia de caráter", isso serve apenas para indicar que aí o dramaturgo procurou deter-se na análise das motivações das personagens, sem lhes recusar certos traços individuais que as façam transcender uma tipicidade esquemática. Nesse sentido, não "o avarento" ou "o misantropo", mas *aquele* avarento ou *aquele* misantropo de Molière podem ser chamados de "grandes caracteres". Isso serve para contrastar, em linhas muitos gerais, com a "comédia de intriga", em que as personagens são mais neutralizadas, em função da ênfase recair sobre o movimento contínuo da ação, alimentada por surpresas, reviravoltas e qüiproquós[15].

14. Ao longo deste estudo, tenho usado o termo "personagem" em sua acepção mais simples e difundida, de ser construído ficticiamente, uma máscara antropomórfica ou "persona". No entanto, como se sabe, a personagem como unidade psico-fisiológica vai se dissolvendo a partir da implosão da estética naturalista. Vemos surgir, já no simbolismo de Maetterlink e no pré-expressionismo de Strindberg, imagens de seres despedaçados, estilhaços de "personas". Isso se acentua no surrealismo e no teatro de absurdo, até que os pedaços ganhem vida própria, como os seios de Tereza que flutuam em cena em *As Mamas de Tirésias*, de Apollinaire, ou as botas que são o noivo de Das Dores em *Dorotéia*, de Nélson Rodrigues. Na dramaturgia dos anos 1980, observa-se o início de uma reconstituição da persongem, valorizada como um conjunto de signos ou como sujeito de um discurso, porém não mais sob a ilusão de levar à cena uma "alma humana", como pensava Stanislávski. Ver, a respeito, A. Ubersfeld, *Para Ler o Teatro*, p. 69-90.

15. Chama-se qüiproquó (do latim *qui pro quo*) ao equívoco cômico que leva a "tomar uma coisa por outra", confundindo personagens ou situações. Ele é um dos casos da "interferência de séries" de que fala Bergson. Mais raramente, esse equívoco pode ser trágico, como em *O Equívoco*, de Albert Camus.

Na falta do segundo livro da *Poética,* no qual se presume que Aristóteles tenha cumprido sua promessa de tratar da comédia[16], esse lugar foi ocupado por um opúsculo do século X que se supõe uma versão do original aristotélico ou, pelo menos, expressão dessa herança filosófica: o *Tractatus Coislinianus*[17]. Nesse texto – que Eudoro de Souza considera um "pastiche intragável" da Poética – são apontados três tipos de personagens cômicas: o impostor ou fanfarrão (*alazón*), o ironista ou auto-depreciador (*eíron*) e o bufão (*bomolóchos*). A tradição aristotélica, de onde o *Tractatus* provavelmente deriva, forneceu um quarto tipo cômico: o camponês ou rústico (*ágroikos*). Northrop Frye observa que essa lista de personagens cômicas está relacionada muito de perto com a passagem da *Ética a Nicômaco*, que contrasta o fanfarrão com o tímido, ou auto-depreciador, e o bufão com o rústico[18].

Lembro agora o que foi dito no primeiro capítulo sobre o tratamento das paixões no contexto da ética aristotélica: a virtude moral corresponde a "um meio-termo entre dois vícios". A coragem é virtude por estar entre o extremo medo ou *covardia* e a excessiva auto-confiança ou *fanfarronice*; o justo orgulho é virtude entre a *vaidade* oca e a *humildade* exagerada; no que diz respeito ao prazer de "proporcionar divertimento", o homem virtuoso seria o espirituoso, equidistante dos extremos da gaiatice ou *bufonaria* e da *rusticidade* ou ausência de senso de humor, relacionada à estreiteza mental. Note-se, pois, que o que se representa nesses tipos, aos pares, são quatro *vícios*, por excesso e por falta.

O *alazón* tem confiança e otimismo desmedidos, é um impostor sobretudo para si mesmo; o *eíron* desconfia de tudo, vê o mundo cinza à sua volta, faz críticas a todos, inclusive a si mesmo; o *bufão* tem espirituosidade demais; o *rústico*, de menos. Assim, em atenção à sua origem em modelos de comportamento, podemos chamá-los de *tipos éticos* – apesar da óbvia redundância, pois o *ethos* no sentido dramatúrgico refere-se à descrição dos caracteres – apenas para diferenciá-los dos tipos funcionais, na descrição de Souriau (como Oponente,

16. Aristóteles se refere a esse texto perdido, ou "livro II", sobre a comédia, no início do capítulo VI da *Poética* ("Da imitação em hexâmetros e da comédia trataremos depois") e também em dois momentos da *Retórica*, no livro I, capítulo 11 ("mas sobre o que provoca o riso damos as definições úteis na *Arte Poética*") e no livro III, capítulo 18 ("mas tratamos destas diferentes espécies de facécia em nossa obra sobre a *Poética".*). Aristóteles, *Arte Retórica e Arte Poética,* p. 93 e 362.

17. O *Tractatus* deve seu nome a ter sido preservado num manuscrito pertencente à coleção de Henri Charles du Cambout de Coislin, em Paris, e só foi publicado em 1839. Há dele uma tradução para o inglês, de Lane Cooper, feita em 1922: *An Aristotelian Theory of Comedy with an adaptation of the Poetics and a translation of the Tractatus Coislinianus.* O *Tractatus* seria parte de um conjunto de fragmentos anônimos chamado *Comicorum Graecorum Fragmenta. Encyclopedia Britannica*, Chicago: 1990, tomo 23, p. 152-3.

18. N. Frye, *Anatomia da Crítica*, p. 172.

Adjuvante ou Árbitro) ou actanciais, no sistema de Greimas (como Sujeito e Objeto, Destinador e Destinatário etc.).

Na tradição da comédia, observa-se que a maioria das personagens obstrutoras são variantes do impostor, como o pai irritado e autoritário (*senex iratus*), o soldado fanfarrão (nome genérico herdado do *Miles Gloriosus*, de Plauto), o sábio pedante, o almofadinha, o cientista louco, ou, na versão feminina, figuras como a megera, a mulher-fatal, a "perua" emproada etc. A este comportamento opõe-se o do *eíron*, que possui contornos menos óbvios.

O ironista, quando se deprecia ou censura a si mesmo, pode adotar a forma do herói ou heroína inocente, falsamente caluniados, como na antiga comédia *lacrimejante* e em grande parte da atual teledramaturgia; mas como ele deve ser a força de reação ao impostor, nesse caso desenvolve-se um *duplo* – um criado ou amigo esperto que arquiteta a vitória sobre o *alazón* obstrutor. Mas quando o ironista também censura a tudo e a todos a sua volta, esse tipo pode gerar personagens com grande poder de captar a adesão da platéia, dotadas como estão de uma espécie de escudo contra o ridículo.

Esse é um recurso que apela claramente para a sensação de *superioridade* produzida pelo cômico. Uma cena sempre bem-sucedida é aquela em que um ironista aponta com sarcasmo os excessos de um impostor (que se julga mais belo, mais inteligente, mais forte do que o espectador percebe que ele é). A face *eíron* de Hamlet é um contraponto cruel para a ingenuidade palavrosa de Polônio ou para o puxa-saquismo mal-dissimulado de Rosencrantz e Guildenstern.

O bufão, em sua loquacidade, sua vivacidade exuberante e exaltação corporal, é figura que ultrapassa claramente os limites da dramaturgia cômica. Ele é a "vertigem do cômico absoluto" de que fala Baudelaire. Transformado em instituição social, como o Bobo das cortes européias, é um paradoxo vivo que tem intrigado historiadores e antropólogos. Como pode alguém ter a *função* de ser louco, ter o *dever* da incongruência? O Bobo não pertence à corte nem se opõe a ela; ninguém mais perto do poder, ninguém mais longe dele. Ao mesmo tempo um solitário, que não fala em nome de qualquer grupo, e um elemento obrigatório da festa. O Bobo habita um espaço de transgressão *profissional* que confina com seu próprio corpo[19].

Mas o Bobo oficial (*jester*), tal como o encontramos em Shakespeare, no *Rei Lear*, dizendo verdades cruéis sob o disfarce da insanidade, é apenas a cristalização do tipo bufonesco, que empresta seus traços a uma galeria de personagens, do criado *gracioso* da comédia espanhola dos séculos XVI-XVII a Estragon, em *Esperando Godot,* de Beckett. Nos limites da *Retórica*, Aristóteles vê o bufão

19. Ver, a respeito, L. F. B. Neves, A Ideologia da Seriedade, *Revista de Cultura Vozes*, p. 35-40.

como uma espécie de cômico-escravo; adverte que a ironia é digna do "homem livre", mas não a bufonaria, pois "ironizamos para nos deliciarmos, mas bufoneamos para deliciar os outros"[20]. Note-se que essa passagem sugere uma nova oposição no quarteto dos tipos éticos, entre o ironista e o bufão, como sujeito e objeto do riso, respectivamente.

Mas há ainda a oposição entre o bufão e o *rústico*. Creio que o melhor nome que daríamos a este seria *parvo* (do latim *parvus*) no sentido original de pequeno, limitado, mas também na acepção extensiva de ignorante, tolo. Encontramos sua imagem quase pura no Parvo de *Auto da Barca do Inferno*, de Gil Vicente. Ele é um simplório, um pobre de espírito, uma "pomba sem fel". O Anjo permite que ele entre na Barca do Céu sem qualquer hesitação, o seu lugar no reino da bem-aventurança já está garantido (Este lugar corresponde ao da Criança no *Auto da Barca do Purgatório*, único ser aí cuja salvação também está assegurada.).

ANJO: Quem és tu?
PARVO: Não sou ninguém.
ANJO: Tu passarás, se quiseres;
porque não tens afazeres
por malícia não erraste.
Tua simpleza te baste
para gozar dos prazeres[21].

No céu cristão não há lugar para ironistas, impostores ou bufões, como no céu grego, em que o próprio pai dos deuses – Zeus – é um fanfarrão sexual. Na comédia brasileira, e no mesmo contexto "devoto", um tolo ou parvo sempre simpático à platéia é Chicó, em *Auto da Compadecida*, de Suassuna, aí contrastado com uma personagem um pouco mais mesclada, João Grilo, que exibe traços do impostor ou pícaro, principalmente, mas tendo seu tanto de bufão e ironista. Uma mistura interessante de impostor e parvo é Zeca Diabo, personagem de Dias Gomes que transita com igual sucesso do palco para a teledramaturgia, um soldado fanfarrão na pele de um "terrível jagunço" que no fundo é um beato de Padre Cícero.

É claro que, ao aproximar o quarto tipo ético da figura do parvo, estou deslocando o sentido estrito que tem o *rústico* na descrição aristotélica, ou seja, o comportamento de alguém apenas destituído de es-

20. Aristóteles, *Arte Retórica e Arte Poética*, Livro III, capítulo 18, p. 262.

21. O Parvo é o representante da gente simples, que sabe com certeza onde está o bem e o mal, como se vê na longa, louca e deliciosa descompostura que ele passa no Diabo, quando este quer fazê-lo entrar na sua Barca, permeada de absurdos e de imagens do fabulário popular: "Tua mulher é tinhosa/ e há de parir um sapo/ metido num guardanapo; neto da cagarrinhosa". G. Vicente, *O Velho da Horta; Auto da Barca do Inferno; A Farsa de Inês Pereira*, p. 51-52.

pirituosidade, no pólo oposto ao do bufão. Mas creio que desse modo o conceito é mais útil à dramaturgia cômica, além do deslocamento não ser ilógico. O parvo, por sua *incompreensão* das relações mais simples, nem ri nem quer nos fazer rir (não poderia desejar isso). Mas nós rimos *através* dele.

Nesse sentido, Bakhtin observa que em vários gêneros narrativos paródicos ou bufos surge, em paralelo ao *trapaceiro alegre* ou pícaro, a figura do tolo, do "autêntico pateta", cuja incapacidade de compreender os discursos elevados ou a pomposidade das linguagens canonizadas (religiosa, política, jurídica etc) produz o estranhamento necessário para que se perceba o pedantismo institucionalizado. Um pateta que exibe a mentira patética justamente por não compreendê-la. "O embuste alegre do trapaceiro é a mentira justificada pelos mentirosos; a simploriedade é a incompreensão justificada da mentira: estas são duas respostas da prosa ao patético elevado e a toda seriedade e convencionalidade"[22].

Por algum tempo tentei encontrar um esquema que obedecesse aos nossos hábitos lógicos, mantendo a oposição dos tipos éticos dois a dois, segundo a tabela dos vícios, impostor-ironista e bufão-parvo. Mas na realidade dos textos cômicos o *alazón* surge quase sempre caracterizado por contraste com os outros três tipos: o ironista, o bufão e o parvo; como Tartufo se opõe à Senhora Orgonte, a Orgonte e Cleante, respectivamente, ou como Khlestakov, o falso inspetor que consegue, sozinho, infernizar um vastíssimo painel de tipos ridículos da cidadezinha corrupta, em *O Inspetor Geral*, de Gógol. Para compreender o que lhe dá tamanho poder como matriz típica, uma linha de Bergson foi para mim definitiva. "Poderíamos dizer que o remédio específico da vaidade é o riso, e que o defeito essencialmente risível é a vaidade"[23]. Tudo leva a crer que, embora os quatro tipos éticos repartam entre si os principais traços dos comportamentos cômicos, a agressiva *inconsciência* do *alazón*, sua capacidade de auto-engano, de ser um impostor para si mesmo e de impingir essa falsa imagem aos demais, dá-lhe a excelência do ridículo.

Enquanto no *Tractatus* esses tipos são reduzidos a personagens "da comédia", Northrop Frye em sua "teoria dos mitos" vai relativizar essa exclusividade, mostrando a presença desses traços também na tragédia, na história romanesca e na sátira (que para o autor é distinta da comédia). Uma de suas observações mais interessantes é que o herói trágico, porque auto-iludido e cego pela *hybris,* pertence ao grupo do *alazón*, enquanto a fonte da vingança, que provoca o reconhecimento do erro (*anagnórisis*), pode ser associada ao *eíron,* na figura de deuses irados ou entes sobrenaturais que reclamam justiça,

22. M. Bakhtin, *Questões de Literatura e de Estética*, p. 193-195.
23. H. Bergson, *O Riso*, p. 90.

como o fantasma em Hamlet. O grande mérito da crítica proposta por Frye é o de permitir observar como certa forma de comportamento cristalizada pela tradição. pode tomar diferentes nuances, segundo seu tratamento trágico, cômico, romanesco ou irônico[24].

Realmente, quando pensamos nos traços básicos do *alazón* – impostura, obsessão e auto-engano –, vemos que ele pode fornecer a matriz tanto para uma personagem cômica, como Malvolio, o mal-amado pedante de *Noite de Reis*, de Shakespeare, ou Odorico Paraguaçu, o "bem-amado" de Dias Gomes em *Uma Obra do Governo*, quanto para a amarga experiência de um Gregers Werle, em *O Pato Selvagem*, de Ibsen, com seu idealismo cego.

De fato, encontramos essas características de exaltação exacerbada de si mesmo e fragilidade soberba até mesmo em Édipo. Além de ser herói da trágica Busca de Si Mesmo, Édipo é também um pedante (a primeira forma de sua cegueira), que desacata Tirésias em nome de sua própria razão, e um paranóico, que acusa Creonte de um complô para roubar-lhe o trono. Tais traços, é claro, aí não podem ser dominantes (lembre-se: o caráter do herói trágico é "médio") e servem para mostrar apenas o quanto a percepção humana está sujeita ao erro.

Por vezes, só uma poderosa arquitetura retórica impede que o mesmo esquema básico resvale do patético ao ridículo. Mas não por muito tempo, ou no mínimo não por todo o tempo. As reações do espectador contemporâneo ao sofrimento de Otelo (que apresenta mais de um traço do tipo parvo ou rústico, além de fanfarrão facilmente enganável) são perigosamente ambíguas, quando não abertamente hostis. Em 1985 assisti, no Teatro Castro Alves, à simpatia irrestrita, feroz, de um público de 1500 pessoas por Iago (vivido pelo ator Ney Latorraca), com delírios de aplausos pelo sucesso de cada maquinação perversa. Sem dúvida, a linha de interpretação escolhida pela encenação – com Iago (que na peça de Shakespeare é um *eíron* trágico em seu desejo de vingança) transformando seus solilóquios em falas diretas ao público, em tom perversamente cúmplice, num misto de vilão capa-e-espada com malandro brasileiro – contribuiu para que o ponto de vista da peça fosse totalmente deslocado. Mas é também fato que a forma-força do *alazón* Otelo facilita essa virada de perspectiva.

Se tudo parece indicar uma identificação maior do público com o ironista, é preciso não esquecer que na dramaturgia cômica não existe emprego para o *eíron* solitário (este pode ser encontrado mais facilmente nas formas épicas em que um narrador distanciado aponta as incongruências de uma sociedade absurda, como no *Cândido*, de Voltaire). A dinâmica dramática exige que cada ironista seja acompanhado de perto por seu parvo ou seu fanfarrão iludido. No mínimo um, e já foi bastante acentuada a preferência dos comediógrafos, do

24. N. Frye, op. cit., p. 212-213.

palco ao cinema, pelos pares complementares, mas é também um padrão familiar o do herói esperto rodeado por tolos de várias espécies.

É realmente espantosa a vitalidade e longevidade dos tipos éticos e as chances que oferecem à criação de efeitos cômicos, do teatro "de vanguarda" às formas mais populares do humor. Quando nos aproximamos das peças de absurdo dos anos cinquenta e sessenta, que claramente parodiam os procedimentos da dramaturgia tradicional, temos uma reacentuação desses traços típicos, mas já então retirados do seu contexto familiar.

Em *Piquenique no Front*, de Arrabal, a figura do pai evoca a gabolice do soldado fanfarrão, mas não há qualquer punição específica para seu comportamento, ele é apenas uma vítima da guerra como qualquer outra. Ou seja: o que Arrabal recusa ao espectador é exatamente a "punição ética" do cômico tradicional, de modo a trazer para o primeiro plano o que há de cruel e aleatório nesses jogos bélicos. Em *O Rinoceronte,* de Ionesco, há um curioso tratamento da dupla ironista-impostor. Jean, que a princípio exibe sua superioridade "lógica", gabando-se de saber como viver e dando lições de razão prática ao aparvalhado Bérenger, termina por ceder à totalitária "rinocerontite"; Bérenger, o *eíron* desleixado, tímido, inseguro, termina por ser o único "herói" possível no desconcerto geral.

Na tradição do humorismo televisivo, não há praticamente quadro de prolongado sucesso sem a presença desses contrastes clássicos, que são reeditados mesmo em programas atuais (o que não quer dizer novos). A mulher burra, que nessa mitologia cômica há décadas chamava-se Ofélia, e mais recentemente Magda, é uma forma feminina do rústico ou parvo, e presa fácil do deboche de um marido ironista ou fanfarrão; assim como a megera que inferniza o marido fraco é uma figura de *alazón* feminino.

Tipos Culturais e Estereótipos Cômicos

Além dos tipos funcionais/actanciais e dos tipos éticos, há também a contribuição à dramaturgia cômica feita pelos *tipos culturais*. O desejo de assegurar limites para os reconhecimentos identitários parece favorecer a criação de uma outra mitologia, já não mais ética ou "universal" (em termos de vícios e virtudes humanas), mas inspirada nos traços percebidos e/ou projetados como típicos de um dado comportamento sócio-cultural. Quando o efeito cômico apela para esse repertório de marcas, não apenas rimos "em grupo" (como assinalou Bergson) mas "dos grupos" e mesmo "através dos grupos", caso em que se faz especialmente claro como o risível depende de um universo de noções compartilhadas.

Uma sociedade elege para si mesma certos caracteres de reconhecimento (que podem ser bem cruéis, como na auto-depreciação do humor judaico, presente em vários chistes relatados por Freud) assim como projeta características sobre outras comunidades, que findam por tornar-se marcas muito resistentes e eficazes para obter o riso. Tais traços não são nem totalmente arbitrários, nem totalmente motivados por circunstâncias reais; são fruto de um jogo de identificação e diferenciação, construído pelo imaginário de um grupo social ao desenhar suas fronteiras com outras formas de convívio humano.

Castoriadis afirma que, do ponto de vista das relações que instituem a vida social, "a *escolha* de um símbolo não é nunca nem absolutamente inevitável, nem puramente aleatória. Um símbolo nem se impõe como uma necessidade natural, nem pode privar-se de *toda* referência ao real"[25].

Flora Süssekind observou que o teatro de revista brasileiro contemporâneo à Guerra de Canudos usava o termo "jagunço" não apenas para "o matuto fanático e mau", mas ampliando-o para todo tipo de golpista, monarquista, restaurador, qualquer um que fosse contrário ao "progresso da nação". Síntese dos males brasileiros, o jagunço surge como todo aquele que se opõe à modernidade e à República, sendo pois os "bilontras" estrangeiros, nessa lógica, os piores jagunços![26]

O recurso cômico aos tipos culturais está presente em várias anedotas e historietas que jogam com traços de certos comportamentos tornados "clássicos" pela repetição. Como esta, dinamarquesa: Um amigo aposta com outro que é capaz de convencer três turistas a mergulharem, à noite, num lago gelado. Após rápida conversa com os visitantes, consegue realizar o seu intento. O que perdeu a aposta pergunta, atônito, como isso foi possível. E o vencedor: "Foi fácil. Ao norte-americano, eu disse que era lei; ao francês, eu disse que era moda; ao brasileiro, eu disse que era proibido".

Quando se cruzam os tipos éticos e os culturais, temos a formação de estruturas mais complexas e resistentes ao uso, e mais eficazes na produção da comicidade, como o pedante *alazón* argentino ou o exuberante bufão italiano. Estudos sobre o "humor étnico" mostraram que nesse tipo de piadas os defeitos mais freqüentemente ridicularizados são organizados em pares, como esperto/estúpido, corajoso/tímido, ou seja, exatamente como vimos nos antiquíssimos tipos éticos[27].

Se tenho insistido na tipicidade de certas construções cômicas, isso não significa que concorde com a impressão muito difundida de

25. C. Castoriadis, *A Instituição Imaginária da Sociedade*, p. 144.

26. "O estrangeiro feliz que se arranja/ e, arranjado, um bom coice nos dá/ é jagunço – jagunço da Estranja,/ que é pior que os jagunços de cá". Da revista "O Jagunço", de Artur Azevedo, citado por F. Süssekind, *As Revistas de Ano e a Invenção do Rio de Janeiro*, p. 91.

27. H. Driessen, Humor, Riso e o Campo: reflexões da antropologia, em J. Bremmer e H. Roodenburg (orgs.), *Uma História Cultural do Humor*, p. 256.

que a comédia em geral é "mais fixa" do que as formas não-cômicas da dramaturgia. Outras formas de ficção mais ou menos popularizadas (e é a popularização que parece exigir o recurso ao estereótipo) como o melodrama, a história policial e a ficção científica apresentam quadros de agentes bem reconhecíveis, que remetem de pronto tanto ao repertório histórico tradicional quanto às "funções" de Souriau ou aos "actantes" de Greimas. Temos aí vilões e heróis bem marcados, servidores benéficos e maléficos, árbitros facilitadores e obstrutores, constelados em torno de seus objetos de desejo: amor, dinheiro, vingança, o poder na Casa Branca ou na galáxia.

Seria o caso de indagar: por que então as personagens cômicas nos dão a impressão de serem "mais fixas"? A resposta pode vir de várias perspectivas, mas escolho no momento a explicação receptivo-psicológica, usada por Bergson – de que na comédia as personagens são vistas "de fora", como máscaras sociais – apenas para introduzir uma quarta tipologia. Do ponto de vista da sua maior ou menor complexidade psicológica, há também uma divisão clássica das personagens dramáticas em indivíduos, arquétipos, tipos e caricaturas. O comediógrafo parece servir-se preferencialmente das duas últimas classes, justamente aquelas mais afastadas das minúcias da individualização, embora saiba bem a importância da medida entre tipicidade e individualidade no "tempero" de suas personagens. Tudo leva a crer que o tipo de cruzamento ou "balanceamento" entre os tipos funcionais, éticos, culturais e psicológicos é que vai decidir a maior ou menor "seriedade" ou "profundidade" no tratamento das personagens.

A divisão bem conhecida das formas de comicidade em "de caracteres", "de palavras" e "de intriga" parece ter tido origem na passagem da *Retórica* que identifica como objeto do riso "pessoas, ditos, atos" (Livro I, capítulo 11). Essa separação tem sido mantida nos estudos do cômico, mas deve ser feita com cuidado quando se lida com textos concretos de comédias, em que a dinâmica dramática cria um tecido no qual situações, personagens e diálogos *co-operam* na obtenção do efeito cômico. Apesar disso, é claro que se podem observar dominâncias de algum elemento da composição, e a tônica se desloca não apenas em fases históricas, mas até no universo de obras de um mesmo autor.

Temos um Molière ocupado preferencialmente com a caracterização psicológica em *O Misantropo* e um Molière farsesco, movendo os cordéis de maridos logrados e *angéliques* espertas em *Os Ciúmes do Barbouillé* e *George Dandin* [28]; um Shakespeare cheio de nuances intrigantes e perturbadoras, em *Medida por Medida* ou *O Mercador*

28. Ver análise das farsas de Molière em C. Berrettini, *Duas Farsas, O Embrião do Teatro de Molière*.

de Veneza, e um Shakespeare "esquemático" em *A Comédia dos Erros* ou *As Alegres Comadres de Windsor*. Os críticos sempre pareceram acordes quanto à exigência de que uma "grande comédia" deveria combinar as duas coisas: riqueza de trama e de caracteres, embora tal proeza seja mais rara do que desejariam.

Do ponto de vista histórico, coube à *Commedia dell'Arte* levar ao máximo a fixidez dos tipos cômicos, assumindo de modo puro seu caráter de *máscara*, desde as falas improvisadas até as posturas corporais. Com isso a *Commedia* conquistava para a comédia em geral o reconhecimento claro do seu caráter de *jogo*, de artefato "irresponsável" contraposto à responsabilidade trágica. Note-se que isso acontece séculos antes que o teatro não-cômico rompesse com a tentação naturalista de disfarçar suas máscaras-procedimentos, e negasse a transparência da "fatia de vida".

Quando Roland Barthes exalta a obra de Brecht por romper com o "visgo" naturalista, com a poderosa tradição da arte teatral como *pseudo-physis* (falsa natureza)[29], sabemos que essa ruptura apenas se aplica ao teatro "sério". No universo da comédia, tal liberdade foi inaugurada desde a fantasia aristofanesca de uma cidade construída nas nuvens.

O Comediógrafo, Servidor de Dois Patrões

Se retomarmos agora a idéia de Mauron, de que as estruturas obsessivas da comédia podem ser vistas como a inversão sistemática de mitos angustiantes em fantasias de triunfo, projetadas sobre a vida cotidiana de uma dada sociedade, teremos uma melhor compreensão do jogo que se estabelece entre os elementos tradicionais e a realidade presente no contato com o público. Tudo leva a crer que a construção da comicidade extrai o "melhor trabalho" de várias forças concorrentes. A personagem ou situação que se apresenta ao espectador pode ser, *ao mesmo tempo*, a imagem de um conflito psíquico, um padrão actancial, uma referência ética, um quadro cultural e o resultado de um trabalho de caracterização e uso da linguagem. É nesse sentido que venho sublinhando, ao longo deste estudo, a diferença da comédia como construção artística, fruto de escolhas e ênfases, e a comicidade espontânea do cotidiano.

Quando Brecht afirma que o público dos anos de 1950 riria de *O Avarento* por considerar sua atitude anacrônica – guardar dinheiro em casa numa época de febre de investimento e de lucro – certamente

29. "Compreende-se de resto porque é esse aspecto do pensamento brechtiano que é o mais antipático à crítica burguesa e jdanovista: uma e outra se apegam a uma estética da expressão "natural" do real: a arte é a seus olhos uma falsa Natureza, uma *pseudophysis*. Para Brecht, ao contrário, a arte hoje [...] deve ser uma *antiphysis*". R. Barthes, *Crítica e Verdade*, p. 137.

tem razão *também*[30]. É uma verdade parcial, se considerados outros elementos de construção desse texto em particular. Mas isso não exclui que paralelamente à distância histórica continuem a funcionar determinadas estratégias cômicas, pois o público rirá não de *um avarento*, mas *daquele avarento*, Harpagon, quer o vejamos construído segundo a rigidez mecânica de um vício (Bergson), como o Oponente que bloqueia a força desejante (Souriau), como puro desenvolvimento de uma idéia cômica (Meredith) ou como personagem obsessiva-obstrutora (Ben Jonson/ Northrop Frye).

Para enfatizar a historicidade do efeito cômico, Brecht exagera o fator atualidade, assim como Neyde Veneziano, que ao destacar a importância das referências a fatos contemporâneos no Teatro de Revista brasileiro, escreve: "Não encontraremos nos textos de Teatro de Revista nenhum elemento de universalidade, porque a *alusão* não é um acessório, mas a questão essencial. Portanto, não há duas maneiras de se *ler* um texto de Teatro de Revista: ou se entendem suas alusões, ou não se entende nada"[31].

Ora, fosse o Teatro de Revista – e mesmo a revista-de-ano – *integralmente* constituído pelo material emergente da vida carioca, não teria ultrapassado o estágio da *festa*, do ritual social ou da "identificação associativa"[32], vindo a tornar-se um "gênero teatral"; e esse último aspecto é o que a própria autora se esforça em mostrar, traçando as origens populares da revista (das Falofórias até a *Commedia dell'Arte* e daí para as barracas de feira de Paris), a "estrutura" e as "convenções" que a tornaram *reconhecível* e *apreciável* por seu público fiel, as transformações e aclimatação ao jeito brasileiro, até a sua *descaracterização* e morte[33]. Ora, como poderia ter "caráter", para posteriormente perdê-lo, um tipo de espetáculo cem por cento constituído por alusões a fatos efêmeros?

Em seu claro intento de resgate e valorização do teatro de revista, a autora aceita as sugestões de Junito Brandão – de que pelo menos em oito das onze comédias de Aristófanes que conhecemos a segunda parte é uma revista, com um desfile de *sketches* que ilustram o debate (*agón*) da primeira – e de Luiz Francisco Rebello, que vê em *Os Pássaros* (*As Aves*) o mais remoto antepassado da revista moderna.

30. B. Brecht, Pequeno Organon, *Estudos sobre Teatro*, p. 115.

31. *Não Adianta Chorar*, p. 30.

32. Jauss, seguindo a teoria lúdica de Huizinga, chama "identificação associativa" à que se dá de modo coletivo, através de rituais sociais compostos de regras livremente aceitas pelos "jogadores"; por introduzir os participantes num mundo imaginário, que interrompe a experiência cotidiana, a festa, como ação lúdica, já conteria a experiência estética de modo virtual. No caso do teatro, também jogo e ritual, a identificação associativa se daria naquelas formas que apelam para a comunhão e celebração, com os espectadores tomando parte num "comportamento estético coletivo". H. R. Jauss, *Experiencia Estética y Hermenêutica Literária*, p. 259-264.

33. *O Teatro de Revista no Brasil*, p. 87-154.

Até mesmo Gil Vicente é apontado retrospectivamente como "o primeiro revisteiro, em língua portuguesa" (e isso, veja-se, ao utilizar "personagens alegóricas" como o Anjo e o Diabo em *Auto da Barca do Inferno* para passar em desfile os vícios da sociedade lusitana).

Supondo que assim seja, devemos então considerar tanto a "revista" aristofânica grega, quanto a "revista" vicentina, ou a revista azevediana carioca do final do século XIX como "documento histórico, fragmentado e, obviamente, incompleto" dos quais nos resta "somente uma síntese alegórica das preocupações e do gosto dos públicos médios" de tais décadas ou séculos anteriores?[34]

Para levantar apenas um senão (pois as questões que cercam o teatro de revista, apenas muito recentemente estudado, são ricas de nuances e atraentes em demasia para uma rápida abordagem), lembro que faziam parte das convenções da revista – como assinala muito bem Neyde Veneziano e todos os que se ocuparam dessa forma de espetáculo – várias referências não-atuais que apelavam exatamente para a *memória* e para a *ilustração* do público. Entre essas referências estão: quadros de mitologia grega (como o de Júpiter em *Mercúrio*, de Artur Azevedo e Moreira Sampaio), inúmeras citações e empréstimos à tradição teatral francesa (como *Monsieur du parterre* ou *compère*[35]), figuras cênicas tomadas à arte e à história brasileira, como Os Doze Profetas do Aleijadinho e as imagens de Castro Alves, Rui Barbosa, Tamandaré, Caxias e Tiradentes entre bandeirantes, garimpeiros, jangadeiros e outros tipos do painel revisteiro, em *Tóca pró Pau*, de Luiz Peixoto e Freire Júnior.

Como bem mostrou Flora Sussekind, foi exatamente por repetir-se, fixando e explicitando seus procedimentos, que o teatro de revista pôde cumprir o seu papel de ambientar o espectador carioca com as contradições do "espaço público cosmopolita na vida brasileira do século passado". O jogo entre o emergente e a cultura "universal" importada permeava a ambigüidade com que era tratada a modernização, encenando, entre o elogio e o deboche (desejo de progresso e medo das novidades), a perplexidade do espectador diante de mudanças tão rápidas na fisionomia da cidade. Daí afirmar a autora que o verdadeiro protagonista das revistas era o espaço público, pois "a sociedade fluminense necessitava de mapas teatrais

34. Idem, p. 21-24.

35. O *Monsieur du parterre* era um ator que se fingia de espectador, introduzindo críticas, comentários e, através disso, explicitando as próprias convenções da revista, como vemos em *O Rio de Janeiro em 1877*, de Artur Azevedo e Lino d'Assunção, entre outras. O *compère* era um elemento fundamental para a ligação entre os quadros, às vezes mal conectados por um frágil enredo; apesar de ser mais uma espécie de apresentador, que atravessa todo o espetáculo, podia também metamorfosear-se em outras personagens, ou redobrar-se em duplas e casais – como o *compère* Tribofe e a *comère* Frivolina em *O Tribofe*, de Artur Azevedo.

renovados anualmente para que pudesse manter seu autoconceito e um projeto coletivo de futuro". A angústia das perdas de referência, frente à agressividade da "cosmopolitização" vivida no dia-a-dia, no teatro se transformava em comédia, permitindo ao espectador dominar essas mudanças[36].

Creio que a análise de Flora Süssekind traz uma boa compreensão para o sucesso avassalador do teatro de revista à sua época e que, embora vindo por caminho diverso, não conflita com a idéia das obsessões cômicas terem origem na reversão de imagens angustiantes em "fantasias de triunfo".

Assim, em resumo, nem na revista tudo é alusão à atualidade, nem *O Avarento* é apenas um mau investidor financeiro. Falamos das ansiedades do espectador. O que foi dito funciona também como um exemplo dos mais transparentes da ansiedade que de tempos em tempos atinge o comediógrafo. Sabe-se o quanto Artur Azevedo e outros revisteiros foram atormentados (interna e externamente) por cobranças de "elevar o nível" da produção teatral[37].

Em que pesem as diferenças, imensas, de contexto histórico-cultural-teatral, creio que Azevedo queria o mesmo que Goldoni – queria *escrever* textos cômicos com qualidade literária, não meros roteiros repetitivos, e com isso, e ainda assim, e ao mesmo tempo, agradar a seu público.

"Em que pesem"... e como pesam! Goldoni teria que enfrentar, mais que os ataques de Gozzi, a poderosíssima instituição da *commedia*, sedimentada no público e nos atores; Azevedo não tinha propriamente uma *tradição* para amar ou deslocar, salvo a linha recente e bem-sucedida da opereta bufa do século XIX que podia tomar de empréstimo ao teatro europeu. Mas nosso revisteiro acreditava que o teatro ao qual consagrou toda a sua vida era apenas o "estrume" que prepararia o solo para a comédia brasileira, e morreu sentindo-se um semeador frustrado[38].

É que o comediógrafo, principalmente ao inclinar-se para uma variedade mais popular da comédia, é como Arlequim: quer servir a

36. Cf. F. Süssekind, *As Revistas de Ano e a Invenção do Rio de Janeiro*.

37. "Artur Azevedo, o maior entre os revistógrafos do período, aceitava a popularização do teatro efetuada pela revista, mas guardando certa distância, não se iguala jamais ao popularesco. Quando podia, enxertava em seus espetáculos um tema literário, julgado mais elevado, chamava à cena a Fantasia, empreendia uma 'viagem ao Parnaso', nem sempre com bons resultados, porque se abria uma espécie de hiato entre forma e conteúdo, uma contradizendo o outro [...]. Quer dizer que ele não traía o pacto estabelecido tacitamente pelos intelectuais de então, distinguindo com nitidez entre a realidade deles, de um lado, e, de outro, o Brasil real e grosseiro. Reproduzia-se no romance ou na comédia o que se ouvia, mas sem confundir planos, sem buscar matéria e inspiração no popular, como a literatura fará a partir do Modernismo". D. de A. Prado, *História Concisa do Teatro Brasileiro: 1570-1908*, p. 106.

38. Idem, p. 165.

dois patrões, ao seu público e à instituição teatral e literária que dá *validade artística* ao seu "estranho ofício" de (como disse Molière) "fazer rir às pessoas de bem". Quer referir-se à vida presente para divertir o maior número possível de pessoas, mas sem deixar a vizinhança do Pantheon da alta cultura.

Para ilustrar esse dilema, nada melhor do que citar um dos muitos esforços de Artur Azevedo e Moreira Sampaio para mostrar seu pertencimento à comunidade intelectual do Rio de Janeiro em 1886. O prólogo da revista *Mercúrio* é quase um pastiche do de *Tartufo*, com apelos ao valor artístico e moral do riso, culminando com a clássica saudação plautiana.

PRÓLOGO: Belas senhoras, ínclitos senhores,
Desta revista os tímidos autores
Mandam-me em verso tosco
Aqui tratar convosco. [...]
Como no teatro antigo,
Dize ao público amigo
Que não veja no insípido *Mercúrio*
Triste panfleto, de honradez espúrio; [...]
A pretensão destas risonhas cenas
É fazer rir apenas. [...]
Cidadão notável,
Egrégio respeitável,
Tomamos pelo braço e em cena vamos pô-lo,
Justamente porque não se trata de um tolo.
Pois os tolos tais honras não merecem,
Nem outros tolos há que deles se interessem,
Aos homens de talento as chufas não atingem,
Mas somente aos que fingem
Virtudes que não têm, dotes que não conhecem.
Uma revista-de-ano
Não te pode lesar, gênero humano! [...]
Dizem muitos que a Arte,
Essa deusa que tem um culto em toda parte,
Menos na nossa terra,
Dos revisteiros sofre impertinente guerra:
Engano, puro engano!
Pode haver Arte na revista-de-ano. [...]
Público generoso,
Dei-te o recado. Adeus! Sê gracioso.
Não busques intenção danada onde a não houve,
E o teu aplauso próspero nos louve,
Deste prazer sincero não nos prive...
Termino como Plauto. Adeus! *Plaudite, cives!* [39]

39. A. Azevedo e M. Sampaio, *Mercúrio* em *Teatro de Artur Azevedo*, t. III p. 161-238.

TROCAS DE IDENTIDADE, TRAVESTIMENTOS, TRAPAÇAS

A troca de identidade – situação em que uma personagem, voluntária ou involuntariamente, toma o lugar de outra de diferente sexo, condição social, vínculo de parentesco etc. – tem sido durante séculos um dos dispositivos de ação mais férteis para a dramaturgia. Por estar mais freqüentemente no ponto de partida de uma "comédia de enganos", tendemos a associar a troca de identidade com o tratamento cômico, já que esse dispositivo inicial é um fatal detonador de erros em série, criando ordens paralelas de acontecimentos e inversões de pontos de vista que facilmente geram o *qüiproquó*, a cena típica em que todos falam e ninguém se entende. Mas ao evocar esse recurso dramatúrgico podem também nos vir à mente inúmeras "tragédias de engano", linhagem tanto quanto antiga, não fosse Édipo o primeiro modelo de uma trágica troca de identidade.

Imensa e variadíssima é a galeria de enganos possíveis sobre "quem é quem" no drama, e nem sempre se necessita do recurso mais óbvio ao figurino e a outros elementos de caracterização. Muitas vezes bastam os desejos e temores das personagens para investir alguém de atributos falsos, como em *O Inspetor Geral*, de Gógol. Em Pirandello, é toda uma dramaturgia que se constrói a partir do jogo das identidades provisórias, cambiantes, de seres à procura da verdade intangível de seu próprio rosto, como em *Seis Personagens à Procura de Um Autor* ou *Assim é, se Lhe Parece*.

Ao indagar a consistência desse "um" que imagina ser, a personagem pirandelliana descobre que é apenas um portador de máscaras, um comediante que exibe tantas faces quantas são as relações sociais que mantém com outros comediantes que o vêem e julgam, enquanto fazem uso de outras tantas máscaras; e para essa farsa cotidiana sequer é necessário a mudança de trajes, sendo mais do que suficiente o jogo ilusório entre a máscara pública e a (sonhada) face particular.

Dentre as muitas formas, pois, pelas quais um dramaturgo pode engendrar a produtiva matriz das confusões de identidade, eu gostaria de destacar apenas uma, já suficiente em sua riqueza e variedade para permitir uma compreensão das estratégias cômicas: o travestimento. Esse caso particular do *disfarce,* que explora o transviamento de signos do masculino e do feminino, é uma peça de resistência na história de sucessos da comédia ocidental, de Aristófanes até *A Bofetada*. [40]

Vale observar, antes de tudo, a relação entre a idéia de travestimento e o recurso da paródia. A palavra inglesa "travesty", como termo da

40. Espetáculo cômico da Companhia Baiana de Patifaria, no qual cinco atores interpretam várias personagens femininas e que se manteve em cartaz por dezesseis anos (1988-2004), em Salvador e outras capitais brasileiras, com extraordinário sucesso de público.

crítica literária, significa simplesmente a imitação exagerada e ridícula de uma obra séria, já implicando o decalque paródico como degradação; trata-se de uma forma de comédia baseada no tratamento burlesco de obras já bem conhecidas e reverenciadas em sua forma original, no sentido de "fazer um travesti de".

Por volta de 1650, Paul Scarron escreveu um "travesti" da *Eneida*, de Virgílio, também chamado *Virgílio Travestido*. A partir daí o recurso popularizou-se, com a reescritura jocosa de todo tipo de obras clássicas, inclusive contos de fadas. Mas a acepção inglesa, próxima de "transcrever" como "transliterar" e "transtornar", afasta-se do francês *travesti*, literalmente "disfarce no trajar" e "travestir": "trajar-se com roupas do sexo oposto"[41]

Se, porém, a primeira associação do travestimento é com a comédia paródica, não se deve desprezar a advertência de Souriau que, como vimos, chama atenção para a influência decisiva do tratamento dramático de uma mesma situação, no sentido cômico ou sério, tudo dependendo das escolhas feitas no sentido de favorecer a redução ou a ampliação das conseqüências da *gravidade* do conflito[42].

Assim, uma situação dramática criada a partir do travestimento (o travestimento não é uma situação, mas somente uma ocorrência que pode ou não gerar uma situação, não faltando exemplos de sua utilização marginal ou episódica, quando não totalmente decorativa, aleatória) não traz, de saída, qualquer garantia de comicidade. Na dramaturgia cinematográfica da última década, há vários exemplos de situações em que o travestimento não está a serviço de efeitos cômicos, sendo antes o núcleo detonador de conseqüências trágicas, em filmes tais como *Traídos pelo Desejo* (Neil Jordan, 1992), *M. Butterfly* (David Cronenberg, 1993) ou *Meninos Não Choram* (1999).

No teatro, a exploração inusitada das possibilidades perturbadoras do travestimento como parte de um jogo arriscado, que força os limites do ritual cênico, encontrou sua forma mais radical em Jean Genet. Não satisfeito em escrever peças nas quais as coisas não são o que parecem à primeira vista, e ainda menos à última, e em que véus cada vez mais finos de realidade são sucessivamente rasgados diante do público, como em *As Criadas* (*Les Bonnes,* 1947), *O Balcão* (*Le Balcon,* 1956), *Os Negros* (*Les Nègres,* 1958), Genet pretendeu levar ao paroxismo a experiência da simulação e da impostura no ritual cênico, utilizando de forma bizarra os signos do ator, da atuação e da caracterização. Para a encenação de sua primeira peça, *As Criadas*, em 1947, Genet especificou que as três personagens femininas deveriam ser interpretadas por homens. Além disso, para resguardar-se do

41. A. G. da Cunha, *Dicionário Etimológico Nova Fronteira da Língua Portuguesa*, p. 785.

42. E. Souriau, *As Duzentas Mil Situações Dramática,* p. 36-37.

fato de que os atores pudessem atuar tão bem que viessem a anular ou neutralizar o disfarce, retirando assim seu poder de estranhamento, o dramaturgo pedia ainda que ao longo da representação fossem exibidos cartazes lembrando ao público que as "atrizes" eram homens![43]

Podemos surpreender aqui o travestimento fugindo ao seu uso clássico, sobretudo quando comparamos estas especificações com as que o dramaturgo fará, onze anos depois, para a montagem de *Os Negros*. Visto que essa *clownerie*[44] lida com níveis de realidade e irrealidade, subjetividade e objetividade, desejos e projeções nas relações entre negros e brancos, Genet enfatiza que sua peça foi escrita para atores negros diante de platéias brancas; no entanto, embora o autor proibisse a encenação do texto por atores brancos, nos locais onde não fosse possível encontrar um único espectador branco a questão seria resolvida distribuindo-se máscaras brancas para espectadores negros; e caso as máscaras fossem recusadas, até mesmo um manequim, branco, poderia ser usado[45].

Compreende-se então, por essa preocupação propriamente semiológica do dramaturgo, que para Genet o travestimento é parte de um processo de *desrealização*: importa, sobretudo, o deslizamento das marcas – masculino/feminino, branco/negro – a transversão cerimonial de sinais e com eles de hábitos e valores, o deslocamento ritualístico de imagens só possível no campo da encenação, assumida como tal, e que se realiza na cumplicidade entre palco e platéia, num perverso jogo de espelhos.

No entanto, mesmo quando se recua até os usos mais clássicos do travestimento, podemos encontrar, na dramaturgia cômica, ao lado de um sem número de clichês e repetições, modos curiosos de reinventar esse tipo particular do *disfarce*. Tomemos o caso do travestimento feminino. Como se sabe, na época de Shakespeare as mulheres eram proibidas de subir ao palco, sendo os papéis femininos interpretados por homens. O que faz o dramaturgo, no caso, o comediógrafo Shakespeare? Dribla essa limitação social de modo engenhoso, como se piscasse o olho para o espectador, convidando-o não a esquecer a diferença, ou "suspender sua descrença", mas a admirar-lhe a mestria em manipular os dados que rolam incessantemente em cena, no vai-e-vem entre ilusão e distanciamento. Em vez de negar o artifício, trata de multiplicar as máscaras.

Shakespeare utiliza o travestimento das personagens femininas como um dispositivo para essa multiplicação, montando jogo sobre jogo e fazendo operarem juntas a realidade física da atuação e a realidade

43. A indicação de Genet não foi seguida pelo diretor Louis Jouvet, que utilizou atrizes em sua produção. Ver G. Wellwarth, *The Theater of Protest and Paradox*, p. 128.

44. *Les Nègres: un clownerie* (subtítulo dado por Genet).

45. Ver G. Wellwarth, op. cit., p. 140.

imaginária da fábula. Logo nas primeiras cenas, uma jovem decide disfarçar-se como homem, e a revelação do disfarce em geral ocorre apenas no último ato, valendo essa "transformação" como um poderoso "efeito especial" da cena elisabetana. Assim, o espectador tem diante dele, durante quase toda a encenação, um jovem ator que interpreta uma mulher que finge ser um rapaz. Imagino que as indicações de Jean Genet a seus diretores tenham buscado emular esse espetáculo de prestidigitação, essa dança de máscaras, embora com objetivos bem diversos, e nem um pouco romanescos.

O recurso ao travestimento ocorre em sete das doze comédias de Shakespeare[46]. Em cinco delas, nada menos que sete mulheres adotam trajes masculinos, e as motivações iniciais, com variação pouco significativa, são nuances de um tópico romanesco já antigo no século XVI, que percorre os enredos rocambolescos das histórias de cavalaria: a proteção da mulher. Uma jovem lança mão do disfarce masculino em geral após um infortúnio que causa a perda ou ausência do pai e dos irmãos. Assim, em *Noite de Reis*, a primeira idéia que ocorre a Violeta, vendo-se lançada ao litoral de um país estranho, após o naufrágio em que julga ter perecido seu irmão gêmeo, é travestir-se de pajem e procurar trabalho na corte do Duque Orsino; o disfarce é parte de uma estratégia para "manter-se oculta ao mundo" até que "encontre o momento próprio", isto é, seguro para revelar a sua identidade[47].

Na comédia shakespeareana só raríssimas vezes o travestimento ocorre numa cena secundária, de mero alívio cômico, à margem da ação, destinada apenas a provocar o riso, como na mascarada final de *As Alegres Comadres de Windsor* e no prólogo-moldura (pois serve de "encaixe" irônico da peça principal) de *A Megera Domada*. O procedimento dominante é que o travestimento esteja no núcleo da intriga, como peça decisiva da complicação e do desenlace. Quer o destino – dramatúrgico – que a jovem travestida envolva-se em situações complicadas que exigem o cumprimento de tarefas não só em princípio superiores às suas forças, mas às de todas as demais personagens masculinas. O exemplo máximo é Pórcia, em *O Mercador de Veneza*: sob o disfarce de um juiz e utilizando um habilidoso estratagema jurídico, ela salva a vida de Antônio das garras de Shylock.

Em meio a esse e outros tantos propósitos nobres (defender a própria honra, salvar a vida do ser amado), destaca-se a singularidade

46. Mas o dispositivo geral da troca de identidade é uma constante nesse universo cômico-romanesco, e está presente nas doze peças do gênero: nas outras cinco comédias, a substituição ocorre entre pessoas do mesmo sexo, seja por meio do disfarce voluntário (*Muito Barulho Por Nada, Trabalhos de Amor Perdidos, Medida por Medida*), seja pela semelhança natural (os dois pares de gêmeos em *A Comédia dos Erros*) ; considerem-se ainda as trocas induzidas pela magia, em *Sonho de Uma Noite de Verão*.

47. W. Shakespeare, *Noite de Reis* ou *O Que Quiseres*, em *Obra Completa*, p. 708-709.

de Rosalinda, em *Como Gostais*, com razão considerada a mais fascinante figura feminina da comédia shakespeariana. Expulsa da corte de seu tio usurpador (o duque que acusara seu pai de traição, apoderando-se de seu título e terras), sua motivação inicial para o travestimento é a previsível necessidade de proteção da virgindade. "Ai, que perigo para nós, que somos donzelas, viajar para distância tão longe! A beleza provoca mais depressa os ladrões do que o ouro!" – diz ela à prima que a acompanha na fuga para a floresta de Ardenas[48]. Mas este será o único "gemido de donzela" a ser emitido por Rosalinda. A partir daí, tudo é festa. Sua segunda idéia após a do disfarce é sugerir à prima "roubar" o bufão da corte e levá-lo como "distração para nossa viagem".

Uma vez protegida pela aparência masculina, o que faz a heroína? Realiza alguma proeza romanesca, decide impasses mortais, luta por seu amor, repara injustiças? Não. Ela única e exclusivamente *se diverte*. Ela se diverte como nunca poderia fazê-lo na condição de virgem e nobre, na condição de mulher séria dentro daquele quadro de referências culturais. E o principal alvo de suas brincadeiras é justamente seu amado e amante Orlando[49]. Como um crítico exigente, ela zomba dos péssimos versos que o apaixonado comete e distribui pela floresta, e acusa-o de "maltratar nossas pobres árvores, gravando no tronco o nome de Rosalinda", pendurando "odes nos espinheiros e elegias nas sarças; todas, por minha fé, deificando o nome de Rosalinda"[50].

O ponto mais alto do amor transformado em *game,* em dança de máscaras, é quando a jovem travestida propõe-se a curar o amado da "febre intermitente do amor": ele deverá cortejar o pastor Ganimedes (identidade falsa da jovem travessa) como se fora a "sua" Rosalinda. Ela prolongará esse jogo, por puro prazer, enquanto puder gozar da liberdade conquistada com seu disfarce. O único cuidado é o de não "profanar" o traje masculino com lágrimas e outros sinais de fraqueza, pois "gibão e calças devem dar às saias exemplo de valor". No mais, todas as ousadias e "loucuras" são permitidas à donzela travestida, até mesmo trocadilhos pornográficos com o bufão Touchstone.

No entanto, como esse tipo de comédia exige uma dupla intriga (de modo a conciliar o enredo amoroso e a linha farsesca), tais heroínas travestidas são antes de tudo protagonistas de uma trama romântica. Não lhes compete sustentar o veio da comicidade; para isso lá estão os bufões, oficiais ou não, e toda uma galeria de criados. O travestimento não tem a função de torná-las ridículas, nem mesmo risíveis, no sentido estrito de objeto cômico, aquele *do qual* se ri. Ao

48. W. Shakespeare, *Como Gostais*, ato I, cena 3, op. cit., p. 515.

49. "Vou falar com ele como se fosse um lacaio impertinente e, aproveitando-me dos trajes que estou vestindo, vou representar o papel de patife com ele". Ato III, cena 2. Idem, p. 535.

50. Idem, p. 536.

contrário, elas são *ironistas,* produtoras de chistes, no mínimo de jogos de palavras que manipulam vários graus de informação, surgidos da situação ambígua em que se encontram, em que escolheram se encontrar; as falas de duplo sentido são dirigidas sobretudo ao espectador, pois só ele (ou raramente uma amiga fiel que acompanha a jovem disfarçada) está informado do embuste. É na cumplicidade com o espectador que ganham sentido as frases aparentemente loucas de Rosalinda, ditas à pastora Febe: "Eu me casarei convosco, se algum dia me casar com uma mulher, e, amanhã, eu me casarei", e a Orlando: "Eu te satisfarei, se algum dia satisfizer um homem, e, amanhã, tu te casarás" (Ato V, cena 2).

Observe-se que, projetada nesse universo de identidades cambiáveis, de sexualidade difusa, de burlas e suspiros, amores e logros já não se sustenta a relação feita por Mauron entre a farsa e o chiste tendencioso, por um lado, e entre a intriga e o chiste inocente, por outro, e que funcionara tão bem aplicada a *Escola de Mulheres*. Com efeito, aí os elementos da farsa e da bufonaria (Encarnados na doce melancolia de Jacques e nas piadinhas "picantes" de Touchstone: "Há homens com tão grandes cornos que nem conhecem o fim deles. Bem; é o dote da esposa".) estão muito mais próximos do cômico inocente de Baudelaire, enquanto o disfarce sexual que sustenta o núcleo da intriga é a porta para todo tipo de satisfações libidinais e agressivas (como o tratamento cruel dado por Rosalinda-Ganimedes à pastora Febe).

Nesse universo romanesco, com cenário bucólico ideal, o travestimento não tem qualquer função de rebaixamento cômico. É antes uma *fantasia de evasão*, o sonho de libertar-se das cadeias que limitam o comportamento feminino. A jovem que no princípio da trama é "menos" por estar destituída da rede de proteção familiar ganha poder social através do disfarce, burlando a rigidez das regras, e podendo revelar-se, por um momento que seja, terrivelmente sagaz, inteligente, espirituosa, maluca, inquieta, ambígua. O travestismo de Rosalinda e outras virgens andróginas das comédias de Shakespeare tem uma qualidade apolínea, iluminadora, redentora. As cenas de mais forte teor cômico-desestabilizador surgem quando a brincadeira do disfarce funciona como atrativo sexual e o jogo aproxima-se perigosamente de desdobramentos proibidos: em *Noite de Reis* a Condessa Olívia declara-se ao constrangido "Césario" (que na verdade é Viola travestida), que para defender-se das investidas usa estranhos juramentos de "não ser quem é".

Mas o travesti renascentista termina por reconduzir, prudentemente, seu iludido admirador à razão e à integração social. O surgimento providencial de um irmão gêmeo (em *Noite de Reis*) ou um astucioso jogo de palavras (Rosalinda enganando e desenganando a pastora Febe, que se apaixona pelo falso pastor Ganimedes) desvia os impulsos homoeróticos para o final feliz de um casamento padrão.

Já totalmente diversa é a linha do travestimento masculino em que se inscreve, por exemplo, o citado espetáculo baiano *A Bofetada*, aproximando-se do besteirol e da chanchada, e extraindo seus efeitos de outras fontes cômicas. Por mais distanciada que a idéia possa parecer a princípio, existe aí uma relação com a herança do travestimento ritual e devorador, marcadamente dionisíaco, que não obedece a comedimentos éticos, intuitos racionais ou meios-termos, estando antes associado ao cômico grotesco ou absoluto de que fala Baudelaire.

Esse aspecto da diferença entre o travestimento masculino e o feminino merece ser visto com cuidado, e com especial atenção à sua genealogia. No travestimento masculino, ou se trata de *degradação* da personagem, que sob a torção grotesca de um feminino estereotipado se expõe como objeto de riso, ou, no pólo exatamente oposto, corresponde a um movimento de *ascese religiosa*, a busca do Andrógino mítico ou de união com a divindade[51]. Nas duas direções, há um deslocamento ritualístico, uma assunção de transmutação dos modelos sexuais da qual a comédia do tipo romanesco, que vimos há pouco, apenas pode roçar e entrever timidamente. Essa vontade de totalização (que é também dissolução da identidade) andrógina e dionisíaca do homem que se enfeita com adornos femininos é motivo constante no culto dos heróis gregos (Hércules escravizado pela amazona Onfale é obrigado a travestir-se) e sobrevive palidamente nas mascaradas ingênuas do nosso Carnaval (Embora eu fale de dois pólos, quando essa vertigem se torna espetáculo e catarse, não há como precisar em que ponto exato ocorre o deslizamento entre a chanchada e o ritual, entre o deboche e a ascese.).

É curioso que possamos encontrar essas formas do travestimento masculino justamente em duas cenas de uma das mais impressionantes e – literalmente – dilacerantes tragédias gregas: *As Bacantes*, de Eurípides. Um dos pólos da tragédia é exatamente Dioniso, o deus cujo culto, vindo da Ásia, começa a estabelecer-se em Tebas, cidade onde nascera, filho de Zeus e da mortal Sêmele, e da qual fora expulso pela fúria de Hera – a eterna esposa ciumenta. Para castigar as mulheres tebanas que negaram sua filiação divina, Dioniso enlouquece-as, ou seja, *converte-as ao seu culto,* levando-as a viver nas montanhas, como celebrantes dos ritos báquicos. Na extremidade oposta do conflito está Penteu, rei de Tebas, que proibiu o culto dionisíaco, por considerá-lo estrangeiro e nocivo às leis da cidade. Entre as mulheres contaminadas pelo delírio dionisíaco está a própria mãe de Penteu, Agave.

Logo no primeiro episódio entram em cena Tirésias e Cadmo, avô de Penteu, travestidos de bacantes e decididos a subir as montanhas, dançando, aos gritos de "evoé!", para prestar homenagens ao novo

51. E aqui os delírios paranóicos do Doutor Schreber, famoso paciente de Freud, revelam toda sua lógica mítica: um homem seduzido e engravidado por Deus.

deus. Os dois velhos estão sobretudo *felizes*, inebriados em sua condição de celebrantes, sob as vestes báquicas, a cabeça coroada de hera e portando o tirso florido; o fato de se *entregarem* a essa orgia desconhecida é vivido como experiência de rejuvenescimento. "Como é bom, sendo idoso, a idade esquecer!" diz Cadmo. E Tirésias: "Sentes o mesmo que eu sinto? Sou jovem, como tu: aos coros me vou juntar"[52]. O novo deus do vinho e do delírio orgiástico exige o culto de jovens e velhos, "sem diferença nem limites". Para ambos, juntar-se alegremente ao cortejo feminino das mênades é parte do ritual místico de união com a "mãe suprema", Cibele, personificação da natureza primeva, já evocada e reverenciada pelo coro antes da entrada em cena dos dois entusiasmados celebrantes.

Mas Penteu, ao surpreender os velhos travestidos, é tomado de fúria, chamando-os insensatos, ridículos, ameaçando punir Tirésias e ordenando a Cadmo: "Vai-te para outro lugar fazer de bacante! Não me infectes com tua loucura!" Palavras ironicamente proféticas, pois é isso precisamente que irá acontecer. Penteu será *infectado* pela paixão que tentou reprimir. E isso acontecerá por meio de outra cena de travestimento, em tudo oposta ao alegre ritual dos dois anciãos.

Dioniso, disfarçado de mortal, vem advertir Penteu das conseqüências de rebelar-se contra o novo culto. Penteu manda acorrentá-lo; mas Dioniso, claro, não apenas se liberta como faz desabar o palácio. Enquanto isso, as bacantes realizam prodígios, para o bem e para o mal; fazem brotar do chão vinho, mel e leite, mas ao se verem ameaçadas por alguns pastores, elas atacam o rebanho, despedaçando os animais, e prosseguem numa trajetória sangrenta, destruindo casas e massacrando os habitantes. Ao ouvir esse terrível relato, Penteu decide enviar seu exército contra as bacantes.

Mas Dioniso seduz Penteu e o convence a vestir-se de mulher para que possa, sem risco, espionar a orgia báquica, da qual só participam mulheres. Referindo-se a esse momento da peça, Rouanet diz que "há cenas de uma comicidade trágica em que Dioniso ajusta as vestes femininas de Penteu, que se mostra vaidoso e alegre por estar parecido com a mãe"[53]. A expressão "comicidade trágica" não me parece feliz, embora pareça encantar os críticos – assim como "tragédia farsesca" ou "farsa trágica" – talvez pelo sabor dos paradoxos. Trata-se realmente de uma cena cômica, embora esteja no interior de uma autêntica tragédia, e isso não torna menos terrível o destino de Penteu. Ao contrário, trata-se do cômico exibindo sua face mais perversa. É a tragédia apolínea sendo invadida pelo "riso demoníaco" – como diria Baudelaire – de Dioniso.

52. Eurípedes, *Medéia*; *As Bacantes*, p.82.

53. S. P. Rouanet, Razão e Paixão, em S. Cardoso et alii, *Os Sentidos da Paixão*, p. 439.

A ambigüidade está no fato de que aí o recurso do aviltamento e da degradação é usado não apenas para a exposição social da personagem ao ridículo, mas para sua total destruição. Total, porque caso se tratasse apenas da morte, da destruição física de Penteu, não precisaria Dioniso usar de um ardil tão ao gosto de um *vaudeville*. De outro modo, por que Dioniso, após dar um verdadeiro espetáculo de seus dotes divinos, com direito a efeitos especiais de incêndio do palácio e mágica libertação das correntes, precisou usar de astúcia levando Penteu a travestir-se? Por que Dioniso, o deus terrível que tem o poder de tirar a razão, precisou usar um expediente que melhor conviria a Ulisses, o malandro ardiloso, o enganador hábil, protótipo do herói cômico?

Porque trata-se de fazer com que Penteu saboreie e se deixe envenenar pela própria paixão que buscou reprimir – a paixão dionisíaca, que implica dissolução e transmutação, e da qual o travestimento é um dos signos. É por tentar negá-la que Penteu será despedaçado pelas bacantes, tendo a cabeça arrancada pela própria mãe, Agave, transtornada pelo delírio báquico. Ao tentar opor-se ao culto bárbaro, licencioso e sexualmente ambíguo que invade Tebas, defendendo sua razão e virilidade, Penteu tem tudo de um "soldado fanfarrão", mas pagará o preço do sacrilégio em registro trágico.

Como foi visto no primeiro capítulo deste ensaio, Rouanet, em sua emocionante interpretação dessa peça, vê em Penteu e Tirésias os representantes de dois tipos de razão – a "razão louca" e a "razão sábia". Penteu, com sua razão louca, arrogante, mantém com a paixão uma relação suicida: ao tentar reprimi-la, *acorrentá-la,* arrisca-se a ser por ela consumido, devorado. A razão sábia de Tirésias reconhece a paixão, não a reprime nem exalta, mas usa sua força como vetor de libertação; alimenta-se dela para vencer a escuridão e o medo. Quando Penteu acusa Tirésias, travestido de bacante, de estar "fora da razão", Tirésias retruca, qualificando de louca a própria razão de Penteu[54]. Ao aceitar o convite sedutor – vestir-se de mulher e espionar a própria mãe em sua orgia báquica – Penteu é afogado pela paixão recalcada que retorna, desmedida, insana, e seu travestimento é ao mesmo tempo trapaça ridícula e um ritual sangrento de imolação, sacrifício, castração ritual.

Nesses poucos exemplos creio que se pode perceber as implicações do travestimento no processo catártico em geral e seu papel no jogo complexo dos efeitos trágicos e cômicos. Sendo bem mais que mera técnica de disfarce ou recurso dramatúrgico e teatral para excitar o riso, esse transviamento de signos põe em movimento todo um repertório de símbolos e representações do masculino e feminino associados a um dado contexto de recepção.

54. S. Paulo Rouanet, op. cit., p. 441.

Enquanto procedimento cômico-teatral, o travestimento seria, como foi dito, apenas um caso particular do *disfarce,* recurso por sua vez circunscrito às estratégias cômicas do deslocamento. O travestir-se como correlato de transfigurar, transverter, transtornar. Mas quando se consideram os pactos implícitos à entrada do espectador no jogo cênico, o travestimento é antes de tudo *investimento* num amplo dispositivo de imagens e conceitos, desejos e fobias, máscaras e fabulações; as inversões de marcas do feminino e masculino excitam e disparam esquemas imaginativos em que contracenam velhas e novas fantasias de triunfo.

COMO NÃO FALAR A SÉRIO

Relembremos um dos famosos *sketches* de Karl Valentim, intitulado *Conversa no Chafariz*. Numa praça de Munique, A. está olhando o jato d'água e B. está a seu lado.

A: Afinal de contas esse jato d'água é maravilhoso.
B: É muito bonito quando ele esguicha.
A: Esguichar, esguichar. O que quer dizer isso? Se ele não esguichasse não seria um jato d'água.
B: Que tipo de jato seria?
A: Não seria jato nenhum.
B: Ah, não?
A: Não seria jato nenhum. Seria apenas um jato que não esguicha.
B: Sim, mas ele está aí.
A: Claro que ele está aí.
B: Mas a gente não pode vê-lo.
A: Quando ele não esguicha, não.
B: A gente também não pode escutá-lo.
A: Quando ele esguicha, a água murmura.
B: Ele murmura e ao mesmo tempo ele esguicha.
A: Não é o jato que murmura, é a água!
B: Sem o jato?
A: Não, com o jato.
B: A gente pode comprar um jato desses?
A: Não.
B: Então, como a Prefeitura fez pra conseguir um jato desses?
A: É um donativo.
B: Entregaram esguichando?
A: Não. Primeiro é preciso esburacar o chão, depois instalar o encanamento, fazer o lago, botar as flores, e então se coloca uma grade protetora em volta.
B: E depois?
A: Depois terminou.
B: Mas a gente ainda não pode vê-lo.
A: Quem?
B: O jato em si.
A: Não, só quando se abre a água é que o jato começa a esguichar pro alto.
B: De alegria?
A: Bem, é uma lei da natureza, da física, sei lá. Quando se abre uma torneira, a água esguicha pro alto.

B: Nem sempre. Na cozinha lá de casa, quando se abre a torneira, a água sai pra baixo.

A: Uma cozinha e uma praça pública são coisas diferentes.

B: Sim, mas não se pode dizer que um jato d'água como esse seja uma coisa útil.

A: Ele não tem nenhuma utilidade.

B: Então, por que se constroem esses esguichos?

A: Pra enfeitar, pra olhar!

B: Quem?

A: Os habitantes da cidade.

B: Há quanto tempo esse chafariz existe?

A: Desde 1860, eu acho. Quer dizer, há quase cem anos.

B: Bem, então todos os habitantes de Munique já devem tê-lo visto.

A: É uma questão de gosto. As coisas belas podem ser vistas duas, três vezes. [...]

B: A única coisa certa pra mim é que a água espirra pro alto, desce, cai no laguinho e escapa pelo ralo.

A: Mas, é certíssimo. Porque se a gente observar bem o ralo é a coisa mais importante que tem; mais importante mesmo que o próprio jato d'água, porque se não houvesse o ralo para escorrer e se a água não pudesse ter escapado por ele desde 1860, Munique inteira, a Baviera inteira, toda a Europa estariam, talvez, completamente inundadas. E o que você está dizendo é que haveria uma catástrofe descomunal se, por acaso alguém resolvesse, pra se divertir, entupir o ralo do chafariz.

B: Ah, agora eu sei por que é que eles botaram uma grade protetora em volta do chafariz[55].

Para todos nós, que não tivemos o privilégio de assistir ao comediante Karl Valentim, tão reverenciado pelo espectador Brecht[56], é possível talvez reconstituir o "tom" dessa cena imaginando as personagens assim colocadas diante de um chafariz como crianças que o vissem com os olhos da primeira vez.

O minucioso estranhamento de A., sua parvoíce atenta, ou sua tolice aplicada – a mesma de cada um de nós diante do mínimo fragmento do desconhecido – que lhe permite interpelar origem, forma, função e valor estético do jato d'água; a ligeira vaidade e jactância de B., transformado num Sócrates de pracinha que explica a seu discípulo "o ser do jato", com total auto-satisfação em esclarecer as características de pressão hidráulica, com base na evidente diferença entre uma cozinha e uma praça pública; o tipo de lógica particular, interna,

55. *Cadernos de Teatro,* n. 113, p. 35-36.

56. "Assim que Karl Valentim, na algazarra de qualquer cervejaria, se aproximava com seu ar mortalmente sério, entre os barulhos de canecas de chope, de cantorias do público, a gente tinha imediatamente a sensação profunda que esse homem não vinha ali fazer graça. Ele próprio era uma piada ambulante. Uma graça tão complicada, com a qual a gente não consegue brincar. Ele é um cômico inteiramente seco, interiorizado, em cujo espetáculo a gente pode continuar a beber e a fumar e que nos sacode o tempo todo com um riso interior que não tem nada de pacífico. Quando esse homem, uma das figuras intelectuais mais penetrantes desta época, nos apresenta a simplicidade, em carne e osso, juntamente com tranquilidade, besteiras e prazer de viver, a velha besta que dorme dentro de nós acorda e nos faz rir no mais profundo de nós mesmos". B. Brecht, outubro de 1922, citado em *Cadernos de Teatro* n. 113, p. 29.

intransitiva, que transforma um ralo em requisito de segurança nacional. Tudo isso nos coloca o mais próximo possível do "cômico inocente", bem mais do que os exemplos de "chistes" infantis relatados por Freud. Vejamos por que.

O diálogo de Valentim alimenta-se de uma fonte de prazer – o "absurdo cômico" – que, como vimos, é muito ligeiramente abordada por Bergson ao final do seu estudo sobre o riso, e bem depressa abandonada, exatamente por não funcionar dentro do esquema "contraste e degradação", que está na raiz do "mecânico aplicado ao vivo"[57]. Como se sabe, para Bergson alguém se torna cômico aos olhos do grupo social quando o automatismo se instala em seus gestos, palavras, idéias. Se todas as variantes da comédia seguissem esse princípio, o efeito cômico seria sempre resultante de uma "cópia falsa", de um reflexo negativo, de uma deformação.

Mas convido o leitor a observar que no quadro de Valentim – e em outros textos de natureza semelhante – estão em ação outras estratégias cômicas, bem menos estudadas e reconhecidas que a degradação, mas igualmente poderosas em seu efeito. As personagens A. e B. não são *degradadas* aos olhos do público; ao contrário, elas fazem *subir*, emergir, saltar uma lógica trapaceira e auto-suficiente cujo poder nos encanta. Esse poder, dirá Baudelaire, está em "absoluto" numa pantomima, pois só em raros momentos pode a linguagem verbal desgrudar-se do aspecto conceitual e crítico do "cômico significativo", ou seja, do cômico que atua por comparação e degradação do seu objeto.

É mais do que compreensível que Bergson tivesse que abandonar rapidamente o absurdo cômico, pois ele inverteria todo seu esquema teórico. Não há qualquer "desvio" de normas sociais compartilhadas sendo criticado no diálogo de Valentim. Não há "enrijecimento" de traços físicos, morais ou intelectuais por efeito de mecanização. Não há automatismo nas personagens, nem em sua percepção do chafariz nem em suas reações. Ao contrário, há um desusado demorar-se na contemplação do objeto. Há uma liberdade impune de moldar a realidade aos olhos de A. e B., relaxando as regras do raciocínio sensato da platéia; o olhar de A. e B. é um olhar "absoluto", como quando se diz que uma criança rebelde está "muito absoluta".

Mas não se trataria, ainda aí, de uma "degradação à infância"? Freud declarou humildemente a sua perplexidade nesse ponto crucial. Em todo seu estudo sobre os chistes, mostra-se cauteloso quanto à possibilidade de uma descrição exaustiva dos processos do cômico, diferente da atitude tomada com os chistes. Quando investiga as raízes infantis do cômico, afasta-se de Bergson – que atribui, como se sabe, o prazer cômico à redescoberta dos jogos da infância – para manter a tese econômica da "comparação entre duas despesas". Mas no caso

57. Ver supra, p. 95.

da comparação entre a criança e o adulto (da criança que vejo em todo aquele que me parece cômico) tudo que neste último dá a impressão de "regressão infantil" seria um caso de "degradação cômica"? Freud hesita: "Sou incapaz de decidir se a degradação à infância é apenas um caso especial de degradação cômica, ou se tudo que é cômico baseia-se fundamentalmente na degradação à infância"[58].

Do ponto de vista catártico, é justo nesse ponto que intervêm as paixões desencadeadas pelo efeito cômico e já discutidas no primeiro capítulo deste estudo. Não creio "em absoluto" que entre a personagem cômica e o espectador haja apenas crítica e distância, como postula a teoria bergsoniana. Tal relação está todo tempo permeada por emoções que vão da simpatia à inveja. Quanto a mim, invejo profundamente alguém capaz de sentar-se diante de um chafariz e deixar-se sonhar acordado, imaginando que um ralo entupido em 1860 seria capaz de em cem anos arrasar a Europa. Como sinto um misto de simpatia e receio por aquele que proferiu a frase citada por Freud como um suposto dito "inocente": "Ela não apenas não acredita em fantasmas, como ainda não tem medo deles"[59].

Essa frase magnífica é apontada por Freud como um "chiste inocente", apenas porque aí não existe um propósito libidinal ou agressivo. Quando Freud desfaz a técnica empregada nesse chiste, e o traduz numa frase banal (como faz com vários outros, para depreender a técnica em uso), deixa claro que o jogo verbal para representar um aparente absurdo contém uma "descoberta psicológica correta", ou seja, a grande diferença entre não crer intelectualmente no sobrenatural e libertar-se efetivamente do medo.

Coloquemos ao lado dessa frase um dos conhecidos ditos de Woody Allen: "Embora eu não tenha medo da morte, prefiro estar longe quando ela se produzir". Também nesse caso o que temos é uma angústia que, por uma torção absurda do *corpo da frase*, é mantida à distância no instante mesmo em que se revela. O que o ouvinte saboreia não é um sentimento de superioridade, mas ao contrário a cumplicidade com um gesto contraditório que nos irmana. Percebemos que o locutor da frase disfarça um medo universal, traindo-se no ato do *disfarce*.

E eu creio que é precisamente aí, *na exibição do disfarce*, que reside o poder cômico dessas construções verbais. Pois, afinal, nos dois casos, parece-me que essas "descobertas psicológicas" são já verdades banais aos nossos ouvidos, como dizer que o homem é mortal ou que é o único animal que ri. Não é isso que nos surpreende ou nos encanta. É o salto, a coreografia; são frases que dançam, como o deus de Nietzsche, e fazem nossa imaginação acompanhar seu maroto movimento.

58. S. Freud, *Os Chistes e Sua Relação com o Inconsciente*, p. 256.
59. Idem, p. 111.

Por estranho que pareça, a frase dos fantasmas ou a de Woody Allen pertencem à mesma família que a expressão de raiva e desamparo que ouvimos de Estragon, em *Esperando Godot*, de Beckett: "Deus não existe, aquele porco!" Tais falas *dançarinas* nos permitem compreender porque Freud protela por tantas páginas e exemplos a conclusão inescapável de que "os chistes nunca são efetivamente não tendenciosos", já que no mínimo pretendem subornar o julgamento crítico e iludir a repressão interna. Por que devemos encarar tais chistes como inocentes ou "sem propósito"?

O problema é que qualquer "propósito" que aí possa existir não se explica pela hostilidade ou pelo desnudamento sexual; ora, se considerarmos, segundo Freud, a agressividade e a obscenidade como os dois grandes objetivos dos chistes tendenciosos, fica-se em dificuldade diante de frases como essas. No entanto, a existência de tão grande número de tais ditos espirituosos parece exigir que se admita um outro tipo de *tendência*, que é ainda um *desnudamento*, mas com outro objeto. A construção *jocosa* desse tipo de falas parece estar também a serviço do *desmascaramento*, só que não de paixões inconfessáveis ou agressividade reprimida, mas dos muitos jogos de auto-engano de que todos nós somos vítimas (e autores), de um conflito humano entre o saber e o desejo, conflito que o mesmo Freud nos ajudou a compreender.

Todorov utilizou a descrição freudiana das etapas de elaboração do chiste (tendencioso) como um caminho para encontrar "o protótipo de toda enunciação" e a partir daí propõe "uma hipótese geral sobre a estrutura de toda situação verbal: esta situação é fundamentalmente *triangular*". Enquanto existem apenas a primeira e a segunda pessoa (*eu* e *tu*), o discurso não é indispensável. Com o surgimento de uma terceira pessoa atinge-se toda a complexidade de um processo de enunciação. Diante do ouvinte/espectador, a mulher, que na situação grosseira do *smut* (pornografia) era, inicialmente, o "alocutário" do dito obsceno, torna-se, então, o seu "assunto" ou "aquele de quem se fala"[60].

Consideremos agora como as condições da enunciação cômica tornam-se bem mais complexas quando uma fala (chiste ou não, inocente ou tendenciosa) deixa de ser um evento da conversação diária e torna-se *uma réplica proferida por uma personagem.* Aceitando-se a idéia de Freud, de que um chiste "se faz" emergindo subitamente da revisão inconsciente, pode-se imaginar que ele "ocorra" ao dramaturgo tanto quanto todas as demais falas que constroem suas personagens; nesse sentido, é um ato de criação, de *poiesis*, já presente no cotidiano (como todas as ocorrências de jogos com som e sentido, nas quadras rimadas, nos provérbios, nas adivinhas, nas imprecações

60. T. Todorov, Freud sur l'énonciation, em T. Todorov (org.), *L'Énonciation,* p. 35. Grifos do autor.

pornográficas, nos *slogans* publicitários[61]) e que integra o arsenal de técnicas do comediógrafo.

As frases aqui citadas são para mim exemplos da *poesia* cômica, no sentido de que temos aí uma legítima *criação* segundo as estratégias da comicidade. Acredito que qualquer leitor ou espectador sabe quando está diante de uma piada desgastada, um pobre trocadilho ou de uma *criação cômica*. Tais frases, ainda que por instantes, "puxam o tapete" de nosso pensamento sério, obrigando-o a dar uma cambalhota. Se existe um sentido à espreita, este não é "profundo", não está "lá no fundo", e sim bem à vista.

O ouvinte de uma frase cômica, seja um chiste ou não, – "Ela não apenas não acredita em fantasmas, como ainda não tem medo deles" – não pode encurralar seu interlocutor e ardilosamente obrigá-lo a cometer o pior pecado do discurso lógico: contradizer-se. Não pode apresentar-lhe objeções do tipo "você não disse antes que..." ou "o que tem isso a ver com..."; não se pode levar o locutor de uma fala como a de Woody Allen a uma *contradicção*, a falar contra si mesmo. Isso porque a frase cômica é ela própria uma contradição viva, exposta; além de não tentar "resolver-se" no sentido de uma unicidade, a frase cômica espetaculariza o paradoxo, coloca-o no proscênio sob todos os refletores.

Não se trata, porém, de pura irrupção do não-sentido, de um "jato" de irracionalidade: o que temos é a imposição "absoluta" de uma outra racionalidade; é "evidente" que um ralo entupido inundaria a Europa, pois aí há uma lógica interna, intransitiva, que segue as leis analógicas de um pensamento mágico. É "claro" que eu não tenho medo da morte, só não quero estar perto dela. Para que haja essa disjunção, a morte deve ser minimamente personificada, e magicamente afastada. Ulisses Guimarães é autor de uma "pérola" semelhante, que findaria por mostrar-se profética: "Quando me virem carregado num caixão, podem dizer: ali vai um homem contrariado". Ao invés de personificar a morte, temos aqui um cadáver bem vivo em seus afetos.

A "onipotência mágica" que permite à comédia construir seu universo paralelo segue a lógica de certos jogos infantis, alguns deles bem cruéis (e que repercute em muitas formas de sátira feroz). Uma dessas brincadeiras, a um só tempo inócuas e perversas, que conheci na infância, consistia em uma criança tomar uma pedra, um papel amassado, um pedaço de madeira e mostrá-lo a outra, em geral no curso de uma desavença, e dizer: "Isto aqui é a sua mãe. Veja o que vou fazer com ela". Em seguida, "a mãe" era cuspida, chutada, pisoteada, besuntada com fezes, atirada longe, e tudo mais que à irada

61. A observação de tais efeitos verbais levou Roman Jakobson a postular uma *função poética* da linguagem em geral, independente do seu uso num texto reconhecido como *literário*, em Lingüística e Poética, *Lingüística e Comunicação*.

imaginação do semiólogo-mirim pudesse ocorrer. E de nada adiantava que a mãe de carne-e-osso garantisse ao filho, de volta à casa com olho roxo e arranhões, que aquilo não tinha importância, que ela estava ali, segura e intocada.

O método de representação "econômica" que vimos na formação dos chistes, em que palavras são condensadas total ou parcialmente (presente também, como se sabe, na linguagem do sonho e da poesia), é "cuidadosamente" rejeitado pelo pensamento analítico ou "sério". No diálogo cômico, ao contrário, vigora o princípio: quanto mais distantes estão as idéias conectadas pela súbita união de som e sentido, maior o prazer do efeito ("O iogurte é excelente para o estômago, para os rins, para apendicite e para apoteose" – diz a Sra. Smith em *A Cantora Careca*[62].). Quando ocorre a mera aproximação fônica de termos, sem uma fusão surpreendente de idéias que até então não se pensaria em reunir, temos um pobre jogo de palavras, um trocadilho banal que decepciona o espectador exigente (e nenhum comediógrafo, por maior que seja, parece estar totalmente a salvo dessa tentação, como se vê em tantos diálogos de Shakespeare e Molière).

Até aqui vimos o efeito cômico, contraditório ou "dançante" de algumas falas isoladas. Para falar de inocência, ou "propósito" no âmbito da comédia, é preciso considerar as estratégias de construção do discurso teatral, as quais implicam sempre uma *dupla enunciação*, como bem mostrou Anne Ubersfeld. No texto dramático, temos, num plano, o discurso de um sujeito *imediato* que é o autor, e que compreende o conjunto de "comandos" da representação: indicações cênicas, descrição de cenário e nomes de personagens etc.; num outro plano textual, temos o diálogo, cujo sujeito *mediato* da enunciação é a personagem[63]. É fácil perceber de que modo essa organização interna do drama afeta os níveis de significação e, portanto, a recepção do diálogo cômico.

Em *Guernica*, de Fernando Arrabal, um casal de velhos está sendo aos poucos soterrado por uma série de bombardeios. Como tantas das personagens de Arrabal, eles olham o mundo à sua volta com olhos infantis, incapazes de compreender aquilo que vêem. Quando a Velha reclama das bombas que caem sem cessar, o Velho, numa atitude pueril de fanfarronice diz que ela nada entende da guerra, que os generais *precisam* lançar as bombas para testá-las: se a bomba mata muita gente, então é boa; se a bomba mata pouca gente, é uma bomba ruim, e eles não fabricam mais[64]. Graças à dupla articulação da linguagem dramática, o espectador sabe que está diante de uma *construção irônica*: através da comicidade ingênua do Velho, justificando aquilo

62. E. Ionesco, *A Cantora Careca*, p. 16.
63. Cf. A. Ubersfeld, O Discurso Teatral, *Para Ler o Teatro,* p. 157-170.
64. *Cadernos de Teatro* n. 50, p. 21.

mesmo que o destrói, ouve-se o discurso do autor, apontando a crueza da lógica bélica, a racionalidade irretocável dos fabricantes de bombas. O jogo entre compreensão e incompreensão, entre a fala simplória e a cena opressiva, entre inocência e denúncia torna-se possível pela duplicidade das fontes de enunciação.

No teatro, portanto, a construção da comicidade joga com fatores ainda mais complexos do que o modelo triangular da enunciação descrito por Todorov com base na elaboração dos chistes tendenciosos. A fala proferida por uma personagem de comédia, além de relacionar-se à sua função na trama, à sua caracterização e sua posição discursiva, expande-se, numa situação de representação, para além do contexto sintagmático (formado pelas réplicas vizinhas, pelo todo da cena) e atinge o contexto paradigmático, ou seja, o conhecimento partilhado pelos espectadores dentro da sociedade à qual pertencem.

A construção dramática da comicidade pode aprender com a teoria dos chistes não apenas no uso de certas técnicas, mas, também, no que diz respeito à contextualização necessária ao efeito espirituoso. Tanto a ocorrência como o entendimento do chiste – no sentido de *réplica espirituosa* – enquadram-se nos limites de uma *situação dramática*, com a devida caracterização dos agentes, seus traços e motivações básicas, suas relações num dado tempo e espaço. Para que Freud possa fazer uso, por exemplo, de uma série de "chistes de judeu" necessita ambientar o leitor com relação aos mitos e preconceitos, como o juízo popular, então existente sobre a suposta "aversão dos judeus da Galícia aos banhos". No entanto, a caracterização dá-se também em sentido contrário: pelo tipo de réplica espirituosa, constrói-se o perfil da personagem que a produz.

Na situação de ficção cômica, ou da comédia artisticamente construída, vale também ressaltar que o papel da "terceira pessoa" dos chistes desdobra-se em funções mais ricas e complexas. Uma primeira possibilidade é que o prazer espirituoso seja partilhado pela personagem-ouvinte – que contracena com a personagem-emissora da réplica chistosa – e pelo público. Isso aumenta a intensidade do efeito cômico, pois o espectador participa da fruição em dois níveis: como "alocutário" (virtual) do chiste em si mesmo e como testemunha (real) da sua ação sobre as demais personagens. Outra possibilidade é que a personagem-ouvinte não seja uma "terceira", cúmplice do chiste proferido, mas sim o próprio alvo do propósito hostil ou obsceno, e o público então preencherá totalmente a função de "completar" o processo espirituoso, sinalizando-o através do riso.

A frase cômica, em sua disjunção, sua quebra das leis do pensamento lógico, pode ser proferida a partir da posição mais revolucionária ou da mais conservadora. Antes de destruir por completo a Biblioteca de Alexandria, no ano 640, o comandante das forças muçulmanas, emir Amr ibn al-As, consultou o califa Omar. A sentença emitida tornou-se célebre não só por razões históricas, mas por sua construção "dançarina". Disse o califa: "Se os manuscritos contêm algo que não está de acordo com o livro de Alá, devem ser destruídos; se, ao contrário, seu conteúdo está de acordo com o livro de Alá, podem ser destruídos, pois nesse caso o livro de Alá é mais do que suficiente"[65].

Pretendia o califa fazer piada? Não importa. A frase, retirada do contexto unívoco da *devoção a um só livro*, é um chiste. Ela expõe seu flanco, ela "entrega" o mecanismo de um pensamento monolítico. Ela é o contrário de um fraseado diplomático, que fascina pela proeza argumentativa, mesmo quando tenta através de paradoxos convencer o interlocutor de uma razão previamente demonstrada, como no famoso "Se queres a paz, prepara-te para a guerra". A frase do califa não recorre à persuasão, não é "adulta"; ela exibe sua teimosia, a infantilidade perversa de uma lógica autoritária.

A frase do califa faz ecoar em nossa mente a fábula do Lobo e o Cordeiro: tendo ou não turvado a água, ele será devorado. E todo o trecho em que o Lobo é contestado pelo Cordeiro – que tendo nascido há meses não poderia ter sujado o rio há um ano atrás etc. – e se enrola em contradições até apelar para uma frase gêmea da sentença de Omar – "se não foi você, foi seu pai ou seu avô" – produz uma situação cômica (com a condição de sermos um pouco insensíveis à sorte do Cordeiro e muito sensibilizados pela nossa parte Lobo). Uma frase de circulação popular em nosso país exibe o mesmo tipo de raciocínio "sem saída" e poderia integrar a coleção de "chistes cínicos" de Freud: "Manda quem pode e obedece quem tem juízo". A frase cômica é ponte sobre um abismo insanável, e, ao invés de abolir a brecha, como a frase diplomática, faz dela espetáculo, alargando e aprofundando sua vertigem.

Uma seita nova-iorquina anuncia seu projeto de clonar Jesus Cristo a partir de fragmentos do Santo Sudário, bem como as muitas e milionárias doações que já começa a receber para o financiamento das necessárias pesquisas nesse sentido. Temos aí um enunciado cômico em si mesmo, como a sentença do califa Omar? Não me parece. A notícia, como relato jornalístico que se quer imparcial ou que segue a retórica da imparcialidade ("seita novaiorquina *pretende*") não é cômica. É verdade que ela nos coloca oscilando entre o veredicto da loucura pura e simples, do fanatismo, ou do golpe publicitário – cada vez menos somos capazes de aí traçar uma fronteira, em relação a novas semelhantes.

Com um pouco de paciência, porém, percebe-se que aí existe algo digno de reconhecimento e consideração. Temos uma seita *religiosa* que deseja algo totalmente compreensível: a *religação* com o Cristo vivo. Mas temos também aí algo digno de estranhamento: ela planeja

65. Cf. L. Canfora, *A Biblioteca Desaparecida*, p. 30.

consegui-lo não através de um *milagre,* de uma suspensão das leis naturais, e sim por meio de um *projeto científico.* Estamos portanto diante da expressão de uma vontade que já nos habituamos a encarar *seriamente* (e não apenas no âmbito da ficção, como em *O Parque dos Dinossauros*), só que a vemos transportada para uma formação discursiva inesperada.

Mas a notícia não é cômica, creio, por lhe faltar o importante pré-requisito de que falei há pouco. Não há qualquer *disfarce* do desejo que anima esse projeto, que se enuncia sem constrangimento ou véu de pudor. Não é, como a frase de Omar, a fala de uma criança "absoluta", que se recusa a dialogar. Não há "contradicção", nem tensão interna entre provável/improvável, dito/não-dito ou permitido/proibido. Os devotos querem, a ciência promete, os patronos financiam, e eis o *projeto*; tudo dentro de uma lógica bem adulta.

A comicidade só será construída pelas dezenas de comentários satíricos que se formarão em torno da cândida notícia, seja fazendo saltar a sua *incongruência* (dogma/projeto científico) seja *degradando* o alto desígnio que a anima. Um exemplo desta última opção nos vem da revista *Bundas*, na seção "Pesquisa DataBundas": "Consultados sobre a intenção de uma seita da Califórnia de clonar Jesus Cristo a partir de fragmentos do Santo Sudário, 100% dos leitores de Bundas responderam que preferiam a clonagem de Vera Fischer a partir de fragmentos da Santa Calcinha"[66].

E nesse exemplo estamos de volta ao cômico satírico, ou seja, ao cômico do contraste e da degradação do objeto, aliado ao propósito de agressão e desnudamento. Mas há uma linhagem bem diversa da comicidade – e bem menos estudada e reconhecida nas teorias do cômico – que recorre à onipotência da fantasia, à lógica dançarina e trapaceira, fazendo saltar aos nossos olhos, com impudência absoluta, um objeto tão familiar e tão estranho quanto um chafariz.

66. *Revista Bundas*, ano 2, n. 76, 20 de novembro de 2000, p. 9.

5. O Comediógrafo, Seu Público, Seu Ofício

O NASCIMENTO DA CRÍTICA NO ESPÍRITO DA SÁTIRA

Harold Bloom aplaude a observação de Bruno Snell de que as origens da crítica literária no Ocidente não estão em Platão e nem mesmo em Aristóteles, mas sim nas sátiras de Aristófanes. E acrescenta: o comediógrafo teria compreendido que Eurípides manifestava "um caso chocante de angústia de influência em relação a Ésquilo[1]. Quanto ao acréscimo jocoso, pode-se desconfiar dessa e de outras diatribes de Bloom, um autor tão polêmico quanto irônico, autodefinido como "um crítico cômico", "um grouxo-marxista"[2]. Mas, com ou sem angústia de influência, a sugestão é fecunda: Aristófanes prezava Ésquilo tanto quanto desprezava Eurípides, e ao colocá-los em cena na peça *As Rãs* (405 a.C.), promove um combate literário que inaugura cronologicamente a crítica ocidental, no domínio ambivalente da comicidade e sob os auspícios da sátira.

Como em outras comédias do autor grego, o argumento é mero pretexto para franquear a fantasia e cercar o alvo do deboche, sem muita atenção a exigências lógicas estranhas ou importunas nesse uni-

1. H. Bloom, *O Cânone Ocidental,* p. 181.

2. Referência a Grouxo Marx, um dos Irmãos Marx, famosos comediantes da década de 1930, responsáveis por filmes que misturavam elementos circenses e de antigas tradições teatrais, como o *vaudeville* e a *Commedia dell'Arte* a traços da moderna sátira surrealista, como *Os Galhofeiros* (1930), *Os Quatro Batutas* (1931), *Os Gênios da Pelota* (1932), *Diabo a Quatro* (1933) e outros.

verso. Dioniso, zelando pelos destinos do teatro e percebendo que em Atenas já não havia poetas trágicos de mérito, resolve descer ao Hades e trazer de volta Eurípides (que falecera em 407 a.C.). *Mesmo sendo um deus*, não conhece o caminho que leva à região dos mortos e vai pedir ajuda a Hércules, que, em seu décimo trabalho, lá já estivera em busca de Cérbero – o fabuloso cão tricéfalo. Em seguida, para a viagem, Dioniso disfarça-se de Hércules, usando um traje que é uma verdadeira inflação grotesca, em sua incongruência: sobre coturnos e um vestido amarelo – cor preferida pelas prostitutas atenienses – estão os símbolos da força hercúlea – a clava e a pele de leão. Seguindo as indicações do herói, Dioniso, acompanhado de seu escravo Xântias, chega finalmente ao palácio de Plutão, após a inescapável travessia na barca de Caronte. Lá encontram Ésquilo e Eurípides disputando, entre gritos e ofensas mútuas, o trono da Tragédia. O deus do teatro é apontado como árbitro natural da contenda. O que se segue é um saborosíssimo debate político-literário em que se discute dos efeitos poéticos à função social da arte e do qual, já se sabe, Ésquilo sairá vencedor.

Poucas vezes, em seus vinte e cinco séculos de existência, a comédia apresentaria tal mistura de agressividade satírica e liberdade imaginativa, de exigências morais e jogo infantil, de conservadorismo e licenciosidade. Aristófanes trata seus espectadores como cidadãos interessados nos destinos da Cidade (na Parábase, como de praxe, o coro fala diretamente ao público, em nome do cidadão Aristófanes, criticando o governo de Cleofonte), como respeitáveis juízes de comportamentos adequados ou nocivos à comunidade, como fruidores capazes de distinguir valores estéticos e, ao mesmo tempo, como meninos de escola a quem se dá uma lição divertida, pelo método da transformação de idéias abstratas em imagens concretas, de comunicação imediata. Enquanto discute valores morais e estéticos, o comediógrafo põe em cena os poderes do corpo, e não só porque Dioniso faz sua performance entre fezes e flatos, mas porque *aí tudo se fisicaliza*.

Para levar a crítica literária ao solo instável do jogo cômico, Aristófanes usa um recurso assaz reconhecido, como vimos no estudo dos chistes, de deslocar uma palavra de seu sentido metafórico (ou sentido "moral", para Bergson) para um sentido literal ou "físico". Para *pesar* o valor dos versos de Ésquilo e Eurípides, Dioniso usa... uma balança! "Aproximai-vos, porque devo pesar o talento dos poetas, como se faz com o queijo no mercado"[3]. Os versos de Eurípides pesam menos porque são "alados" (crítica à sua "tagarelice sofística") enquanto os de Ésquilo, *por se referirem a um rio*, e estarem, assim, "molhados", pesam mais (v. 1384-1388). Do mesmo modo, a poesia de Lesbos é representada em cena por uma mulher inteiramente nua (v. 1300-1309).

3. Eurípedes, Aristófanes, *O Ciclope; As Rãs e As Vespas*, v. 1365-1368, p. 149.

Esta lógica de sonho, em que as palavras são representadas como coisas, em que a poesia tem carne e peso, é o contraponto lúdico que impede a fantasia satírica de reduzir-se à lição moral e ao puro xingamento.

Arte de Injuriar

Jorge Luís Borges, em "Arte de Injuriar" – um breve escrito incluído em *História da Eternidade* – conta que ao perceber a superioridade dos textos indignados de Paul Groussac sobre seus panegíricos (o que se estenderia a Swift, Johnson e Voltaire) animou-se a examinar esses escritos de escárnio. Porém, logo se decepciona, por observar que o burlador literário age com "cuidado de trapaceiro", e, ao aceitar as convenções da injúria, iguala-se às fórmulas de xingamento de qualquer *compadrito* em brigas de rua. "O homem de Corrientes e Esmeralda adivinha a mesma profissão nas mães de todos, ou quer que se mudem em seguida para uma localidade muito geral que tem vários nomes"[4].

Ao provocador, afirma Borges, podem bastar gestos e caretas, como mostra em exemplos colhidos em Shakespeare; mas quando se trata de textos de escárnio parece existir "um alfabeto convencional da afronta", que segue fielmente determinados procedimentos. Um deles é o transporte de termos da área semântica físico-corporal para designar atividades intelectuais, como referir-se a um autor acusando-o de "expelir" ou "grunhir" um livro. Outra tradição seria "a inversão incondicional dos termos": o médico que ao invés de curar, mata; a história "divertida" que faz dormir etc. O desencanto de Borges com seus próprios exemplos, ao concluir que "a sátira não é menos convencional do que um diálogo de namorados" deve servir, aqui, no confronto com Aristófanes, para ressaltar o papel da fantasia cômica na aceitação, pelo espectador, dos tópicos tradicionais da agressão.

Como tive oportunidade de observar, estudando certos motivos da tradição da injúria e do escárnio em Gregório de Matos, parece existir mesmo uma espécie de "grande convenção satírica", ou seja, um repertório de temas, motivos e procedimentos que época após época volta a afiar a lâmina da mordacidade e do sarcasmo para expor ao ridículo certos comportamentos, para atacar personagens da vida pública e privada, como forma de liberar as insatisfações de um grupo social frente a situações sentidas como opressivas[5]. No entanto, essa vingança grupal não consegue explicar o deleite cômico nos casos em que o alvo do ataque não é um inimigo público, e sim um desafeto pessoal do satirista; e é fato que o público obtém prazer dessas polê-

4. J. L. Borges, *Obras Completas*, v..1, p. 463-468.
5. C. Furtado Mendes, A Gargalhada na Bahia Barroca, *Senhora Dona Bahia – Poesia Satírica de Gregório de Matos*, p. 242.

micas particulares *desde que a agressão esteja submetida às regras do jogo cômico,* do qual participam a fantasia, o exagero, o paradoxo, a incongruência, o contraste súbito.

O fato de que na constelação satírica brilhem motivos, tipos e situações tornados arquetípicos no drama, no teatro, na poesia e nas narrativas populares, importa bem menos, para o efeito catártico, do que o poder do satirista em reavivá-los nas circunstâncias atuais e locais; isso depende de uma certa conformação inventiva, da capacidade artística de usar o humor e a ironia, o absurdo e o grotesco para sublinhar, naquilo que é diferente em cada tempo e lugar, um certo padrão de comportamentos que o espectador julgue dignos de censura num vicioso repertório: o político corrupto, o marido enganado, o "douto" ignorante, o fanfarrão pedante e outros.

Assim, para compreender a catarse cômica – e em especial a do tipo satírico – não são suficientes, isoladamente, nem a explicação do tipo "vingança social", nem a interpretação psicológica – prazer inconsciente em participar da agressão ou desnudamento, como vimos em Freud. O aspecto psico-social no envolvimento do espectador dependerá sempre das artimanhas lúdicas com que o comediógrafo manipula o discurso insultuoso. Não se pode entender a catarse cômica em geral, e a satírica em particular, como fenômeno estético-receptivo, se não aceitamos o vocabulário obsceno, os intuitos agressivos, o furor de escárnio, o deleite no "baixo" e no grotesco, as formas ferozes de burlas e chacotas, como elementos de uma criação artística.

Sátira e Comédia Nova

Se é verdade, pois, que em nosso teatro a comédia nasce nas garras da sátira, por que a tendência, em muitos autores, para distinguir esses termos como dois diferentes "gêneros"? Assim é, como vimos, em George Meredith, para quem é clara a diferença entre "poeta cômico" e "satirista", em detrimento do último[6]. Creio que a solução encontrada por Patrice Pavis é a que melhor se aproxima da realidade da produção dramática e teatral: entre várias modalidades de comédia, o autor identifica uma "comédia satírica" em peças que "criticam uma prática social ou política ou um vício humano", apresentando como exemplo *Tartufo* e *O Avarento*, de Molière[7]. Desse modo, o adjetivo assinala, embora de modo um tanto difuso, sobretudo uma tendência do movimento cômico, que está tanto na gênese da obra quanto em sua recepção.

Northrop Frye mantém a diferença entre comédia e sátira, tornando-a, porém, mais sutil e eficaz teoricamente. Existiriam quatro

6. Ver supra, p. 25.
7. *Dicionário de Teatro*, p. 57.

"categorias narrativas da literatura mais amplas do que os gêneros literários comuns" e também "logicamente anteriores a eles", ou seja: o trágico, o cômico, o romanesco e o irônico ou satírico[8]. Assim, pode-se falar em comédia ou tragédia tanto como referência a formas de drama quanto a outros gêneros de ficção. Lembro que na introdução a esse estudo da catarse cômica sugeri que se poderia aceitar a idéia de "gênero" cômico, ou trágico, ou romanesco, ou irônico, colocando-nos na perspectiva da recepção, se os entendemos como "gêneros afetivos": certas "famílias" de obras aparentadas por um mesmo modo de dispor ou mover os afetos do leitor ou espectador.

Junito Brandão chamou lindamente *As Rãs* de "o canto do cisne da comédia antiga"; com a mudança do quadro político – "a democracia de Sólon substituída por governos oligárquicos" – e a perda da liberdade de expressão indispensável ao tipo de sátira aristofânica, a comédia mudaria o seu centro de gravidade. "Se a grande paixão do século V haviam sido os deuses, a *pólis* e o *lógos*, a do século IV hão de ser a família e o amor"[9].

Como se sabe, a Comédia Nova, de Menandro, passaria a tratar de conflitos familiares em torno de amor e dinheiro, dois temas ausentes da antiga sátira. As vinte e seis comédias latinas que chegaram até nós são adaptações ao gosto romano das peças gregas produzidas no fim do quarto século e início do terceiro, e assim sendo mantêm esse foco de interesse, organizando a intriga cômica a partir do conflito entre paixões amorosas contrariadas pela autoridade paterna e desigualdades sociais. Como afirma David Konstan, em seu estudo de Plauto e Terêncio, "devemos interpretar a comédia nova como um gênero, com base nas leis ou convenções que definem sua estrutura específica"[10].

O que mais impressiona do ponto de vista estético-receptivo é como essa fórmula de embate entre a autoridade moral e poder financeiro do pai (ou de variantes da figura paterna) contra os impulsos românticos do filho (ou de jovens em geral) – ou ainda o conflito entre o princípio de realidade e o princípio de prazer, como vimos em Mauron – tenha desde então atravessado séculos mantendo o interesse de diferentes públicos.

Na telenovela brasileira, de estrutura marcadamente épico-romanesca, parece não haver como desenvolver um enredo na ausência desse padrão conflitual, ora colocado na intriga principal, ora nos muitos núcleos de ação secundários. A observação pode estender-se a outras formas dramatúrgicas; David Konstan observa que em relação aos padrões de enredo recorrentes "o análogo mais próximo da Comédia Nova pode estar nos vários subgêneros do cinema moderno, tal como o western ou

8. *Anatomia da Crítica*, p. 162.
9. J. Brandão, *Teatro Grego*, p. 78.
10. D. Konstan, *Roman Comedy*, p. 15.

o filme policial, ou, para tomar um tipo de comédia que é um verdadeiro descendente do antigo, as comédias de situação televisivas"[11].

Ora, é apenas e exatamente essa forma que Northrop Frye considera "comédia", diferenciando-a de sátira: a forma dramática baseada na estrutura de enredo da Comédia Nova.

"O que normalmente acontece é um jovem aspirar a uma jovem, seu desejo ser contrariado por alguma oposição, comumente paterna, e, perto do fim da peça, alguma reviravolta no enredo habilitar o herói a realizar o seu desejo." Por isso sua teoria da construção cômica prevê "o movimento de uma classe social para outra". No início da peça domina um tipo de sociedade que o espectador reconhece como "usurpadora", ou obstrutora, pois oferece obstáculo aos desejos do herói; quando o desenlace cômico dá a vitória ao casal enamorado, essa união marca o nascimento de uma nova sociedade; o ponto de resolução da intriga cômica – que Frye associa com uma "revelação", a *anagnóris* ou *cognitio* – deve ser recebido pelo espectador como o triunfo de uma sociedade ideal[12]. Essa concordância com o estado final da sociedade é o pré-requisito para a *comunhão* entre palco e platéia, e os casamentos duplos ou quádruplos que encerram grande número de comédias são, mais do que o final feliz, a promessa de uma vida nova e livre de obstáculos.

Não sei como poderíamos conciliar todo esse investimento de esperanças e temores – orientados para os jovens, de tendências à vingança e ao escárnio dirigidos à sociedade velha obstrutora – de desejos de vida nova e vitória do amor, com qualquer teoria de insensibilidade do espectador da comédia.

Sátira e Romance

De fato, o largo espectro da dramaturgia cômica parece expandir-se entre essas duas experiências limítrofes: a sátira e o romance. Como foi visto em relação à sátira, também o aspecto romanesco diz respeito, ao mesmo tempo, a uma dada temática, a um tratamento cômico-dramático e a um determinado tipo de relação catártica. Para além desses limites, sairíamos do campo da comicidade. Se a agressividade se impõe, em detrimento do jogo e da burla, há um recuo da fantasia cômica, e somos conduzidos ao puro xingamento; se há uma exaltação do elemento patético, o humor declina e o resultado é uma forma semelhante ao melodrama, um "universo em que tudo se torna sentimento", ou em que "o sentimento é elevado ao nível de valor e de verdade"[13].

11. Idem, p. 16.
12. O *Mythos* da Primavera: a Comédia, *Anatomia da Crítica*, p. 164.
13. M. Kundera, *Jacques e Seu Amo*, p.6.

Considerando-se que uma parte substancial da força cômica vem de sua capacidade de colocar sob suspeita qualquer perspectiva séria sobre um dado alvo, dessacralizando pessoas, idéias, valores ou instituições, é no mínimo curioso que a combinação cômico-romanesca seja tão bem sucedida. Pois trata-se, afinal, de dois movimentos opostos: o romanesco apoia-se na convenção de uma vida idealizada, em que o amor ocupa o centro de uma *devoção*. Esse valor deve ser compartilhado entre o casal protagonista e o público. Ou seja: o espectador deve de algum modo comungar do perfil do enamorado e aceitar as regras do discurso amoroso, que tem como principal traço ser um discurso *devoto*, bem-pensante. A fala amorosa, enquanto tal, repele toda ironia e toda heresia. O enamorado, como mostrou Barthes, é *intratável* (no duplo sentido de "incurável" e de "difícil de lidar, de tratar"): não cede a razões que não as de sua lógica pessoal e passional. Na vitória ou na derrota, ele *afirma* o amor contra tudo e todos[14].

Em Shakespeare esse valor é inabalável, no modo trágico ou no modo cômico. Há um trono garantido para o verdadeiro amor, e todos que trabalhem contra ele são tratados como usurpadores. O amor, se é legítimo, também legitima as ações, e pode até conferir uma identidade que tem ascendência sobre as de vínculo social, de família ou classe. Quando Julieta pergunta o que afinal é um nome, qual a sua importância, se não é um rosto ou um braço, uma parte do corpo amado, Romeu confirma essa desqualificação do nome-origem de discórdia e destruição em nome de um poder mais alto: "Chama-me somente 'amor' e serei de novo batizado"[15].

Tratado pela ótica da comicidade, o amor ganha a natureza de Ariel: é leve, aéreo, caprichoso, um jogo em que há desencantos, amuos, arrufos, tristezas passageiras: muito barulho por nada. No universo de devoção romanesca, o máximo que se pode dizer contra essa divindade é que ela compartilha uma fraqueza bem humana: a loucura. É o que diz Rosalinda, quando se dispõe a "curar" Orlando de sua paixão, numa crítica que é ao mesmo tempo uma exaltação dos poderes amorosos: "O amor é mera loucura e posso garantir-vos que é tão merecedor da cela escura e do chicote quanto qualquer louco. A razão pela qual os apaixonados não são castigados, nem tratados, é que a demência é tão comum que os açoitadores acabam também apaixonados"[16].

Uma das muitas lições que aprendi ao dar aulas de dramaturgia serve para ilustrar o tipo de interferência do romanesco sobre a matriz da Comédia Nova e de seu papel nos desenvolvimentos posteriores das formas cômicas.

14. R. Barthes, *Fragmentos de Um Discurso Amoroso*, p. 179.
15. W. Shakespeare, *Romeu e Julieta*, Ato II, CENA 2, *Obra Completa,* v. 1, p. 307.
16. W. Shakespeare, *Como Gostais*, ato III, cena 2, op. cit., p. 537.

Como se sabe, para escrever sua primeira comédia, o jovem Shakespeare colocou-se como aprendiz diante de um enredo já então consagrado: *Menaechmi* ou *Os Gêmeos*, de Plauto. Ao fazê-lo, adotou o procedimento que quatro séculos mais tarde Brecht aconselharia aos dramaturgos do seu tempo: realizou uma "imitação soberana", moldando o material da comédia romana ao espírito e ao interesse do seu público. Em *A Comédia dos Erros,* já temos um esboço da futura alquimia shakespeareana, capaz de fundir e transmutar elementos de diversas fontes: na complicação da trama original, na mistura dos elementos farsescos à linguagem poética, à pintura mais sutil das personagens e, sobretudo, à temática romanesca, característica da comédia inglesa do século XVI.

Ao trabalhar com os dois textos, ouvi de um aluno que a peça de Plauto, *quando comparada* à de Shakespeare, lhe deixara uma impressão de *brutalidade*, de um mundo áspero, cruel, sem sequer a menor aparência de refinamento ou cortesia nas relações humanas. Após refazer o mesmo "caminho crítico" do aluno, ou seja, reler *Os Menecmos depois* de ler *A Comédia dos Erros*, pude compartilhar sua experiência: do nosso ângulo, realmente, é a peça de Plauto que parece uma paródia da comédia shakespeareana, uma redução farsesca de uma história envolvendo aventuras amorosas e delicados sentimentos familiares: reduzindo, cortando, simplificando, esquematizando personagens, diálogos e situações.

Todos os afamados juízos críticos sobre a habilidade de Plauto, creio, não conseguem apagar essa vívida impressão no leitor ou espectador de hoje. E a diferença está exatamente no elemento romanesco, que muda sensivelmente a visão do amor e o tratamento das figuras femininas. Matrona, a mulher do primeiro Menecmo, em Plauto, é um mero alvo obscuro para xingamentos e ameaças, caricatura da esposa de maus-bofes; Adriana, esposa do primeiro gêmeo shakespeareano, é parte ativa da trama, dona de um discurso inteligente e hábil defensora dos direitos femininos.

A estratégia dramatúrgica para fazer conviver o ideal romanesco e a burla cômica é organizar a intriga em dois planos: o plano da aventura romanesca é sustentado por personagens que nunca se tornam risíveis além de um certo grau, angariando a simpatia do público; eles sustentam o centro devocional do romance, crendo no amor contra tudo e apesar de tudo. O plano cômico é habitado por amigos, confidentes, criados que têm por função, além de promover a hilaridade, desenredar os empecilhos à vitória do par amoroso. A depender do gosto e das inclinações do público de cada época e lugar, há predominância de um desses dois planos. Mas a comédia romântica contemporânea, principalmente no cinema, prova a eficácia catártica da fórmula. Apoiado pela publicidade da indústria do entretenimento, o amor romântico dispõe de um poderosíssimo *lobby*, apesar de todas as sátiras ao seu agente histórico – o casamento monogâmico – de Maquiavel (*A Mandrágora*, 1520) a Oswald Andrade (*O Rei da Vela*, 1933).

A história da dramaturgia apresenta uma alternância dessas modalidades cômicas no pacto estabelecido entre o comediógrafo e seu público, em diferentes momentos: dominância da comédia romântica em Shakespeare ou José de Alencar, da sátira de costumes em Molière ou Bernard Shaw; na produção contemporânea elas parecem conviver sem atrito, tanto no teatro quanto no cinema, embora o palco pareça favorecer a via satírica, ou no mínimo irônica, enquanto o cinema, pelo menos em sua dimensão mais popular, investe preferencialmente na comédia romântica. Para o que importa à compreensão da catarse na comédia, é interessante ressaltar, como foi dito, a mistura bem-sucedida dos poderes da desestabilização cômica com pólos opostos da escala afetiva; o efeito cômico transita entre os extremos do amor romanesco, idealizado, e o ódio subjacente à agressividade satírica.

A pretensa "insensibilidade" do espectador da comédia, como vimos, é um refinamento cultural de fortes instintos agressivos dirigidos às personagens-alvo do ridículo. O predomínio da simpatia ou da distância cruel fornece os matizes do cômico, que vai da leve comédia sentimental até a sátira feroz, demolidora, em que a platéia se vinga de certos tipos sociais ou padrões repressivos.

Sátira, Humor e Ironia

A ironia não goza de boa reputação quando se trata de avaliar virtudes e vícios que habitam o espaço da comédia. Quando comparada ao humor, toma a figura de uma dama altiva, insensível, pernóstica, de sagacidade temível, ladeada por um cavalheiro simpático, cálido e generoso. Muitos autores não têm dúvidas quanto à diferença entre ambos e à excelência ética do humor. Para Comte-Sponville, por exemplo, a ironia "é o riso mau, sarcástico, destruidor, o riso da zombaria, o riso que fere, que pode matar"; é "um riso que se leva a sério", que zomba do outro, enquanto o humor "ri de si, ou do outro como de si, e sempre se inclui, em todo caso, no disparate que instaura ou desvenda"[17].

Nessa chave de avaliação do bem ou mal produzido, o autor segue a voz geral, que faz a ironia nascer do orgulho e do ódio, enquanto o humor é sinal de amor e cumplicidade com as fraquezas humanas. Como arma, a ironia é gume perigoso, que não apenas fere seus alvos, mas prejudica o próprio autor, que corre o risco de colher a antipatia dos contemporâneos. Num conto de Machado de Assis, um pai ensina ao filho como tornar-se "um medalhão", advertindo-o de que para aspirar a esse ofício, que depende do beneplácito dos grandes,

17. A. Comte-Sponville, *Pequeno Tratado das Grandes Virtudes*, p. 232.

deve evitar uns tantos comportamentos prejudiciais, sobretudo resistir à tentação de bancar o *éiron*, preferindo as vestes do bufão.

> Não deves empregar a ironia, esse movimento ao canto da boca, cheio de mistérios, inventado por algum grego da decadência, contraído por Luciano, transmitido a Swift e Voltaire, feição própria dos céticos e desabusados. Não. Usa antes a chalaça, a nossa boa chalaça amiga, gorducha, redonda, franca, sem biocos, nem véus, que se mete pela cara dos outros, estala como uma palmada, faz pular o sangue das veias, e arrebentar de riso os suspensórios. Usa a chalaça[18].

Usando o método irônico para apontar seus próprios riscos, o "conselho" do narrador machadiano faz ecoar e confirma, por contraste, a advertência da retórica aristotélica, segundo a qual, como vimos, só a ironia é digna de um homem livre, não lhe ficando bem a bufonaria (a chalaça), coisa de escravos.

Não só no plano ético, mas também do ponto de vista de um certo bem-estar psicológico o humor é reverenciado como uma capacidade saudável de rir de si mesmo. Quando Freud faz sua distinção entre os chistes, o cômico e o humor, observa que a liberação de afetos aflitivos, como medo, horror, compaixão, raiva, repulsa, é um impedimento ao prazer cômico, caso a pessoa atingida não consiga neutralizá-los. O humor seria, por isso, o mais importante processo defensivo na vida psíquica, pois evitaria com sucesso os afetos dolorosos, ao contrário da "repressão fracassada" que está na base da formação das psiconeuroses. Mas como é possível que uma pessoa ria de si mesma, numa situação de dor e aflição? Freud explica: desviando e "poupando" a energia afetiva que seria gasta na auto-comiseração, através do comentário humorístico, como nos exemplos de condenados à forca que produzem chistes sobre sua própria situação-limite.

No entanto, como um recurso próprio da criação artística, como uma fala "ao lado", divergente, contraditória, *dançante*, os méritos da ironia têm sido suficientemente sublinhados, quer numa abordagem retórica mais tradicional, quer na perspectiva polifônica de "um cruzamento de vozes", de um procedimento "intertextual e interdiscursivo"[19].

Bergson considera tanto o humor quanto a ironia como "formas de sátira", mas a esse respeito Northrop Frye faz uma distinção preciosa para entendermos os diferentes pactos que um comediógrafo pode estabelecer com seu público: "A sátira é a ironia militante"[20]. Ou, tomando-se o reverso da frase: a ironia é uma sátira "de braços cruzados".

18. M. de Assis, Teoria do Medalhão, em F. M. da Costa (org.), *Viver de Rir*, p. 41-42.
19. B. Brait, *Ironia em Perspectiva Polifônica*.
20. N. Frye, op. cit., p. 219.

A platéia da sátira, além de permitir-se embarcar num mínimo de fantasia, precisa partilhar certos padrões morais de referência para medir o que é "grotesco" ou "absurdo"; o satirista e o espectador devem concordar quanto a alguma regra de normalidade para obter efeito do deboche dirigido àquilo que se mostra como diferente ou desviante. Isso leva ao risco de que o satirista pouco imaginativo venha a apoiar-se na exploração de preconceitos enraizados, garantindo assim, pela via fácil, trazer os que riem para o seu ângulo de visão. Já o comediógrafo irônico – como Tchékhov, Ionesco, Beckett, Mrozek, Kroetz ou Nelson Rodrigues – parece dizer ao seu público: "Eis a sociedade que vocês engendraram. Vivam nela, se puderem".

Quando isso ocorre, estamos distantes das intenções reformadoras da sátira, e mais próximos de uma aceitação meio perplexa "daquilo que é", como na primeira réplica de *Esperando Godot*: "Nada a fazer". É claro que os limites entre a *indiferença irônica* e o *engajamento satírico*, por assim dizer, são difíceis de traçar, pois o fato mesmo de se garantir que nada pode ser feito pode funcionar como um desafio à indignação ou, no mínimo, a um aguçamento da percepção do espectador. Mas o ironista deixa patente que se há algo a fazer, quem quiser que o faça, pois a solução não virá do lado do palco, nenhum final feliz será oferecido. Pode-se objetar que em tais casos saímos do domínio cômico, pois não há qualquer conforto, alívio de reintegração, triunfo sobre o medo, segurança de reconhecimento, mas é fato digno de reflexão que muitos comediógrafos contemporâneos conseguem efetivamente obter o riso do público mantendo essa postura "de braços cruzados".

Na técnica espirituosa de deslocamento a que Freud chama de "representação indireta pelo oposto", como vimos, reencontramos a velha e cruel ironia. Um duque, vendo trabalhar um tintureiro, aponta seu cavalo cinza e pergunta-lhe se pode tingi-lo de azul. O tintureiro: "Naturalmente, Alteza, se o cavalo suportar a fervura". Estão a trabalhar neste tão simples e tão elaborado chiste duas técnicas: a já conhecida unificação por meio de "resposta pronta", mas também o ataque enviesado da "representação pelo oposto". Ao usar um "sim" ambíguo em lugar de um "não" indignado e sincero, o trabalhador evita confrontar-se diretamente com o desocupado nobre, e *ao mesmo tempo* expõe a estupidez da pergunta. Aliás, esse *ao mesmo tempo* constitui a verdadeira "chave" espirituosa, o efeito-relâmpago de uma síntese surpreendente que "desloca" o ouvinte, obrigando-o a aguçar sua percepção, mantendo a agilidade do seu raciocínio.

A personagem vítima do "retorno" chistoso tem em geral uma fraqueza óbvia, uma vulnerabilidade constitutiva de seu caráter ("caráter" como elemento dramatúrgico, é claro) como pedantismo, arrogância, estupidez, monomania, enfim o que Bergson chama de "desvio" cômico. Como ela "não se enxerga", e não enxerga seu próprio discurso, facilmente "abre o flanco" para o contra-ataque. Ou pior (ou melhor, do ponto de vista da comicidade): ela própria fornece o material para o "troco" da agressão ou zombaria.

Há um excelente exemplo de Martins Pena, em *O Inglês Maquinista* : Gainer, o inglês rival de Felício na conquista do amor de Mariquinha, está explicando à família o seu projeto milionário de uma máquina que fabricará açúcar a partir de ossos. Felício, com óbvias razões de hostilidade, não deixa de vigiar-lhe o discurso e aproveitar as brechas.

FELÍCIO: Sem indiscrição: Não poderemos saber...
GAINER: Pois não! Eu peça na requerimento uma privilégio por trinta anos para fazer açúcar de osso.
TODOS: Açúcar de osso!
NEGREIRO: Isto deve ser bom! Oh, oh, oh!
CLEMÊNCIA: Mas como é isto?
FELÍCIO (à parte): Velhaco!
GAINER: Eu explica e mostra... Até nesta tempo não se tem feito caso das osso, destruindo-se grande quantidade delas, e eu agora faz desses osso açúcar superfina...
FELÍCIO: Dessa vez desacreditam-se as canas.
NEGREIRO: Continue, continue.
GAINER: Nenhuma pessoa mais planta cana quando souberem de minha método.
CLEMÊNCIA: Mas os ossos plantam-se?
GAINER (meio desconfiado): Não senhor.
FELÍCIO: Ah, percebo! Espremem-se. (Gainer fica indignado)[21].

Cômico de Integração e Cômico de Derrisão

Pode-se considerar ainda "uma comédia" uma peça, filme ou ficção dramática em geral que recuse ao espectador o alívio de uma bem-sucedida fantasia de triunfo, do conforto final de um feliz reconhecimento do *socius*, da aceitação de uma ordem alegremente partilhada, ainda "uma comédia"? Quando Frye estabelece sua distinção entre o cômico e o trágico com base na integração ou exclusão do herói pela sociedade em que vive, o conceito de comicidade parece ficar restrito às formas mais tradicionais ou "integrativas" da comédia, em que absurdos ou injustiças são pacificados num acordo ou truque final para garantir a harmonia social. É bem verdade que o autor se preocupa em nuançar a diversidade de tratamentos:

Há dois modos de desenvolver a forma cômica: um é por a ênfase principal nas personagens obstrutoras; outro é pô-la adiante, nas cenas do descobrimento e reconciliação. Um é a tendência geral da ironia cômica, da sátira, do realismo e dos estudos de maneiras; outro é a tendência da comédia shakespeariana e de outros tipos de comédia romanesca[22].

21. M. Pena, *O Inglês Maquinista*, em *Comédias*, p. 110.
22. N. Frye, op.cit., p. 167.

Essa gradação de ênfases pode ainda dar conta das formas satíricas, dependendo do modo como o comediógrafo defenda – como contraste ou pano de fundo – valores ou normas de convívio que além de claras tenham a chance de ser plenamente aceitas pela platéia. Só um espectador relativamente desapegado de dogmas religiosos, ou no mínimo isento de uma posição fatalista-fundamentalista, pode obter prazer da revolta iconoclasta do criado Jacques que, vendo-se numa enrascada e irritado com a onipotência "do que está escrito lá em cima", explode:

> JACQUES: Mas a gente pode evidentemente querer saber qual é o preço do que está escrito lá em cima. Ah, meu amo! O senhor acha que está certo que eu termine meus dias enforcado porque o senhor estava apaixonado por aquela idiota da Agathe? [...] Porque é preciso que eu seja enforcado porque o senhor tem bom coração e mau-gosto! Ah! As tolices que estão escritas lá em cima! Oh! Patrão, aquele que escreveu nossa história lá em cima deve ser bem mau poeta, o rei, o imperador dos maus poetas![23]

Também a ironia cômica pode se mostrar conciliadora ou integrativa, desde que mantida na instância do diálogo. Uma réplica irônica pouco ou nada deve a processos inconscientes: consiste em dizer o contrário do que se pretende comunicar, mas com o cuidado de *sinalizar* esse deslocamento para o ouvinte (por recursos também extra-linguísticos, como gestos, tom de voz etc.). Relembrando a distinção entre "puro *nonsense*" e "chiste por *nonsense*" deve-se perceber que também a ironia – assim como a alusão e a analogia – não é em si mesma ou exclusivamente uma "técnica chistosa".

Não se pode concordar, do mesmo modo, com a afirmação de que a ironia seja "uma subespécie do cômico". Como recurso retórico, a ironia pode estar a serviço de qualquer "gênero afetivo", e convive "indiferentemente", como é seu estilo, com diálogos dramáticos sérios e até mesmo trágicos. Medéia, no auge de sua dor e desamparo, repudiada e banida, pergunta a Jasão: "Devo voltar para junto das infelizes filhas de Pélias? Elas vão me receber muito bem, elas cujo pai matei!"

Tudo porém se complica quando a ironia ultrapassa o nível do discurso das personagens e se torna um recurso estruturante de todo o texto. Vemos então surgir uma estranha modalidade a que podemos chamar "comédia de derrisão". Aí não se trata mais de enfatizar os elementos obstrutores dos desejos de um herói, ou de denunciar jocosamente algum aspecto particular da realidade, mas de projetar a desconfiança e o sarcasmo, como uma sombra inquietante, sobre a totalidade da ordem social existente.

Creio que a partir de Tchékhov fomos colocados diante de uma espécie de "comédia sem riso". Esta não se confunde, contudo, nem com o trágico nem com o romanesco, por lhe faltar basicamente a

23. M. Kundera, *Jacques e Seu Amo*, p. 89.

idéia de fatalidade (tudo é aleatório e perfeitamente reversível) ou de qualquer resquício de uma visão idealizada do amor e do heroísmo. Nesse sentido, e guardadas todas as proporções, é que podemos considerar a dramaturgia de Brecht, por exemplo, como associada a uma visão cômica da realidade, pois ela parte de uma "metodologia dramática" preferencialmente não-trágica e não-romanesca.

No teatro brasileiro, a diferença de recepção de *O Rei da Vela* em 1937 (na leitura de diretores que recusaram o texto como "não-encenável") e em 1967 (no sucesso de público e crítica que ainda hoje repercute) pode-nos ensinar algo a respeito do cômico derrisivo. Segundo um acordo comum e implícito à comédia, o autor em geral se incumbe de informar ao espectador qual o pacto estético em vigência. Ora, em *O Rei da Vela*, Oswald Andrade mostra-se disposto não só a achincalhar a classe média brasileira e apontar as causas de nossa ridícula indigência. Isso é apenas o plano mais visível da sua sátira irônica, aquilo que é dito sem rodeios e de modo até bem didático.

O principal *desmonte* operado pela peça é a negação paródica, ponto por ponto, do drama romântico-realista. Não é apenas a recusa radical de toda e qualquer pretensão à verossimilhança: Oswald desnuda seus truques a cada passo, numa espécie de *striptease* das convenções dramatúrgicas: o comediógrafo exibe cada "peça" do guarda-roupa tradicional e joga-o à face do público. Tal procedimento, em 1937, caso a peça tivesse sido encenada, poderia ser um "ruído" impeditivo à comunicação; em 1967, essa ruptura está a tal ponto assimilada pelo espectador que podem destacar-se e fazer sucesso os propósitos políticos e os aspectos mais burlescos dessa sátira social.

Uma boa parte das peças listadas ao final deste estudo incluem-se na modalidade sombria e derrisiva do cômico. Historicamente, as comédias com essa tendência a estruturar-se por uma ironia radical entram em cena de modo decisivo na segunda metade do século XX. No entanto, seria precipitado pensar que o contágio irônico seja privilégio da comédia contemporânea. Um estudioso do teatro latino como David Konstand aponta, por exemplo, e com inteira razão, a *Hecyra*, de Terêncio, como "comédia irônica", por desafiar as premissas ideológicas da comédia nova latina. É claro que o comediógrafo deve pagar seu preço por isso. Consta que nas duas primeiras representações da peça, a platéia romana abandonou o teatro antes do final, preferindo assistir a um *show* de gladiadores. Um crítico, sem dúvida cômico, chamou de "bárbaros" os romanos que teriam desertado de assistir a essa obra-prima[24].

É claro que existem os precursores, sempre existem os precursores, bastando apenas que o crítico, ao modo de um detetive, ocupe-se em descobrir as pistas. Mas a própria possibilidade de haver precur-

24. D. Konstand, op.cit., p. 131.

sores depende da eclosão de uma forma tão diferenciada a ponto de nos fazer olhar para trás, duvidando de nossa compreensão anterior dos fenômenos. Quando se produz um acontecimento com a força de um escândalo, como *Esperando Godot* ou *Vestido de Noiva*, podemos então perceber que tal visão ou disposição dramática "já estava" em Shakespeare ou Büchner. Mas isso que lá estava nunca poderia ser visto senão como re-visão motivada pelo poder de deslocamento que a nova obra tem *agora* sobre nós.

Ou, como disse bem mais simples e belamente Borges: "Toda grande obra cria seus próprios precursores"[25].

ULISSES E A ÉTICA DA COMÉDIA

Em torno do filme italiano *A Vida é Bela*, de Roberto Benigni, quando ainda apenas indicado ao Oscar de Melhor Filme Estrangeiro, em 1999, reacendeu-se uma interpelação a que de tempos em tempos os comediógrafos são chamados a responder. Do ponto de vista ético, quais os limites da ação cômica? Do que é que *não se pode rir*? Ao fazer comédia com o tema do Holocausto, Benigni colocou-se sob o fogo cruzado de críticas que, pró ou contra, colocavam no centro do debate a *responsabilidade* do comediógrafo.

Para refletir sobre isso, vamos começar admitindo que a comédia seja menos a *representação* de seres e situações irrisórias, irrelevantes, "baixas", e mais o espaço onde atua uma *força de deslocamento*: a produção de uma *incongruência* o mais das vezes com vocação descendente, como um desejo de "puxar para baixo" os seus alvos. Podemos então ser tentados a indagar: para quê? com que objetivo?

Quando a obra dramática "fala a sério", em geral produzem-se a seu respeito todo tipo de interpretações filosófico-metafísicas, hermenêutico-religiosas, psicossociológicas e até psicopatológicas, a depender do olhar interessado; mas ao tratar da comédia, uma vinculação parece impor-se, preferencialmente: o aspecto ético, o compromisso do comediógrafo no trato com os mitos e crenças de seu público, o efeito de suas criações sobre o cotidiano de sua gente, seu empenho como sujeito social, os ecos de sua iconoclastia ou de seu "assujeitamento" a um certo quadro de valores, num dado espaço e tempo.

No filme citado, Benigni aposta na possibilidade de comover o espectador com a perspectiva de que a vida pode ser bela mesmo nas mais terríveis circunstâncias. Ao fazê-lo, lança mão de várias estratégias cômicas bem conhecidas. Se "bela" aí é sinônimo de livre e divertida, de situação armada como um *jogo* em que, ao contrário da causalidade real, as regras são *reversíveis*, o cineasta faz a experiência no campo de concentração seguir o modelo daquilo que Bergson

25. J. L. Borges, op. cit., p. 222.

vê na construção da comédia: um "brinquedo que imita a vida". Em sua liberdade de brincar, que é também uma liberdade "de brinquedo", é claro, essa imitação volta as costas ao relato histórico dos sobreviventes, a "aquilo que aconteceu", para apostar no que "poderia ter acontecido" sob a ótica do princípio do prazer e da vitória do amor e do bom-humor. Ou, para aplicar aqui a feliz expressão de Charles Mauron, trata-se de uma assumida e auto-suficiente "fantasia de triunfo sobre a morte".

E é isso que desperta a indignação de uma parte considerável dos críticos mais inteligentes, por entenderem que, no contexto real do "mal absoluto", nenhuma vontade cômica de construir suas próprias regras pode triunfar.

Os Limites do Riso

Maria Rita Kehl afirma que, ao enfocar o Holocausto pela via cômica, o filme de Benigni teria ferido um tabu, pois "não se faz comédia sobre situação de tamanha gravidade. Está vetado a qualquer um de nós, ao preço de nossa própria humanidade, nem sequer cogitarmos de rir diante da evocação do maior horror que a civilização ocidental, tal como a conhecemos ainda hoje, foi capaz de produzir". Porém, ciente da advertência freudiana de que toda proibição-tabu só faz "indicar a presença do desejo", já que é desnecessário proibir o que ninguém deseja fazer, justifica a partir daí sua própria ida ao cinema (!) como efeito da curiosidade e da esperança "de que alguém tenha encontrado solução para o mal-estar legado pelo Holocausto". [26] Tais precauções, e vindas de uma psicanalista, têm importância como índice da inquietação causada pelo filme e apontam o conflito entre a visão cômica e a crítica ética: o mal-estar diante de uma fantasia de triunfo nas condições mais improváveis.

Kehl refere-se, com visível simpatia, ao tipo cômico desenvolvido por Benigni em filmes anteriores, reconhecendo, nesse homem magro e esquisito, a figura de um "perdedor" em confronto com os padrões do cinema hollywoodiano ("uma espécie de Chaplin da pós-modernidade"). O "herói" cômico criado pelo ator (e também diretor) em comédias como *Joe Stecchino* e *O Monstro* – "um ingênuo cheio de entusiasmo" – está bem próxima da mistura de parvo e fanfarrão a que me referi no capítulo anterior. Ele tem a esperteza ingênua, a coragem irrefletida daqueles que, sendo perdedores há tanto tempo, nada mais têm a perder, e que por isso mesmo terminam por "se dar bem" ao fazer suas próprias regras e assim burlar a ordem opressiva.

26. M. R. Kehl, Um Jogo Macabro, *Folha de S. Paulo*, São Paulo, 07 de março de 1999, Mais!, p. 5-9.

> O herói cômico é aquele que não se deixa enganar a respeito da castração; ele se move pelas brechas da ordem fálica, produzindo sentido a partir dos vazios criados pelo esquema defensivo/repressivo dos que estão comprometidos em sustentar que o falo existe, e está do lado deles. O herói cômico sempre soube que ele está tão nu quanto o rei.

Mas esse truque cômico que faz a personagem ingenuamente esperta "se dar bem" nos filmes anteriores esbarraria, segundo Kehl, em "um sério limite ético ao ser transposto para o contexto do mal absoluto que *A Vida é Bela* tenta relativizar". O problema maior, diz a autora, não estaria na infidelidade histórica, ou na quebra da verossimilhança – aliás, velho atributo cômico – muito embora as burlas e trapaças de Guido para fazer seu filho acreditar que a prisão sob vigilância nazista faz parte de uma grande gincana possam ser vistas como "uma ofensa à memória dos milhões de judeus exterminados nos campos".

Não, diz a autora, o maior problema não é este. (Creio, no entanto, que a relação conflitante entre visão cômica e crítica ética se coloca justo nesse ponto, quando se busca negar que o repúdio ao filme está em sua plena realização de uma fantasia cômica de triunfo que descarta o horror das circunstâncias concretas.)

Para não supervalorizar a inverossimilhança com que Benigni trata o cenário histórico – escolha necessária à "armação do brinquedo", digamos, de sua comédia romântica –, Kehl desvia o foco de sua restrição para outro aspecto da construção dramatúrgica do roteiro, interpretando o "otimismo bem-intencionado" do filme como "sintoma do impasse criado pela cultura do individualismo". O filme acabaria fazendo com que nós também participássemos de um jogo meio macabro: emocionados pelas artimanhas amorosas de um pai para impedir que o filho perceba o horror à sua volta, identificados com esse pequeno núcleo familiar, torcemos para que Guido, Dora e Josué sejam salvos, e isso nos faz esquecer os milhões de prisioneiros mortos, transformados em figuras distantes, massa amorfa, elementos do cenário de guerra.

Ora, não resta dúvida que o tratamento dramático dado ao roteiro do filme visa precisamente a esse tipo de *identificação seletiva*, que segue uma dramaturgia centrada em algumas personagens individualizadas e rodeadas por tipos neutros. A dramaturgia do indivíduo, que vai de *Hamlet* a *O Pato Selvagem*, de Ibsen, atravessou sua crise desde o início do século XX. Primeiro, foi abalada pelo esquematismo dos tipos abstratos do drama expressionista, até chegar a motivar um questionamento incisivo no teatro épico de Piscator e Brecht, que buscaram sobretudo abrir o foco cênico para conter mais largas parcelas da História, ao invés das relações interpessoais de duas ou três personagens. Mas não me lembro de que essa questão tenha sido amiúde levantada a respeito dos milhares de filmes, séries televisivas e romances que trataram a temática do nazismo *a sério*, empregando sempre o mesmo tipo de caracterização. A questão, parece, não está aí.

O que causa inquietação no filme não vem do núcleo de personagens individualizadas pelas quais torcemos; é espertamente e "belamente" aí que o filme conquista o público com a mistura de distância divertida e calorosa empatia que a comédia romântica sabe produzir. Isso faz parte das estratégias catárticas desse tipo de dramaturgia.

Na elaboração do roteiro, a personagem de Guido é marcada, desde o início, por essa vontade de ser feliz e de fazer valer a sua fantasia sobre as limitações da realidade, isso muito antes que ele, seu tio e o filho Josué sejam presos e levados a um campo de extermínio nazista. Guido conhece sua amada Dora quando esta literalmente lhe "cai nos braços", numa cena ao mesmo tempo farsesca e comovente, duplicidade de tom que será mantida ao longo do filme. Toda a corte amorosa que ele faz a sua "principessa" tem algo de uma arlequinada, de um conto de fadas encenado num picadeiro de circo. Nada mais coerente que esse palhaço sentimental e habilidoso continue a exercitar sua prestidigitação no campo de prisioneiros, com melhores e mais fortes motivos.

O que realmente incomoda em qualquer ficção que submeta à ótica da comédia um tema de tamanha gravidade é o *rebaixamento cômico* dos símbolos de opressão. Os soldados nazistas, tratados como peças manipuláveis do jogo encenado por Guido para um único espectador – seu filho – são também degradados aos nossos olhos, perdendo sua aura tenebrosa e... sublime.

Antes que se estranhe o último termo, lembro que o sublime está tradicionalmente colocado no extremo oposto ao do registro cômico, e justo em razão de sua dependência das representações que engrandecem, que magnificam qualquer objeto, mas *especialmente as imagens do horror*. Edmund Burke, examinando a origem de nossas idéias acerca do belo e do sublime, insiste nesse ponto inquietante. A experiência do sublime exige assombro, espanto, estupefação, pois sublime é "tudo que é terrível à visão". Sendo o terror "o princípio primordial do sublime", a visão do poder é sublime na medida em que infunde terror. Toda forma de grandiosidade, de magnificência (mesmo a da presença divina) cria o efeito sublime pelo medo que provoca, por sua "terrível majestade". Quanto maior o poder, maior o terror, maior o sublime[27].

Eis aí, parece, a curiosa questão simultaneamente ética e estética da perspectiva cômica e seu efeito catártico. O testemunho histórico

27. "Tudo que seja de algum modo capaz de incitar as idéias de dor e de perigo, isto é, tudo que seja de alguma maneira terrível ou relacionado a objetos terríveis ou atua de modo análogo ao terror constitui uma fonte do *sublime*; isto é, produz a mais forte emoção de que o espírito é capaz". E. Burke, *Uma Investigação Filosófica Sobre a Origem de Nossas Idéias do Belo e do Sublime*, p. 48-66.

busca, com toda razão, em nada minimizar a realidade do horror vivenciado por milhões de seres humanos. O olhar cômico, ao rebaixar os carrascos, retirando-lhes a imagem terrífica, terminaria por degradar também as vítimas, pois ambos os papéis resultariam relativizados pelas artimanhas lúdicas de uma fantasia triunfal. Essa é a razão pela qual os filmes, peças ou romances que falam "a sério" sobre o horror nazista ou qualquer outra experiência limite de dor e violência, mesmo os mais simplórios, parciais e oportunistas, não motivam reações semelhantes de indignação, já que mantêm a amplitude e a altura, a magnificência, enfim, da opressão e do medo.

Busquei, através do caso particular de *A Vida é Bela*, apenas a disposição dos dados de um problema que afeta diretamente o sucesso ou fracasso da catarse cômica. De nada vale, por simpatia com a visão cômica, exagerar no sentido oposto ao de Kehl e dizer, como José Arthur Gianotti, que pela ótica da farsa o diretor "elabora a denúncia mais devastadora do crime mais brutal que o século mais civilizado da história foi capaz de cometer"[28].

Não, não há denúncia, a essa altura das produções e reproduções desse fato histórico, e muito menos "devastadora" no filme de Benigni, e sim uma bem-realizada fantasia cômico-romântica de liberdade individual. O envolvimento do espectador, a sua entrada no jogo proposto, depende aí sobretudo de uma licença ética para aceitar a inverossimilhança do tratamento e para aderir à crença, constitutiva de toda fantasia cômica, de que sim, pode-se *jogar* com tudo, lidar *jocosamente* com tudo, mesmo com as imagens do horror e da morte.

Em um sem número de comédias, de *As Rãs* até os folhetos de cordel do Nordeste brasileiro, há uma *alegre* descida aos infernos, entre pancadaria, flatos, fezes, e toda sorte de piadas obscenas, seja com Dioniso, adentrando a morada sombria de Plutão, seja com o catolicíssimo Lampião enfrentando as artimanhas do Cão "das Profunda". Desde Anchieta vimos o desejo e a necessidade de ridicularizar os demônios, de mostrá-los paradoxalmente como *fracos* e *terríveis*, coisa para se ter medo sempre, claro, mas que pode facilmente ser vencida pelo bom cristão. Bakhtin, como se sabe, valoriza essa *carnavalização* das profundezas amedrontadoras como o impulso de constante renascimento e regeneração do imaginário popular, e Charles Mauron, por outras vias, vem nos falar do cômico como reversão de mitos angustiantes.

Pelas restrições a tantos filmes e peças, vê-se bem que margens estreitas estão traçadas para a crítica ético-social da comédia: se o espetáculo teatral ou filme cômico trata de trivialidades, se é um besteirol, causa "horror" ao crítico exigente; se, ao contrário, fala do horror, brincando com uma experiência-limite, ofende aos espíritos

28. Regras de Vida e Morte, *Folha de S. Paulo*, 07 de março de 1999, Mais! p. 5-9.

moralmente sensíveis. Pode-se objetar que um fato historicamente documentado em sua terribilidade, como o nazismo, é bem diferente de um medo mítico às profundezas infernais. Mas isso não conta para a economia catártica, salvo se as imagens do horror ativam algum ponto sensível na memória do espectador, razão porque não se pode, como foi aqui repetido, considerar o fenômeno catártico senão conformado à realidade de cada público.

Para o espectador minimamente distanciado, o desejo é o mesmo de vencer os carrascos históricos ou o gigante Adamastor, seja pelo enfrentamento heróico ou pelas armas da burla e do ridículo. Sabem bem disso muitos roteiristas norte-americanos, empenhados em providenciar inimigos entre alienígenas de todo tipo, dos marcianos aos iraquianos. Se estes últimos são apresentados como feios, selvagens e algo ridículos, possuem no entanto "armas terríveis" que é preciso combater e eliminar, e está armada a equação básica de uma angústia a ser superada, e revertida em triunfo.

Unidos e contrapostos, em simbiose de equilíbrio dinâmico, carrascos e vítimas não podem ser exaltados ou minimizados impunemente. Tudo isso tem um preço, e é esse o preço pago pela comédia, ao desconfiar de uns e outros, como aliás de tudo. O que importa, na relação que tento estabelecer, é o vínculo entre o modo de ação do cômico e os juízos éticos, pois estes – relativos, movediços, disponíveis – influem na experiência catártica, tanto quanto as teimosas e irremovíveis fantasias inconscientes. Disse um ator do programa televisivo *Casseta&Planeta*, acusado por seu "humor iconoclasta", sobre os limites do seu público: "Podemos fazer piada com o presidente da República, mas temos que tomar cuidado com Jesus Cristo"[29].

A depender da *verdade* partilhada pela maioria dos espectadores – seja o verdadeiro histórico, "o que realmente aconteceu", ou o verdadeiro mítico, "o que não se pode tocar" – haverá áreas inteiras vedadas à intervenção cômica. E é nesse ponto que incide o humor cáustico de Cioran:

> O diabo parece bem pálido ao lado daquele que dispõe de uma verdade, de sua verdade. Nós somos injustos para com os Neros, os Tibérios: eles não inventaram absolutamente o conceito de herético: eles não foram senão sonhadores degenerados divertindo-se com massacres. Os verdadeiros criminosos são aqueles que estabelecem uma ortodoxia no plano religioso ou político, que distinguem entre o fiel e o cismático. Logo que alguém se recusa a admitir o caráter intercambiável das idéias, o sangue corre...[30]

29. É Pura Bobagem, *Revista Isto É*, 3 de novembro de 2000, entrevista com Casseta & Planeta.

30. E. M. Cioran, Généalogie du fanatisme, em F. Arrabal, *Le Panique*, p. 184.

O Método Cômico

O escritor israelense Amós Oz (numa comovente troca de cartas com o escritor japonês Kenzaburo Oe), discutindo as perspectivas de uma política de tolerância para povos cuja memória inclui Hiroshima e Auschwitz, aposta na face libertária da ética do riso. Depois de lembrar que Tchékhov nos ensinou "que 'trágico' e 'cômico' são apenas duas janelas diferentes que dão para a mesma paisagem atormentada", Amós Oz aponta o bom-humor como um "antídoto ao fanatismo"; ao descobrirmos "que somos todos mais ou menos imperfeitos, mais ou menos tolos, mais ou menos engraçados, também seremos capazes de sentir uma paixão tragicômica uns pelos outros". Em sua receita para combater os fanatismos sangrentos, Oz acredita que essa capacidade de vencer a loucura pela percepção de fraquezas recíprocas pode funcionar "não apenas em relação aos indivíduos, mas também em relação às nações, culturas e religiões". Pois há uma incompatibilidade entre o humor e a adesão irracional às verdades unívocas: "Nunca vi um fanático bem-humorado, nem alguém bem-humorado se tornar fanático". Depois de ter estado no campo de batalha por duas vezes, Oz conclui que o maior perigo não está em armas e bombas, mas "no coração humano: agressão, fanatismo, prepotência, excesso de zelo, incapacidade de imaginar, incapacidade de ouvir, de rir – principalmente rir de si mesmo"[31].

É claro que Amós Oz refere-se aqui à parte eticamente nobre da comicidade, o humor, que, como vimos, é exaltado unanimemente em todas as teorias do riso (diferente da ironia, da sátira e da paródia), como a lucidez daquele capaz de zombar de si mesmo, ou das coisas que ama e respeita, o que implica uma dose de simpatia e benevolência que está ausente das formas mais sarcásticas ou derrisórias do cômico.

Os estudos sobre o riso, conduzidos na área das ciências sociais, tendem a valorizar a sua face libertária, contestatória, sua *função* de fazer uma espécie de leitura crítica dos valores institucionalizados. Nessa direção, um dos trabalhos mais conhecidos é o da antropóloga Mary Douglas que, a partir de Bergson e Freud, vê nos *jokes* um antirito de desvalorização dos padrões dominantes: as piadas funcionariam como um ataque aos mecanismos de controle. O modelo aceito é desafiado pelo surgimento de um outro que, ao combinar numa lógica própria os elementos discrepantes, denuncia o que se ocultava no padrão vigente. Mas, diferente de análises mais ingênuas, Douglas faz também a importante distinção entre piadas "padronizadas", que só redobram o padrão em vigor, e as "espontâneas", que subvertem e reorganizam uma situação segundo seu próprio modelo[32].

31. A. Oz, Descobri a Cura do Fanatismo e A Literatura não é Profecia, *Folha de S. Paulo*, 10 de janeiro de 1999, Mais!, p. 4-6.
32. M. Douglas, Jokes, *Implicit Meanings*, p. 90-114.

Seria um exercício de inocência acreditar na ação cômica como rebeldia generalizada. Qualquer espectador sabe o quanto em programas de TV, ou em peças e filmes o cômico pode ser mero pretexto para a reiteração de clichês autoritários, para a manutenção de preconceitos e obscurantismos. Pode-se também passar facilmente da idéia excitante de uma transgressão do ritual à monotonia de um ritual de transgressão; o teatro cômico não deixa de ser um espaço institucionalizado para o achincalhe dos costumes (ao invés da "correção", como pensou Bergson). Tudo dependerá sempre do modo como comediógrafos, comediantes e espectadores fazem uso desse espaço.

Umberto Eco observou que o trágico, antes e depois de apresentar a transgressão fatídica de um código pela personagem, ocupa-se em explicitar a natureza e a valor da Lei que foi violada; o cômico, no entanto, pressupõe que esse código é suficientemente conhecido pelo público leitor ou espectador, bastando-lhe portanto encenar a subversão dessas regras. Com base nessa característica de cumplicidade com as normas partilhadas, Eco conclui que o cômico "parece popular, liberatório, subversivo, porque dá a licença de violar a regra", mas ao fazê-lo pressupõe a reiteração da regra que "permanecerá, depois que a licença cômica tiver permitido brincar de violá-la, dentro de um dado espaço e pela interposição de uma máscara". Mas Eco distingue e salva uma "subespécie desse gênero tão ambíguo" que ao *discutir* a regra, ao invés de simplesmente pressupô-la e validá-la, "dela representaria a crítica consciente e explícita". Já se pode adivinhar que se trata, é claro, do *humor*, que pertenceria, "como o cômico da linguagem", à mesma estirpe nobre da comicidade[33].

* * *

Toda essa ressalva à propalada "subversão pelo riso" parece-me importante para atingir um ponto em que, nas produções cômicas, cruzam-se o ético, o estético e o catártico. Desenvolvendo o que foi sugerido no segundo capítulo deste ensaio, o único "objetivo" que se pode ver na força cômica – enquanto *força* – é o de submeter qualquer tipo de alvo aos seus poderes de reversibilidade, deslocamento, contraste, rebaixamento, desestabilização. O que pode ser visto como subversivo ou libertário na comédia não é *aquilo que se representa,* não é qualquer crítica ou mensagem, não é um veredicto ou opinião sobre um dado fato ou comportamento, mas sim *um certo modo de ação*, ou seja, um método.

Esse método consiste em duvidar sistematicamente, ritualisticamente, do real e da verdade. A tragédia mais fantasiosa, como vimos, é mais crível para o espectador que a comédia mais realista. Se a

33. U. Eco, O Cômico e a Regra, *Viagem na Irrealidade Cotidiana*, p. 343-353.

comédia ensina alguma coisa, é que se pode sempre duvidar de que as coisas "tenham que ser assim"; é crer, ao contrário, que elas podem ser moldadas à nossa fantasia. Esse é o trunfo que o comediógrafo rouba à onipotência mágica da infância. O sério crê piamente que a realidade é o que ele pensa que ela seja, e que a verdade pode ser não só estabelecida como *defendida*. O cômico não tem pejo em apresentar o mais profundo conceito, o mais catastrófico evento, o mais doloroso sentimento "com as pernas para o ar".

Talvez por intuir na ação cômica essa negação sistemática do real e da verdade, essa recusa tanto da fatalidade quanto da devoção a qualquer princípio, a avaliação ético-social da comédia sempre pareceu oscilar (embora por vezes invocando razões estéticas) entre o desdém e a proibição. O ofício do comediógrafo ora parece inócuo, ora pernicioso; ora passatempo para entreter a plebe, ora perigoso sintoma de desrespeito às regras vigentes. Ciclicamente os comediógrafos foram mantidos "em rédea curta", e as sucessivas leis de contenção, vistas do nosso mirante histórico, podem constituir por si mesmas uma narrativa cômica, de Aristófanes, proibido de nomear seus desafetos, à tentativa de vetar certos personagens na TV.

Diante disso, os comediógrafos muitas vezes advogaram algum desígnio superior para poder fazer rir, como que estabelecendo um pacto: "Bem, eu lhes darei diversão, prometo diverti-los desde que vocês não me tomem por mero piadista, mas por um filósofo, psicólogo ou sociólogo embora de um tipo muito especial", ou como queria Bergson, "um moralista disfarçado em cientista". Essa atitude percorre toda a tradição ocidental da comédia, ao longo de vinte e cinco séculos; essa era, como se sabe, uma das funções da parábase, na Comédia Antiga, momento em que se suspendia a ação cômica e o autor fazia exortações, críticas e advertências ao espectador sobre assuntos de interesse público. Já o primeiro dos nossos comediógrafos, Aristófanes, na mais antiga de suas comédias que chegaram até nós, *Acarnanos* (425 a.C.), faz dizer a uma de suas personagens: "Não se irritem, senhores espectadores, pelo fato de eu, além de pobre de pedir, ainda por cima, no meio de atenienses e numa comédia, vir falar da Cidade. Ora, a verdade é que a comédia também tem a ver com a justiça". (v. 496-501)

Em nossos dias, quando a comédia já não reúne todas as funções de debate político, literário e filosófico do teatro antigo, pode-se dizer que as queixas e desculpas já são "pose" ou "jogo de cena" dos autores, mas isso apenas significa que o gesto se repetiu com tal freqüência a ponto de se tornar um *topos* do discurso cômico: o momento em que o comediógrafo se desculpa e justifica o seu ofício.

O receio ao *método* cômico, ao seu olhar oblíquo, à sua desconfiança sistemática diante de qualquer fala autoritária, inspirou Umberto Eco, em *O Nome da Rosa*, na criação do cego Jorge, guardião da biblioteca de um mosteiro medieval, que mantém oculto o livro II da *Poética* de Aristóteles. O monge cego é capaz de matar e morrer para impedir a difusão dessa obra, aos seus olhos extremamente perigosa para a alma dos fiéis. Quando Guilherme de Baskerville – o monge-detetive encarregado de solucionar o mistério de uma série de mortes ali ocorridas – pergunta-lhe por que, afinal, tanto medo a esse livro, se tantos outros falam da comédia e até mesmo elogiam o riso, Jorge responde: "Porque era do Filósofo. Cada livro daquele homem destruiu uma parte da sabedoria que a cristandade acumulara no correr dos séculos".

O que o obsessivo mas coerente monge teme, acima de tudo, é a *validação filosófica* do "incentivo à dúvida" contido no cômico. O seu zelo extremo acaba produzindo uma certa teoria do riso pela ótica de um cristão fanático, disposto a dar (e tirar) a vida para livrar o mundo dessa semente de dúvida e insubordinação. Diz o guardião da fé:

> O riso libera o aldeão do medo do diabo, porque na festa dos tolos também o diabo aparece pobre e tolo, portanto controlável. Mas este livro poderia ensinar que libertar-se do medo do diabo é sabedoria. Quando ri, enquanto o vinho borbulha em sua garganta, o aldeão sente-se patrão, porque inverteu as relações de senhoria: mas este livro poderia ensinar aos doutos os artifícios argutos, e desde então ilustres, com que legitimar a inversão [...]. O riso distrai, por alguns instantes, o aldeão do medo. Mas a lei é imposta pelo medo, cujo nome verdadeiro é temor a Deus. E deste livro poderia partir a fagulha luciferina que atearia no mundo inteiro um novo incêndio: e o riso seria designado como arte nova, desconhecida até de Prometeu, para anular o medo. [...] Durante séculos os doutores e os padres secretaram perfumadas essências de santo saber para redimir, através do pensamento daquilo que é elevado, a miséria e a tentação daquilo que é baixo. E este livro, justificando como remédio milagroso a comédia, a sátira e o mimo, que produziriam a purificação das paixões através da representação do defeito, do vício, da fraqueza, induziria os falsos sábios a tentarem redimir (com diabólica inversão) o elevado, através da aceitação do baixo. [...] se um dia alguém, agitando as palavras do Filósofo, e portanto falando como filósofo, levasse a arte do riso à condição de arma sutil, se à retórica do convencimento se substituísse a retórica da irrisão, se à tópica da paciente e salvadora construção das imagens da redenção se substituísse a tópica da impaciente desconstrução e do reviramento de todas as imagens mais santas e veneráveis – oh, naquele dia também tu e toda a tua sabedoria, Guilherme, estaríeis destruídos![34].

"Meu Nome é Ninguém"

O aldeão pobre e tolo corresponde a um dos quatro tipos de uma larga tradição da comédia: o camponês ou rústico, que se distingue do bufão, do fanfarrão e do ironista. Em português, o melhor nome para o rústico seria *parvo*, no sentido de pequeno, limitado, mas também na acepção extensiva de ignorante, tolo. No *Auto da Barca do Inferno,* de Gil Vicente, ele é um simplório que o Anjo permite entrar na Barca

34. U. Eco, *O Nome da Rosa*, p. 531-534.

do Céu sem hesitação. Quando o Anjo pergunta: "Quem és tu?", o Parvo responde: "Não sou Ninguém". Sendo um tolo, o Parvo sabe tudo que há para saber: não é ninguém e é daí mesmo que lhe virá a salvação. Esse parece ser o murmúrio que o comediógrafo capta e redistribui: a voz de todo mundo e ninguém. Através da comédia, ela se faz ouvir em seus tons e meio-tons de parvoíce e esperteza, tanto angélicos quanto demoníacos.

"Meu nome é Ninguém." A primeira gargalhada da literatura ocidental parece mesmo ter sido a de Ulisses, ao escapar de ser devorado pelo ciclope Polifemo, graças à proteção de um jogo de palavras. No canto IX da *Odisséia*, Ulisses conta que seu coração se pôs a rir, quando o ciclope, com o único olho vazado e torturado por terríveis dores, pede inutilmente ajuda a seus irmãos, nomeando seu agressor com o nome que este lhe dera: Ninguém. O herói se enche de júbilo por vencer o gigante monstruoso, o flagelo antropófago, o devorador de seus companheiros, usando jocosamente o próprio nome, Odisseu – cuja raiz (*Udeis*), significa em grego *ninguém*, e é isso o que o ciclope grita, desesperado: *Udeis* me feriu![35] Como ainda precisava inventar um meio de escapar da caverna, Ulisses conta que "excogitava a melhor maneira possível de salvar meus camaradas e a mim próprio da morte; *tramava todos os enganos e ardis, como quem tem a vida em perigo*". Narra, em seguida, seu bem-sucedido plano de escaparem agarrados ao ventre dos carneiros que o já cego ciclope teria que tanger para fora de seu antro[36].

Essa passagem em especial, entre outras da narrativa homérica, faz de Ulisses uma espécie de matriz do herói cômico, daquele que tenta esgueirar-se "pelas brechas da ordem fálica", sem ilusões sobre sua nudez e fraqueza, apostando na astúcia para garantir a própria sobrevivência. Dos dois principais modelos de herói criados por Homero, Ulisses é aquele que aposta na engenhosidade e malícia bem humanas, nos golpes imprevisíveis, na dança das palavras, nos disfarces e artimanhas, enquanto Aquiles é a imagem da virilidade, da força, da fúria e violência associadas aos ideais guerreiros. Ulisses não luta pela fama ou pela glória, todos os seus poderes de burla e dissimulação estão a serviço de "baixo" e prosaico objetivo: sobreviver e voltar ao lar conjugal, para lá envelhecer tranquilamente.

Ulisses não é, como Aquiles, um monumento de força com um sensível ponto fraco, um calcanhar fatal. Ele é *inteiramente fraco* para os padrões heróicos, e ao mesmo tempo quase impossível de derrotar, pois ele escapa, esgueira-se, transmuta-se. Outra passagem cômica

35. "Ciclope, perguntaste meu glorioso nome; eu vou dizer-to; [...] Meu nome é Ninguém. Chamam-me Ninguém minha mãe, meu pai e todos os meus companheiros". Homero, *Odisséia*, p. 108.

36. Idem, p. 109.

da *Odisséia* é quando Polifemo, já cego e impotente, lembra-se da profecia segundo a qual um dia ele seria ferido por um tal Odisseu. "Eu, porém, sempre imaginei que viria aqui algum varão alto e belo, revestido de grande robustez; ao invés, quem me cegou o olho foi um baixote, ordinário e fraco, que me subjugou pelo vinho"[37].

Retomando agora o que foi dito sobre o *método* cômico e suas estratégias de dilapidação das verdades canônicas, vê-se que esse modo de ação quase nunca é frontal, raramente se expressa por um confronto declarado, por um ataque direto. Daí a grande diferença entre um pobre xingamento e uma sátira inventiva e engenhosa. A maior dificuldade encontrada pelas análises do cômico que operam o levantamento de características mais ou menos constantes – desequilíbrio, degradação, contraste inesperado etc. – é a de perceber que esses traços podem reaparecer em obras que "falam a sério" sobre seus temas.

Essa é a razão por que tenho insistido aqui num *certo modo de ação* mais do que nos procedimentos isolados; estes só podem servir à comédia na condição de aceitarem seu método – que é também uma ética muito particular – de "puxar o tapete" a qualquer certeza. Não deixa de ter razão o bibliotecário Jorge: quando olhado de perto, não é nada reconfortante o modo cômico de agir, inimigo que é não apenas do medo, mas de todo mecanismo de controle, de garantia de estabilidade.

Quem pode, ao contrário, amar as turbulências cômicas? O que tem pouco ou nada a perder, lançado em alto mar, com sua "pequena razão" por si e os deuses contra, já sem navio, túnica ou sandália, aquele para quem a salvação pode estar na próxima onda ou "virada" da sorte. Ulisses. Ulisses tem a astúcia de "todo mundo e ninguém", aquela esperteza que Brecht admira nos pequenos-diabos, na vendedora de peixe que rouba no peso, e mesmo no sábio Galileu, que diz não respeitar alguém que não tem cabeça para encher a própria barriga.

Mas talvez a razão prática, herdada de Ulisses, não seja a única força em ação na comédia. Os estratagemas da comicidade não funcionariam sem o trânsito, o fluxo contínuo que vem de Hermes, sem a energia mercurial. Para sermos justos com a ética da comédia, nem tudo nela é libertação do medo, gargalhada triunfal, vitória sobre a angústia. É preciso considerar um outro lado ambíguo, sinuoso, deslizante. Se Ulisses é o proto-herói cômico, a figura na qual a imaginação ocidental cifra a constituição desse sujeito que diz sim à vida pequena e prosaica, deseroizada, há também a imagem arquetípica de uma energia que abre caminhos, faz ligações, produz as "sinapses" entre os elementos da matriz cômica. Hermes, o mensageiro intrigante, pequeno deus de viajantes, comerciantes e ladrões, dos pequenos favores e pequenas maldades, na mitologia afro-brasileira pode ser associado ao turbulento Exu.

37. Idem, p. 111.

Os diferentes sistemas míticos nos ensinam o modo de ação dessa força. Hermes-Mercúrio-Exu é o mensageiro de quaisquer deuses, o servidor de muitos senhores. Ele sempre tem fome, e precisa ser alimentado, como os parasitas de Plauto, para que os caminhos do mundo não se fechem. Sua expressão dramática mais visível são os enxames de criados da comédia clássica, sempre em movimento, indo-e-vindo, esses funcionários da dramaturgia cômica, intrigando, tecendo e destecendo tramas, "pregando peças" em proveito dos jovens enamorados e de si mesmos, enquanto os patrões pensam que mantêm o controle, mas tudo que podem fazer é distribuir pancadas, antes de sucumbirem ao embuste final.

Hermes, ele próprio um deus-funcionário, rege a atividade do comediógrafo: ele faz circular, tira do lugar, coloca em exposição giratória, numa vitrine profana e burlesca, todos os valores-imagens. Aquilo que é visto primeiro a sério, como notícia – o desvio de verbas, o xingamento na Câmara, a briga doméstica do Prefeito com a mulher, a ovelha clonada – retorna, gira e se espalha como comentário, glosa, e abre caminho para a heterodoxia – a nuvem de opiniões, o vozerio, o zumbir das falas divergentes.

Pactos com o Público

O método cômico de introduzir fraturas e divisões em seus objetos pode, sem dúvida, ser apenas um ritual que reafirma as crenças do espectador, mantendo uma margem segura para "negociar" a fácil adesão do riso; mas esse modo de ação exige no mínimo uma atitude de flexibilidade e tolerância para que o observador aceite ver determinados valores e comportamentos tratados jocosamente, em seu caráter efêmero, precário, contingente. O resultado desse tratamento pode ser libertário ou repressivo, desejo de integração ou exclusão sarcástica; mas nada impede que a atividade do comediógrafo, como a de qualquer outro artista, tenha fins morais, sejam eles quais forem, para o bem ou para o mal, que ele deseje mais ou menos sinceramente ou mais ou menos conscientemente "consertar" a sociedade em que vive, punindo seus "desvios", sempre segundo seu próprio padrão de julgamento, é claro. A força cômica – deslocamento, reversibilidade, incongruência etc. – encontra-se à sua disposição, seja qual for a direção em que será exercida.

Daí que teremos, sob esse ponto de vista, uma galeria de comediógrafos, do mais conservador ao mais anárquico. Teremos o comediógrafo que todos os contemporâneos gostariam de "envenenar" (como na biografia de Molière inventada por Rubem Fonseca), fazendo-o provar um pouco da bílis corrosiva que suas facécias destilaram no corpo social. Mas teremos também o comediógrafo de *boulevard*, bem-amado por uma larga parcela do público, que reedita a cada domingo a exibição dos parvos, bufões e fanfarrões já reconhecidos *ad nauseam* como imagem negativa dos valores partilhados pela média do público ridente, tudo que não for conforme às projeções ideais de virilidade, inteligência, beleza, esperteza etc.

A dramaturgia cômica da segunda metade do século XX acostumou-nos a um tipo de comediógrafo que "corre ao lado" (faz *paroidía*) das certezas e, por conseguinte, também dos desvios. Ele já não cria suas personagens como exceções a uma boa e justa regra social, já não destaca alguns pícaros ou tolos que se colocam à margem da sociedade sensata. Ele inquieta seu público, apresentando uma imagem generalizada da bufonaria e da estupidez. O ridículo que nos apresenta não é mais um apêndice do saudável corpo social, mas um vírus disseminado por todo seu organismo. Esse tratamento cômico-derrisivo está presente, no teatro brasileiro, desde *O Rei da Vela*; pela via do *nonsense,* está presente desde as primeiras peças de Ionesco e também numa comédia contemporânea como *O Impulso* (*Der Drang*, 1994).

Nessa peça de Franz Xaver Kroetz, o protagonista, Fritz, é um rapaz que volta ao convívio da família depois de algum tempo na prisão, condenado por algum tipo de "tara" sexual; na casa vivem sua irmã Hilde e o cunhado Otto, que administram uma casa de flores para cemitérios, e uma empregada do estabelecimento, Mitzi. Com a chegada de Fritz, e sabendo-o portador de um desvio sexual passível de condenação judicial, as três personagens "normais" projetam sobre ele suas mais desvairadas fantasias e engalfinham-se num emaranhado de desejos, ciúmes, disputas, num crescendo de furor libidinal e violência; enquanto isso, Fritz, um pouco alheio a esses acontecimentos, continua calmamente a trabalhar e a tomar os remédios receitados pelo médico da prisão – condição para sua saída – até que consegue juntar dinheiro para comprar uma moto e vai embora. Quando ele se despede carinhosamente da família e ficamos enfim sabendo que sua "tara" é o exibicionismo – isso nos parece um jogo pueril, um hábito inofensivo diante da loucura exibida pelas demais personagens.

Um filme como *A Vida é Bela* orienta-se pela ética da comédia, justamente ao não fazer a milionésima "denúncia" do Holocausto, e sim usar as estratégias lúdico-ulissianas da desconfiança, da artimanha e do deboche para revelar a obtusidade infantil, a lógica "absoluta" presente em todos os fanatismos. Quando o menino Josué pergunta por que na porta de certa loja está escrito "proibida a entrada de cães e de judeus", o pai-palhaço Guido responde que as pessoas são assim, não gostam de certas coisas, e pronto. Você gosta de aranhas? É claro que não. Pois eu não gosto de... visigodos. Então, que tal escrevermos em nossa porta: "proibida a entrada de aranhas e visigodos"?

Como se vê, o jogo começou bem antes do confinamento e da ameaça de extermínio. E o jogo se chama: vamos desconfiar de tudo isso, vamos vestir nossa carapuça de pícaro, e vesti-la também nos carrascos. O recurso absurdo ao termo distante – visigodos – faz o espectador perceber a mesma arbitrariedade em odiar borboletas e japoneses, pavões e argentinos.

Dirá, no entanto, o espectador, também esperto e desconfiado: sim, mas é preciso que esse ódio comande um exército para que possa exterminar milhões de aranhas e visigodos. Mas então ele já se terá deslocado para a perspectiva do real e da verdade, interpelando outros jogos, que ultrapassam os poderes da comédia.

Epílogo: A Gargalhada de Ulisses

Pina Bausch iniciou sua fala, ao receber o título de doutora "Honoris Causa" pela Universidade de Bolonha, contando que ao visitar um grupo de ciganos na Grécia foi convidada para acompanhá-los em sua dança. Como a dançarina e coreógrafa hesitasse em fazê-lo ("tive um medo enorme e a sensação de que não conseguiria") uma garotinha cigana de doze anos insistiu: "Dance, dance, senão estamos perdidos"[1].

No ofício milenar de comediógrafos e comediantes, do humor generoso à sátira feroz, parece haver esse mesmo misto de súplica e convite, advertência e chamado; eles parecem dizer a seu público: ria, senão estamos perdidos. Mas, passada a experiência momentânea do triunfo ou da vertigem do riso, penso que o espectador teria a curiosidade de saber: *de que* eu estaria perdido, se não risse? Ou antes, ou ainda: *em que* eu estaria perdido? Se é certo que viver é realizar uma contínua dança de aproximação e distância, na qual fluimos e refluimos de nós mesmos para o mundo, incessantemente, será sempre inescapável perder-se *de algo*, perdendo-se *em algo*, pois não há perder-se ou ganhar-se senão segundo o prêmio que se colocou no horizonte, no fim do arco-íris.

Este estudo nasceu de uma curiosidade de espectador, do costume de refletir antes e após cada encontro com a experiência dramática, cada comunhão com os ritos do teatro, ou com essa vertigem

1. P. Bausch, Dance, Senão Estamos Perdidos, *Folha de S. Paulo*, 27 de agosto de 2000, Mais!, p. 11.

lúcida aqui chamada *catarse*. Em vários pontos deste trajeto, bem mais do que serenas certezas, foram saltando das margens exploradas certas dúvidas sorridentes, matreiras, que ao se tornarem bando ou legião terminaram por iluminar, com o reflexo de seus guizos, certas porções do caminho. Pelas faíscas acesas nesse convívio turbulento, tenho a impressão de estar agora um pouco menos no escuro, não tanto sobre o que é o prazer cômico, mas do que tenho a dizer sobre a experiência de vivê-lo e de pensá-lo.

A catarse cômica é um dos mergulhos possíveis na experiência de um saber (ou de um não-saber) que nos liberta da racionalidade estreita, escorada fortemente não só pelas exigências sociais cotidianas de uma lógica adulta – esse é o aspecto mais banal da questão – mas, sobretudo, pelo forte laço ideológico estabelecido entre ascetismo e conhecimento, dor e reflexão, seriedade e verdade, sofrimento e transcendência, num *imbroglio* cristão-platônico que ainda não cessou de produzir seus efeitos.

Há grandes possibilidades de alegria no modo cômico de responder ao mundo, nessa espécie de desvio de rota que nos aproxima da antiga pátria da infância: uma fala zombeteira que se mantém "ao lado", parodiando os discursos sérios e "verdadeiros"; fantasia de triunfo, exorcizando os fantasmas que nos assombram nos muitos palcos internos e externos desdobrados por nossa imaginação, nosso desejo, nossa falta onipresente. Na catarse cômica podemos abandonar por instantes a verticalidade paralisante que nos *crucifica*, que nos coloca no cruzamento das falas autoritárias que descem, chocando-se com as vozes ressentidas que se elevam. Creio que o cômico nos "salva" desse eixo trágico de culpas e desculpas – momentaneamente, é claro, porque festa é festa, mas o que é que salva para sempre?

Com o leve empurrão de um chiste, que entorta o corpo da frase, ou com a pancadaria farsesca, que castiga o dorso flexível de Arlequim, somos jogados por minutos num espaço aquém e além do pensar imóvel, espaço onde as idéias dançam e as emoções ensaiam cambalhotas. Mesmo quando comprometida com seu papel mais consciente, crítico ou "corretivo", a comédia não desiste de namorar nossa dupla natureza, nosso desejo de dançar em volta da fogueira, ao som de um batuque selvagem e portando máscaras de bichos e demônios.

Sempre me pareceu engraçadíssima a passagem bíblica em que Abraão argumenta contra a fúria de Jeová, tentando impedir a destruição de Sodoma e Gomorra. O profeta age de modo bem ulissiano, "negociando" a salvação da cidade como um mercador de feira: vai baixando aos poucos o preço do perdão, de início estipulado na existência de dez habitantes bons e justos, que Abraão vai tentando "deixar por menos" – nove, oito, sete, seis... – até chegar à triste conclusão de que ali, realmente, literalmente, "ninguém se salva".

Vejo na atividade do comediógrafo uma proeza parecida. Ele se esforça por apresentar aos "deuses", que mudam de nome e rosto a cada época, uma imagem do homem em sociedade, enredado em golpes e trapaças, burlas, truques e jeitinhos, misturando ao que é único e precioso, no jeito humano de ser, o cascalho geral e a lama típica da bufonaria. E nesse gesto de mostrar que ali ninguém se salva, ele simultaneamente nos salva do pior pecado, segundo as leis cômicas, que é o de dar-se excessiva importância.

Ao dar título a este estudo, escolhi iluminar, obviamente, a face libertária da catarse cômica, que desponta na gargalhada emblemática com que Ulisses, pelo engenho e pela astúcia, engana e vence a própria morte, representada pelo ciclope Polifemo. Mas não tenho, por minha experiência receptiva e produtiva do cômico, a devoção suficiente para crer que só assim seja, ou que seja sempre assim. Uma larga parcela da produção (ou re-produção) da comédia busca seus efeitos na reiteração dos mesmos dogmas e medos que aprisionam o pensar "carrancudo". Uma fala espirituosa, uma piada ou mesmo toda uma obra cômica podem ser bastante injustas com os alvos que ridicularizam, e os exemplos disso recuam a milênios, com as idéias de Sócrates torcidas e anarquizadas por Aristófanes.

O riso da comédia nem sempre vem de algum tipo de justa desforra contra a repressão interna ou externa, como querem bondosamente alguns autores; há que alimentar também a criança perversa; e do outro lado da esperteza sadia e ingênua de Ulisses, tentando manter-se vivo com suas cordas e tições ardentes, está a ambígua e inquietante figura de Hermes-Exu, força a serviço de quaisquer senhores. Relembrando as intuições de Baudelaire, tudo leva a crer que do outro lado do riso esteja o Grande Inimigo, o Outro, cujo nome não se pronuncia, e talvez o comediógrafo – como o narrador machadiano – escreva não só com a pena da galhofa, mas com a tinta da melancolia.

Com essas e outras suspeitas, o que busquei identificar na comédia e em seu efeito catártico é menos a presença de certas técnicas ou temas do que de um *método de representação*, que é também um *método de produção* de imagens do mundo e que condiciona ou propicia *um certo tipo* de recepção. A palavra *diversão* geralmente aplicada ao cômico (assim como aos jogos e à pornografia) opõe-se à *conversão* própria do trágico e do patético (assim como a do erotismo e do sagrado, como bem mostra Bataille). O método cômico para fazer o pensamento dançar é "puxar o tapete", é lançar a desconfiança sistemática a todas as garantias do real e do verdadeiro. Valem para isso todos os recursos à fantasia, ao inverossímil, à negação da causalidade.

O cômico não afirma, não propõe, não afronta, não batalha. Como Ulisses, ele navega e sobrevive. O cômico se infiltra e *vaza*, como os poderes do inconsciente e do *Witz*. Seu demoníaco é da natureza da água. Algo que se esparrama, buscando e produzindo a cada vez caminhos, fendas, orifícios por onde escapar. E retornar, sem aviso. Algo que se transmuta, jogando com o mesmo, com as mesmas máscaras, algo que se transforma como o chapéu simples e miraculoso do cômico de feira Tabarin, do qual se conta que podia tomar qualquer forma.

Com tais poderes, creio que todos nós, fanfarrões, ironistas, bufões e parvos, gente das frisas, dos camarotes, da geral, da "galera" gostaríamos de ter sempre um comediógrafo-dançarino de plantão que nos acenasse com o triunfo da fantasia sobre o dragão da realidade.

Por nossa duplicidade em sermos ridentes e risíveis, sujeitos e objetos da comicidade, podemos exibir nossa fanfarronice, nossa idiotia, nossa inconsciência e ao mesmo tempo apontar os trejeitos da máscara. Assim, a comédia ensina que os outros não são apenas o inferno – como na máxima sartriana – que podem ser também fonte de aprendizagem e prazer, de gozo cruel ou sorriso cúmplice, a depender das notas dominantes da escala cômica, da maior ou menor distância do olhar que desconfia.

A gargalhada de Ulisses não cessa de ecoar em nossos textos e em nossas cenas, como o canto do galo cabralino que repercute em teia fabricando cada nova manhã, mantendo-nos despertos com seu trapaceiro convite a vencer o medo e a contemplar nossa tolice e nossa vaidade de uma distância segura, e seguramente apaixonante.

Certos índios acreditam que o imenso teto azul do mundo é sustentado pelos seus xamãs; quando morrer o último xamã, o céu desabará sobre suas cabeças. Nós, que um dia comungamos desse medo, já não cremos em nenhum "teto", pois podemos ver de longe e de fora o nosso palco – a Terra, com sua bela máscara azul na tela da TV – no instante mesmo em que nele pomos os pés. Mas ainda que tenhamos traçado o mapa das células onde moram o riso e a dor, e projetemos os óculos de mil satélites para sondar o desconhecido, nem por isso deixamos de sentir, por vezes, que algo está prestes a desabar.

Quando isso acontece, tateamos cegos em busca de qualquer mínimo caco de verdade, e nos dispomos a agarrar qualquer feia e esquálida certeza, e a defendê-la com unhas, dentes, exércitos e teorias, e cada um troca seu reino de desejos e fantasias galopantes por qualquer pangaré puritano e covarde.

É então que saltam em cena esses xamãs zombeteiros, comediógrafos e comediantes, e nos convidam a quebrar a crista eriçada de nosso medo e nossa vaidade, que se confundem, e nos oferecem a carapuça de pícaro, a coroa do rei dos tolos, o chapéu de Tabarin, e nos lembram o conselho nietzscheano de não acolher no coração qualquer verdade que não tenha passado pelo crivo de uma gargalhada.

Eles chegam com todo som e fúria de que a vida é pródiga, num alarido infernal, entre guizos e assovios, esses feiticeiros-bobos, esses bufões-bruxos – eles chegam para avivar a lembrança de que, se o fogo sagrado nos foi entregue, estamos sempre à beira de um tempo novo, de um novo minuto ou milênio da aventura humana, e se aprendemos esta arte de velar e desvelar máscaras é para não sermos jamais espectadores passivos do grande espetáculo, mas arquitetos e demolidores de mitos, encenadores do nosso próprio destino, saltimbancos, enfim, no vasto palco do planeta.

Corpo de Obras Dramáticas (Comédias)

1	*O Ciclope*	Eurípides	(484 a 406 a.C.)
2	*As Nuvens*	Aristófanes	(445? a 375 a.C.)
3	*As Vespas*	Aristófanes	
4	*A Paz*	Aristófanes	
5	*As Aves*	Aristófanes	
6	*Lisístrata ou A Greve do Sexo*	Aristófanes	
7	*As Rãs*	Aristófanes	
8	*O Misantropo*	Menandro	(342 a 292 a.C.)
9	*Comédia da Panela (Aulularia)*	Plauto	(254? a 184 a.C.)
10	*Os Gêmeos (Menaechmi)*	Plauto	
11	*O Soldado Fanfarrão (Miles Gloriosus)*	Plauto	
12	*Anfitrião (Anphitruo)*	Plauto	
13	*A Sogra (Hecyra)*	Terêncio	(195 a 160 a.C)
14	*O Verdugo de Si Mesmo (Heautontimorumenos)*	Terêncio	

15	*O Moço Que Casou Com Mulher Brava*	Dom Juan Manuel (Texto medieval atualizado por Alejandro Casona em 1903)	(1282 a 1349?)
16	*Mestre Pedro Pathelin*	Anônimo	(1461? 1469?)
17	*O Pastelão e a Torta*	Anônimo	
18	*O Velho da Horta*	Gil Vicente	(1465? a 1540)
19	*A Barca do Inferno*	Gil Vicente	
20	*Inês Pereira*	Gil Vicente	
21	*A Mandrágora*	Maquiavel	(1469 a 1527)
22	*A Mosqueta*	Ruzzante	(1496? a 1542)
23	*A Peça dos Quatro PP*	John Heywood	(c. 1497 a 1580)
24	*O Retábulo das Maravilhas*	Cervantes	(1547 a 1616)
25	*Fuenteovejuna*	Lope de Vega	
26	*A Comédia dos Erros*	Shakespeare	(1564 a 1616)
27	*O Sonho de Uma Noite de Verão*	Shakespeare	
28	*O Mercador de Veneza*	Shakespeare	
29	*Como Gostais*	Shakespeare	
30	*Noite de Reis*	Shakespeare	
31	*Medida por Medida*	Shakespeare	
32	*Volpone ou A Raposa*	Ben Jonson	(1572 a 1637)
33	*Dom Gil das Calças Verdes*	Tirso de Molina	(1581? a 1648)
34	*O Fidalgo Aprendiz*	Francisco M. de Melo	(1608 a 1666)
35	*Farsa de Tabarin*	Tabarin	(? a século XVII)
36	*Médico à Força*	Molière	(1622 a 1673)
37	*Escola de Mulheres*	Molière	
38	*Tartufo*	Molière	
39	*Dom Juan*	Molière	
40	*O Misantropo*	Molière	
41	*O Burguês Fidalgo*	Molière	
42	*O Doente Imaginário*	Molière	
43	*Ópera do Mendigo*	John Gay	(1685 a 1732)
44	*A Ilha dos Escravos*	Marivaux	(1688 a 1763)
45	*Anfitrião*	Antônio J. da Silva	(1705 a 1739)
46	*Arlequim, Servidor de Dois Amos*	Goldoni	(1707 a 1793)

47	*Mirandolina*	Goldoni	
48	*O Barbeiro de Sevilha*	Beaumarchais	(1732 a 1799)
49	*O Casamento de Fígaro*	Beaumarchais	
50	*O Preceptor*	J. M. R. Lenz	(1751 a 1792)
51	*Judith e Holofernes*	Johann Nestroy	(1801 a 1862)
52	*O Inspetor Geral*	Nicolai Gogol	(1809 a 1852)
53	*Leonce e Lena*	Georg Büchner	(1813 a 1837)
54	*O Juiz de Paz na Roça*	Martins Pena	(1815 a 1848)
55	*Judas em Sábado de Aleluia*	Martins Pena	
56	*Quem Casa Quer Casa*	Martins Pena	
57	*As Desgraças de Uma Criança*	Martins Pena	
58	*O Noviço*	Martins Pena	
59	*O Inglês Maquinista*	Martins Pena	
60	*A Torre em Concurso*	J. M. Macedo	(1820 a 1882)
61	*O Demônio Familiar*	J. de Alencar	(1829 a 1877)
62	*As Asas de um Anjo*	J. de Alencar	
63	*As Relações Naturais*	Qorpo Santo	(1829 a 1883)
64	*Mateus e Mateusa*	Qorpo Santo	
65	*Como se Fazia Um Deputado*	França Júnior	(1838 a 1890)
66	*Caiu o Ministério!*	França Júnior	
67	*A Capital Federal*	Artur Azevedo	(1855 a 1908)
68	*O Mambembe*	Artur Azevedo	
69	*A Importância de Ser Prudente*	Oscar Wilde	(1856 a 1900)
70	*A Profissão da Senhora Warren*	Bernard Shaw	(1856 a 1950)
71	*Pigmalião*	Bernard Shaw	
72	*O Pedido de Casamento*	Anton Tchékhov	(1860 a 1904)
73	*Os Males do Fumo*	Anton Tchékhov	
74	*Assim É, Se Lhe Parece*	Luigi Pirandello	(1867 a 1936)
75	*Seis personagens à Procura de Um Autor*	Luigi Pirandello	
76	*Ubu-Rei*	Alfred Jarry	(1873 a 1907)
77	*As Mamas de Tirésias*	Guillaume Apollinaire	(1880 a 1918)
78	*O Rei da Vela*	Oswald de Andrade	(1890 a 1954)

79	*Cala a Boca, Etelvina!*	Armando Gonzaga	(1889 a 1954)
80	*Victor, ou As Crianças no Poder*	Roger Vitrac	(1899 a 1952)
81	*Sketches de Karl Valentin*	Karl Valentin	
82	*O Senhor Puntila e Seu Criado Matti*	Bertolt Brecht	(1898 a 1956)
83	*Homem é Homem*	Bertolt Brecht	
84	*A Exceção e a Regra*	Bertolt Brecht	
85	*A Alma Boa de Set-Suan*	Bertolt Brecht	
86	*O Círculo de Giz Caucasiano*	Bertolt Brecht	
87	*Yvonne, Princesa da Borgonha*	Vitold Gombrowicz	(1904 a 1969)
88	*Esperando Godot*	Samuel Beckett	(1906 a 1989)
89	*Fim de Partida*	Samuel Beckett	
90	*Dias Felizes*	Samuel Beckett	
91	*As Criadas*	Jean Genet	(1910 a 1986)
92	*O Balcão*	Jean Genet	
93	*Os Negros*	Jean Genet	
94	*A Muralha da China*	Max Frisch	(1911)
95	*Biedermann e os Incendiários*	Max Frisch	
96	*A Cantora Careca*	Eugène Ionesco	(1912 a 1986)
97	*A Lição*	Eugène Ionesco	
98	*O Futuro Está nos Ovos*	Eugène Ionesco	
99	*O Rinoceronte*	Eugène Ionesco	
100	*O Matador*	Eugène Ionesco	
101	*A Mulher Sem Pecado*	Nelson Rodrigues	(1912 a 1980)
102	*Viúva, Porém Honesta*	Nelson Rodrigues	
103	*Dorotéia*	Nelson Rodrigues	
104	*A Falecida*	Nelson Rodrigues	
105	*Só o Faraó Tem Alma*	Silveira Sampaio	(1914 a 1965)
106	*Os Construtores de Império*	Boris Vian	(1920 a 1959)
107	*A Visita da Velha Senhora*	Friedrich Dürrenmatt	(1921)
108	*Uma Obra do Governo (Odorico, o Bem Amado)*	Dias Gomes	(1922 a 1999)
109	*Viva o Cordão Encarnado*	Luiz Marinho	(1926)
110	*Morte Acidental de Um Anarquista*	Dario Fo	(1926)

111	*Um Orgasmo Adulto Escapa do Zoológico*	Dario Fo	
112	*História da Tigresa*	Dario Fo	
113	*Brincando em cima Daquilo*	Dario Fo	
114	*Auto da Compadecida*	Ariano Suassuna	(1927)
115	*O Santo e a Porca*	Ariano Suassuna	
116	*A Farsa da Boa Preguiça*	Ariano Suassuna	
117	*O Sonho Americano*	Edward Albee	(1928)
118	*A Escova de Dentes*	Jorge Díaz	(1930)
119	*Tango*	Slawomir Mrozek	(1930)
120	*Striptease*	Slawomir Mrozek	
121	*Em Alto Mar*	Slawomir Mrozek	
122	*O Amante*	Harold Pinter	(1930)
123	*Piquenique no Front*	Fernando Arrabal	(1932)
124	*Guernica*	Fernando Arrabal	
125	*O Impulso*	Franz Xaver Kroetz	(1946)
126	*Você Tem que Me Dar Netos*	Thomas Jonigk	(1966)
127	*Lisbela e o Prisioneiro*	Osman Lins	
128	*A Tragédia do Rei Cristóbal*	Aimé Cesaire	
129	*Hip! Hip! Hurra!*	Dalmiro Saenv	
130	*Questão de Narizes*	Maruxa Vilalta	
131	*O Avaro e o Mendigo*	José de Jesus Martinez	
132	*O Juízo Final*	José de Jesus Martinez	
133	*A Orgia*	Enrique Buenaventura	
134	*Histórias para Serem Contadas*	Oswaldo Dragún	
135	*Ofício de Homens*	Andrés Morris	
136	*Hablemos a Calzón Quitado*	Guilhermo Gentile	
137	*Carlota Rainha*	Roberto Athayde	
138	*Do Tamanho de Um Defunto*	Millôr Fernandes	
139	*Aurora da Minha Vida*	Naum Alves De Souza	
140	*Folias do Látex*	Márcio Souza	
141	*Avenida Por-do-Sol*	Miguel Falabella	

142	*A Vedete que não Era Leviana*	Mauro Rasi
143	*Trair e Coçar é só Começar*	Marcos Caruso
144	*Abismo de Rosas*	Cláudio Simões

Referências Bibliográficas

AGUIAR, Flávio. *A Comédia Nacional no Teatro de José de Alencar*. São Paulo: Ática, 1984.

ALBERTI, Verena. *O Riso e o Risível na História do Pensamento*. Rio de Janeiro: Jorge Zahar, 1999.

ANDRADE, Oswald de. *O Rei da Vela*. São Paulo: Abril Cultural, 1976.

ARAÚJO, Nélson. *História do Teatro*. 2. ed. revista e ampliada. Salvador: Empresa Gráfica da Bahia, 1991.

ARÊAS, Vilma. *Iniciação à Comédia*. Rio de Janeiro: Jorge Zahar, 1990.

ARISTÓFANES; MENANDRO. *A Paz*; *O Misantropo*. Tradução do grego, introdução e notas por Mário da Gama Cury. Rio de Janeiro: Ediouro, [s.d.]

ARISTÓFANES. *A Greve do Sexo* (Lisístrata); *A Revolução das Mulheres*. Tradução do grego por Mário da Gama Kury. 3. ed. revista. Rio de Janeiro: Jorge Zahar, 1996.

_____. *As Nuvens*. Tradução e notas de Gilda Maria Reale Starzynski. São Paulo: Abril Cultural, 1977 (Teatro Vivo).

ARISTÓFANES; EURÍPEDES. *O Ciclope, As Rãs e As Vespas*. Tradução do grego por Junito de Souza Brandão. Rio de Janeiro: Espaço e Tempo, s/d.

ARISTÓTELES. *Ética a Nicômaco*. Tradução de Leonel Vallandro e Gerd Bornheim da versão inglesa de W.D.Ross. In: ARISTÓTELES. *Ética a Nicômaco; Poética*. São Paulo: Nova Cultural, 1987 (Os Pensadores).

_____. *Arte Retórica e Arte Poética*. Tradução de Antônio Pinto de Carvalho, baseada na tradução francesa de Jean Voilquin e Jean Capelle. Rio de Janeiro: Edições de Ouro [s.d.]

_____. *Poética*. Tradução, prefácio, introdução, comentário e apêndices de Eudoro de Souza. Porto Alegre: Globo, 1966.

_____. *Retórica das Paixões*. Prefácio de Michel Meyer; introdução, notas e tradução do grego Isis Borges B. da Fonseca, São Paulo: Martins Fontes, 2000.

ASSIS, Machado de. Teoria do Medalhão. In: COSTA, Flávio Moreira da (org.). *Viver de Rir*. Rio de Janeiro: Record, 1994.

_____, Machado de. *Obra Completa*. Rio de Janeiro: Aguilar, 1973, 3 v.

ATHAYDE, Roberto. *Carlota Rainha*. Rio de Janeiro: Agir, 1994.

AZEVEDO, Artur; SAMPAIO, Moreira. Mercúrio – Revista Cômico-Fantástica de 1886. In: *Teatro de Artur Azevedo*. Tomo III. Rio de Janeiro: Instituto Nacional de Artes Cênicas, 1987.

BAKHTIN. *A Cultura Popular na Idade Média e no Renascimento:* o contexto de François Rabelais. Tradução de Yara Frateschi Vieira. São Paulo: Hucitec; Brasília: Editora da Universidade de Brasília, 1993.

_____. *Questões de Literatura e de Estética*: a teoria do romance. 4 ed. São Paulo: Hucitec, 1998.

BARTHES, Roland. *Crítica e Verdade*. São Paulo: Perspectiva, 1970.

_____. *Fragmentos de um Discurso Amoroso*. Rio de Janeiro: Francisco Alves, 1981.

_____. *Sade, Fourier, Loiola*. Tradução de Maria de Santa Cruz. Lisboa: Edições 70, 1979.

BATAILLE, Georges. *A Experiência Interior*. São Paulo: Ática, 1992.

BAUDELAIRE, Charles. Critique d'art; Salon de 1846; De l'héroisme de la vie moderne. In: *Oeuvres complètes*. Paris: Gallimard, 1976.

_____. De l'essence du rire et généralement du comique dans les arts plastiques. In: *Oeuvres complètes II*. Paris: Gallimard, 1976.

BEAUMARCHAIS, Pierre Augustin Caron de. *Le Mariage de Figaro*. In: *Théâtre*. Chronologie et préface par René Pomeau. Paris: Garnier-Flammarion, 1965.

BECKETT, Samuel. *Esperando Godot*. São Paulo: Abril Cultural, 1976.

BERGSON, Henri. *O Riso:* ensaio sobre a significação do cômico. Rio de Janeiro: Guanabara, 1987.

BERRETINI, Célia. *Duas Farsas, O Embrião do Teatro de Molière*. São Paulo: Perspectiva, 1979 (Elos, 36).

BLOOM, Harold. *O Cânone Ocidental*. Tradução de Marcos Santarrita. Rio de Janeiro: Objetiva, 1995.

BOCCACCIO, Giovanni. *Decamerão*. São Paulo: Abril Cultural, 1971.

BOILEAU-DESPRÉAUX, Nicolas. *A Arte Poética*. Introdução, tradução e notas de Célia Berrettini. São Paulo: Perspectiva, 1979.

BORGES, Jorge Luís. *Obras Completas*. São Paulo: Globo, 1998, 1 v.

BORNHEIM, Gerd A. *O Sentido e a Máscara*. São Paulo: Perspectiva, 1975.

_____. Caminhos do Teatro Contemporâneo. In: *Teatro: Cena Dividida*. Porto Alegre: L&PM, 1983.

BRAIT, Beth. *Ironia em Perspectiva Polifônica*. Campinas: Editora da Unicamp, 1996.

BRANDÃO, Junito de Sousa. *Teatro Grego:* tragédia e comédia. 3. ed. Petrópolis: Vozes, 1985.

BRECHT, Bertolt. *Estudos sobre Teatro*. Tradução de Fiama Pais Brandão. Rio de Janeiro: Nova Fronteira, 1978.

_____. *O Círculo de Giz Caucasiano*. Rio de Janeiro: Civilização Brasileira, 1978.

BREMMER, Jan; ROODENBURG, Herman (orgs.). *Uma História Cultural do Humor*. Trad. Cynthia Azevedo e Paulo Soares. Rio de Janeiro: Record , 2000.

BURKE, Edmund. *Uma Investigação Filosófica sobre a Origem de Nossas Idéias do Sublime e do Belo*. Tradução, apresentação e notas de Enid Abreu Dobránszky. Campinas: Papirus: Editora da Unicamp, 1993.

CALVINO, Italo. *Seis Propostas para o Próximo Milênio*. Tradução de Ivo Barroso. São Paulo: Companhia das Letras, 1990.

CANFORA, Luciano. *A Biblioteca Desaparecida:* história da biblioteca de Alexandria. São Paulo: Companhia das Letras, 1996.

CARDOSO, Sergio et alii. *Os Sentidos da Paixão*. São Paulo: Companhia das Letras, 1989.

CASSETA&PLANETA. É Pura Bobagem. *Revista Isto É*, n. 1623, 3 de novembro de 2000. Entrevista.

CASTORIADIS, Cornelius. *A Instituição Imaginária da Sociedade*. 2. ed. Rio de Janeiro: Paz e Terra, 1986.

CÉSAIRE, Aimé. *La Tragedia del Rey Christophe*. Barcelona: Barral, 1972.

CINTRA, Luís Miguel. Prefácio. In: MOLIÈRE. *O Misantropo*.

CIORAN, Emil M. Généalogie du fanatisme. In: ARRABAL, Fernando. *Le Panique*. Paris: Union générale d'éditions, 1973.

COMTE-SPONVILLE, André. *Pequeno Tratado das Grandes Virtudes*. Tradução de Eduardo Brandão. São Paulo: Martins Fontes, 1995.

COSTA, Iná Camargo. *Sinta o Drama*. Rio de Janeiro: Vozes, 1998.

CUNHA, Antônio Geraldo da. *Dicionário Etimológico Nova Fronteira da Língua Portuguesa*. Rio de Janeiro: Nova Fronteira, 1997.

DELEUZE, Gilles. *Nietzsche e a Filosofia*. Tradução de Edmundo Fernandes Dias e Ruth Joffily Dias. Rio de Janeiro: Editora Rio, 1976.

DERRIDA, Jacques. *Limited Inc*. Campinas: Papirus, 1991.

DIAS, Gonçalves. *Leonor de Mendonça*. Belo Horizonte: Vega, 1976.

DIAZ, Jorge. *El Velero en La Botella; El Cepillo de Dientes*. 4. ed. Chile: Editorial Universitaria, 1977.

DOUGLAS, Mary. Jokes. In: *Implicit Meanings:* essays in anthropology. London e Boston: 1975.

DRIESSEN, Henk. Humor, Riso e o Campo: reflexões da antropologia. In: BREMMER, Jan; ROODENBURG Herman (orgs.). *Uma História Cultural do Humor*.

ECO, Umberto. O Cômico e a Regra. In: *Viagem na Irrealidade Cotidiana*. Tradução de Aurora Fornoni Bernardini e Homero Freitas de Andrade. Rio de Janeiro: Nova Fronteira, 1984.

_____. *O Nome da Rosa*. Rio de Janeiro: Record, 1986

ESSLIN, Martin. *O Teatro do Absurdo*. Tradução de Bárbara Heliodora. Rio de Janeiro: Zahar, 1978.

EURÍPEDES. *Medéia; As Bacantes*. São Paulo: Abril Cultural, [s.d.]

FERNANDES, Aníbal. Introdução. In: STRINDBERG, August. *Inferno*.

FONSECA, Rubem. *O Doente Molière*. São Paulo: Companhia das Letras, 2000.

FOUCAULT, Michel. Nietzsche, a Genealogia e a História. In: *Microfísica do Poder*. Tradução de Roberto Machado. Rio de Janeiro: Graal, 1998.

_____. *História da Loucura*. São Paulo: Perspectiva, 1976.

FRANCO, Ana Maria. *O Teatro na Bahia através da Imprensa:* século XX. Salvador: FCJA; Cofic; FCEBA, 1994.

FREUD, Sigmund. O Inconsciente. In: *A História do Movimento Psicanalítico, Artigos sobre Metapsicologia e Outros Trabalhos*. Rio de Janeiro: Imago, 1974.

_____. Tipos Psicopáticos no Palco. In: *Um Caso de Histeria, Três Ensaios sobre a Sexualidade e Outros Trabalhos*. Rio de Janeiro: Imago, 1972.

_____. *A Interpretação dos Sonhos I*. Rio de Janeiro: Imago, 1972.

_____. *A Interpretação dos Sonhos II*. Rio de Janeiro: Imago, 1972.

_____. *Os Chistes e Sua Relação com o Inconsciente*. Tradução de Margarida Salomão. Rio de Janeiro: Imago, 1977.

FRYE, Northrop. *Anatomia da Crítica*. Tradução de Péricles Eugênio da Silva Ramos. São Paulo: Cultrix, 1973.

GENETTE, Gérard. *Figuras*. São Paulo: Perspectiva, 1972.

GIRARD, Gilles; OUELLET, Réal. *O Universo do Teatro*. Tradução de Maria Helena Arinto. Coimbra: Almedina, 1980.

GOLDONI, Carlo. *Arlequim, Servidor de Dois Amos*: comédia em três atos. Tradução de Elvira Rina Malerbi Ricci. São Paulo: Nova Cultural, 1987.

GREIMAS, A. *Sémantique structurale*. Paris: Larousse, 1966.

GUREVICH, Aaron. Bakhtin e Sua Teoria do Carnaval. In: BREMER, Jan; ROODENBURG Herman (orgs.). *Uma História Cultural do Humor*.

HELIODORA, Bárbara. A Evolução de Martins Pena. *Dionysos* n. 13. Rio de Janeiro: SNT, 1966.

HOMERO. *Odisséia*. Tradução direta do grego, introdução e notas de Jaime Bruna. São Paulo: Cultrix [s.d.].

HORÁCIO. *Arte Poética*. Introdução, tradução e comentário de R. M. Rosado Fernandes. Lisboa: Inquérito, 1984.

IONESCO, Eugène. *O Rinoceronte*. São Paulo: Abril Cultural, 1976 (Teatro Vivo).

IONESCO, Eugène. *A Cantora Careca*. Tradução de Maria Lúcia Pereira. Campinas: Papirus, 1993.

JAKOBSON, Roman. Lingüística e Poética. In: *Lingüística e Comunicação*. 4. ed. São Paulo: Cultrix, 1970.

JARRY, Alfred. *Ubu Rei*. Tradução de Ferreira Gullar. Rio de Janeiro: Civilização Brasileira, 1972.

JAUSS, Hans Robert. *Experiencia Estética e Hermenéutica Literária:* ensayos en el campo de la experiencia estética. Madrid: Taurus, 1986.

KEHL, Maria Rita. Um Jogo Macabro. *Folha de São Paulo*, São Paulo, 07 mar. 1999. Mais!.

KONSTAN, David. *Roman Comedy*. Ithaca/London: Cornell University Press, 1983.

KROETZ, Franz Xaver. *O Impulso*. Tradução espanhola de Miguel Sáenz do original alemão. Cadernos de Teatro Alemão do Instituto Goethe, 1995.

KUNDERA, Milan. *Jacques e Seu Amo:* homenagem a Denis Diderot em três atos. Tradução de Raquel Ramalhete. Rio de Janeiro: Nova Fronteira, 1988.

KURY, Mário da Gama. *A Greve do Sexo* (Lisístrata)*; A Revolução das Mulheres*. 3. ed. Rio de Janeiro: Jorge Zahar, 1996.

LACAN, Jacques. Introdução à Edição Alemã de um Primeiro Volume dos *Escritos* (Valter Verlag). In: *Revista Falo*. Revista Brasileira do Campo Freudiano. Salvador: Editora Fator, ano II, n. 2, jan./jun. 1988.

_____. *O Seminário*: as formações do inconsciente. Livro 5. Rio de Janeiro: Jorge Zahar, 1983.

LEBRUN, Gérard. O Conceito de Paixão. In: CARDOSO, Sérgio et alii. *Os Sentidos da Paixão*.

LESKY, Albin. *A Tragédia Grega*. 2. ed. São Paulo: Perspectiva, 1971.

LONGINO. *Do Sublime*. Tradução de Filomena Hirata. São Paulo: Martins Fontes, 1996.

MAGALDI, Sábato. *Panorama do Teatro Brasileiro*. 3. ed. São Paulo: Global, 1997.

MAQUIAVEL, Nicolau. *A Mandrágora*. São Paulo: Abril Cultural, 1976. (Teatro Vivo)

MARTINS PENA, Luís Carlos. *Comédias*. Rio de Janeiro: Edições de Ouro, [s.d.].

MASETTI, Morgana. *Soluções de Palhaços:* transformações na realidade hospitalar. São Paulo: Palas Athena, 1997.

MAURON, Charles. *Des Métaphores obsédantes au mythe personel*. Paris: Corté, 1995.

_____. *Psychocritique du genre comique*. Paris: José Corti, 1964.

MENDES, Cleise Furtado. *A Terceira Manhã*. Rio de Janeiro: Imago; Salvador: Secult, 2004.

_____. *Lábaro Estrelado; Bocas do Inferno; O Bom Cabrito Berra*. Salvador: Secult, 2003.

_____. *Castro Alves; Marmelada: Uma Comédia Caseira; Noivas*. Salvador, Secult, 2003.

_____. Freud e a Cena Oculta. In: *Cadernos do GIPE-CIT*. Universidade Federal da Bahia. Escola de Teatro, Programa de Pós-Graduação em Artes Cênicas, n.1, nov. 1998. Salvador: UFBA/PPGAC, 1998.

_____. A Gargalhada na Bahia Barroca. In: *Senhora Dona Bahia – Poesia Satírica de Gregório de Matos*. Salvador: EDUFBA, 1996.

_____. A Convivência Dramática. In: *As Estratégias do Drama*. Salvador: Centro Editorial e Didático da UFBA, 1995.

_____.*Drama e Desejo*: o lugar da catarse na teoria do drama. Dissertação de Mestrado em Teoria da Literatura. Salvador: ILUFBA, 1983.

_____. O Drama e o Desejo do Espectador. *Revista Repertório Teatro & Dança*, Salvador, UFBA, ano 3, n. 4, 2001-1.

MEREDITH, George. An Essay on Comedy. In: *Collected Works*. London: Chapman & Hall, 1885-1895.

MEZAN, Renato. A Inveja. In: CARDOSO, Sergio et alli. *Os Sentidos da Paixão*.

MINER, Earl. *Poética Comparada:* um ensaio intercultural sobre teorias da literatura. Tradução de Ângela Gasperin. Brasília: Editora Universidade de Brasília, 1996.

MOLIÈRE. *Dom Juan ou Le Festin de Pierre*. Paris: Larousse, 1946.

_____. *Escola de Mulheres*. Tradução de Millôr Fernandes. Rio de Janeiro: Paz e Terra, 1996.

_____. *Don Juan, o Convidado de Pedra*. Tradução e adaptação de Millôr Fernandes. Porto Alegre: L&PM, 1997.

_____. *O Misantropo*. Tradução e prefácio de Luís Miguel Cintra. Lisboa: Estampa, 1990.

MROZEK, Slawomir. *Tango. A Play in Three Acts*. Translated from the Polish by Ralph Manheim and Teresa Dzieduscycka. In: *Striptease, Tango, Vatzlav*. New York: Grove Press, Inc., 1981. Tradução para o português de Harildo Deda e Ewald Hackler para o espetáculo da Companhia de Teatro da UFBA, 1987.

NEVES, Luis Felipe Baêta. A Ideologia da Seriedade. *Revista de Cultura Vozes*, Rio de Janeiro, ano 68, jan./fev.1974.

NIETZSCHE, Friedrich. *Humano, Demasiado Humano*: um livro para espíritos livres. Tradução Paulo César de Souza. São Paulo: Companhia das Letras, 2000.

_____. *Obras Incompletas*. Tradução e notas de Rubens Rodrigues Torres Filho; posfácio de Antônio Cândido. 3. ed. São Paulo: Abril Cultural, 1983.

_____. *O Nascimento da Tragédia* – ou helenismo e pessimismo. Tradução, notas e prefácio de J. Guinsburg. São Paulo: Companhia das Letras, 1922.

_____. *A Gaia Ciência*. Tradução de Márcio Pugliese, Édson Bini e Norberto de Paula Lima. 3. ed. Rio de Janeiro: Ediouro, [s.d.].

OZ, Amós. Descobri a Cura do Fanatismo; A Literatura não é Profecia. *Folha de São Paulo*, São Paulo, 10 jan. 1999. Caderno Mais!

PAVIS, Patrice. *Dicionário de Teatro*. Tradução sob a direção de Jacó Guinsburg e Maria Lúcia Pereira. São Paulo: Perspectiva, 1999.

PEREIRA, Victor Hugo Adler. *A Musa Carrancuda*. Rio de Janeiro: Fundação Getúlio Vargas, 1998.

PLATÃO; Filebo. In: *Diálogos IV*. Introdução, comentários e notas de Emily Chambry. Portugal: Publicações Europa-América, 1999.

PLAUTO. *Comédias*. Seleção, introdução, notas e tradução direta do latim por Jaime Bruna. São Paulo: Cultrix, 1978.

POLTI, Georges. *36 Situaciones Dramaticas*. La Habana: Editorial Nacional de Cuba, 1963. (*Les XXXVI situations dramatiques*. Mercure de France, 4. ed., 1934).

PRADO, Décio de Almeida. *O Teatro Brasileiro Moderno*. 2. ed. São Paulo: Perspectiva, 1996.

_____. *História Concisa do Teatro Brasileiro*. São Paulo: Edusp, 1999.

RACINE, Jean. Fedra. In: *Théatre complet*. Paris: Garnier. (Avec des remarques littéraires et un choix de notes classiques par M. Félix Lemaistre précedé d'une Notice sur la vie et le théatre de Racine par L.-S. Auger.)

RODRIGUES, Nelson. *Teatro Completo*. Organização geral e prefácio Sábato Magaldi. Rio de Janeiro: Nova Aguilar, 1994.

_____. *O Reacionário:* memórias e confissões. São Paulo: Companhia das Letras, 1995.

ROUANET, Sérgio Paulo. Razão e Paixão. In: CARDOSO, Sérgio et alii. *Os Sentidos da Paixão*.

SCHERER, Jacques; BORIE M.; rougemont M. de (org.). *Estética Teatral:* textos de Platão a Brecht. Tradução de Helena Barbas. Lisboa: Fundação Calouste Gulbenkian, 1996.

SHAKESPEARE, William. *Noite de Reis ou o que Quiserdes*. In: *Obra Completa*. Rio de Janeiro: Nova Aguilar, 1988. v. II.

_____. *Romeu e Julieta*. In: *Obra Completa*. Rio de Janeiro: Nova Aguilar, 1989. v.1.

_____. *Medida por Medida*. In: *Obra Completa*. Rio de Janeiro: Nova Aguilar, 1988. v. I.

SHAW, George Bernard. *Plays*. New York: The New American Library, 1960.

SOURIAU, Etienne. *As Duzentas Mil Situações Dramáticas*. Tradução de Maria Lúcia Pereira com a colaboração de Antônio Edson Cadengue. São Paulo: Ática, 1993.

STRINDBERG, August. *Inferno*. Tradução, introdução e redação cronológica de Aníbal Fernandes. Lisboa: & Etc, 1978.

SÜSSEKIND, Flora. *As Revistas de Ano e a Invenção do Rio de Janeiro*. Rio de Janeiro: Nova Fronteira/Fundação Casa de Rui Barbosa, 1886.

TODOROV, Tzvetan. Freud sur l'énonciation. In: *L'Énonciation*. Langages, 5ème anné, n.17, mars. 1970.

_____. *Os Gêneros do Discurso*. Tradução de Elisa Angotti Kossovitch. São Paulo: Martins Fontes, 1980.

UBERSFELD, Anne. *Para Ler o Teatro*. Tradução de José Simões Almeida Jr. (coord.). São Paulo: Perspectiva, 2005.

VEGA, Lope de. *Fuenteovejuna; A Luva de Dona Branca*. Tradução de António Lopes Ribeiro. Lisboa: Editorial Verbo, 1972.

VENEZIANO, Neyde. *Não Adianta Chorar:* teatro de revista brasileiro... Oba!. Campinas: Editora da Unicamp, 1996.

_____. *O Teatro de Revista no Brasil*: dramaturgia e convenções. Campinas: Pontes/Editora da Unicamp, 1991.

VERBERCKMOES, Johan. O Cômico e a Contra-Reforma na Holanda Espanhola, In: BREMER, Jan; ROODENBURG, Hansen (orgs.). *Uma História Cultural do Humor*.

VERSIANI, Marçal. O Significado do Cômico e do Riso na Obra de Bergson. *Revista de Cultura Vozes*, Rio de Janeiro, ano 68. Jan./fev. 1974.

VICENTE, Gil. *O Velho da Horta; Auto da Barca do Inferno; A Farsa de Inês Pereira*. Introdução e estabelecimento do texto por Segismundo Spina. São Paulo: Brasiliense, 1965; v. 8 (Teatro Universal)

WELLWARTH, George. *The Theater of Protest and Paradox*. New York: New York University Press, 1971.

Este livro foi impresso em São Paulo
nas oficinas da Gráfica Palas Athena,
para a Editora Perspectiva S. A., em setembro de 2008